何为荒野？

洪荒如海，万物竞自由。

何为生命？

渺小如蚁，闪烁如星辰。

生命易逝，而荒野永存。

一代代足迹，如追日，如寻梦，

星火相连，燃烧在无人之境，

于广袤大地，于高山之巅……

步入荒野，重回本真。

时代更迭，热血未冷。

这是一段段重新发现生命的旅程。

而，生命本身就是一段旅程。

漫漫长路，谁知永恒？

雅鲁藏布江漂流

杨勇

柳青

孙斌

黄河漂流

何川

王铁男

罗静

荒野四十年

四代人

湘君 著

北京出版集团
北京出版社

图书在版编目（CIP）数据

荒野四十年. 四代人 / 湘君著. — 北京 ：北京出版社，2023.8
ISBN 978-7-200-18128-9

Ⅰ. ①荒… Ⅱ. ①湘… Ⅲ. ①纪实文学—中国—当代 Ⅳ. ①I25

中国国家版本馆CIP数据核字(2023)第130569号

荒野四十年　四代人

HUANGYE SISHI NIAN　SI DAI REN

湘君　著

*

北京出版集团
北京出版社　出版

（北京北三环中路6号）
邮政编码：100120

网　址：www.bph.com.cn
北京出版集团总发行
新华书店经销
中煤（北京）印务有限公司印刷

*

170毫米×240毫米　21.25印张　353千字
2023年8月第1版　2023年8月第1次印刷

ISBN 978-7-200-18128-9

定价：69.90元

如有印装质量问题，由本社负责调换
质量监督电话：010-58572393

献给

正跋涉在路上的你

总序

路途遥远

湘君

“人”如太阳升起 — 一个巨大空白 — 踏上长路起点 — 我们的黄金时代 — 四代人的孤勇 — 人是历史的灵魂 — 跨越时空的热爱 — 回归生命本真 — 穿越内心荒野

—

1985年春天，即将开始《平凡的世界》创作前，作家路遥在西安等过一个人，一个沿着万里长城徒步走来的人。拄着木杖，肤如古铜，走过莽莽山野，走了300多天后，刘雨田走进作家的小屋。一夜夜长谈后，再上路的清晨，一方白纸上，这位独行者留赠一个“路”字，路遥沉吟回道：“这才叫真正的人生。”

“人”如太阳重新升起的年代，两个男人对“路”做出不同解读，就此人生分野。路途遥远，如夸父追日，他们一个攀向文学高峰，一个走向无尽荒野。

走向荒野，在当时的中国民间，罕见如狂徒异类。历经数十年流变，2015

年春天，当我在上海参与一家背包客网站创建，在路上的身影已如新兴时尚。相比西方《在路上》里自驾横穿国土，今人脚步更加极致。背上背包，成群结队，越来越多人正走向荒野，以徒步、登山、骑行等多种方式。突破寻常道路，他们更热衷迈向人迹罕至的荒原、雪山、幽谷、极地……被称为驴友、行者、背包客、户外人、流浪者、探险家，甚至屡屡卷入冒险争议。

地理大发现早已过去，为什么还有人不断走向荒野？全民拼经济浪潮中，他们逆向而行，迎向大自然的艰险，究竟在追求什么？相比美国“垮掉的一代”，中国人的远方追求有什么不同？当全世界惊叹中国近40年的崛起，却很少人了解中国的“在路上”，从一无所有，一代代如何一步步走来。

犹如流星，那些荒野中闪烁的足迹，究竟来自怎样的人？结束多年漫游，成为一家背包客网站主编时，我的目光越过长路，落到在路上的“人”：惊叹不可思议的旅程散落漫长历史中，更遗憾相关资料零碎，人物面目模糊，或神化，或妖魔化，多是猜测臆想，朦胧如一片巨大空白。

深感国内户外文化的匮乏，叹息一串串足迹正走进遗忘时光，一颗记录的种子开始萌芽。直到2016年春天，仿佛踏上长路起点，我决心动笔采写一系列中国当代在路上的人。此前10年，曾为人物记者的经验，让我信奉“没有调查就没有发言权”，唯有深入交流，才可能真正理解他人心魂；曾走遍西部的游历，更让我和他们天然共情，有着共同热爱，犹如为同类而作。

但天地之大，跨度之长，想要回溯近40年往事，系统记录这个中国足迹最广的群体，深入一个个独特内心世界，无疑是前所未有的挑战。久久望向远天星辰，在33岁的跨年夜，一种使命感隐隐召唤般，我决定全身心投入。辞去工作，以笔为杖，“目的地”指向走过荒野的一个个奇特身影。远方拉开灵魂大幕，但千山万水，人心阻隔，一个人能走多远呢？

二

每个故事都是漫长旅程。7年间，顺着一缕缕远方线索，穷尽各种方式，我像个痴迷真相的私人侦探，寻访过数百位中国户外行者。天南地北，从

80岁到4岁的一代代人，在山间林野，在大江河畔，在各地居所，在民宿酒馆……穿过上千小时谈心，谈旅程、谈人生、谈走过荒野的往事如烟。几十本采访手记装满记忆碎片，近百万字深入远方人生，一团团生命之火汇聚，最终凝结成这一部书，呈现在你的面前。

7年间，中国社会也在波澜起伏。时代列车风驰电掣，直至2020年疫情，仿佛转眼冲进漫长隧道，时明时暗等待中，一种声音不时响起："我们还回得去吗？"回到疫情前的世界，一路畅通无阻，哪怕矛盾丛生，至少人们心怀开拓，眼中有光，脚步向前，向前……

总要远去后，才有更清醒认知。百年变局不觉开始，我们被推入新时代迷雾，回望中恍然若失，不断追念起2020年之前——那是一个社会的黄金成长期，自1978年改革开放，满载14亿人的列车拉响汽笛，变革中翻山越岭，从落后驶向繁荣。近40年间，数以亿计人涌入城市谋生、淘金，以求改变命运。但也有一小群人，如孤影逆行，走出拥挤社会，把荒野当作最后的自由之地。一代代回归大自然中，迸发过刹那光芒，于江河湖海，于高山之巅……

这一群孤勇者的光芒，看似对主流社会反叛，实则是急速变革中的内心回归。敢于迈出去的脚步，一步一脚印的跋涉，亦是时代先锋，犹如国民精神的一面镜子。镜中映着工业文明崛起的另一面：人们对自然的本能，对自由的向往，对自我的迷惘，以及时代巨变中，一代代人的远方追寻。

回望中国悠久历史，走向荒野的身影，其实足音悠远。信奉"读万卷书，行万里路"，千年前，古人早将壮游与读书提到同一高度。叹息"人生苦短"，魏晋文人寄情自然，山水诗文代代相传……直到东方雄狮陷入沉睡，大航海时代徐徐展开，西方探险家们迎向未知，扬帆出海，改变了世界。近当代史，我们落后太多。直到20世纪80年代，新的大幕拉开，整个中国迎向变化最迅猛的近40年。

每一代追求都如此不同，身处其中，每个人脚步不可避免被时代大潮或裹挟，或推动。最初是炽热的20世纪80年代，万象更新，国门重开，人们仿佛重新醒来，一无所有又精神豪迈。迫切甩掉"东亚病夫"标签的民族渴望中，首先完成徒步长城、漂流长江黄河，竟变得事关民族尊严。

民族自尊心、强烈英雄梦，点燃了一代人。1984年刘雨田走向长城，1985

年尧茂书及后来者，近乎以卵击石般迎向母亲河，渴望“为国争光”——这也是新中国成立初期，几次大规模登山探险的诉求——现代户外在中国，从遥不可及的国家队行为，至此转入民间个人追求。但一叶小舟，怎载得动家国大义？随着十几人遇难，热潮迅速退去，第一代走向远方的身影，一度被拔高到振奋民族精神，转眼如浪花淹没进洪流。

脚步向前，是急速转型的20世纪90年代。1988年从上海出发，怀揣仅有的200块钱，余纯顺开始徒步中国。漫漫长路定格在1996年，当他终留罗布泊，行者之死再一次冲击大众心灵。截然不同的是20世纪90年代社会不再热议爱国主义，而是最后的理想主义，以及“这样的死值得吗？”

犹如接力，背上“跨世纪徒步中国”背包，1998年雷殿生从黑龙江出发。但新世纪经济大潮中，社会开始向往财富，壮举不再崇高。困住行者脚步的，不只是自然艰险，更有世人不理解的白眼与挖苦。同在1998年，雅鲁藏布江上的一场漂流，最初寄望再现长漂辉煌，最终成无人喝彩的悲壮……20世纪的英雄梦至此画上休止符，新世纪的脚步落回尘土，也日渐回归内心，回归更理性探索。

第三代人接棒，也在1998年，“驴友”一词自新浪旅游论坛诞生。狼塔、夏特等经典徒步线路，新世纪伊始，被王铁男等爱好者开辟，更被分享到新兴互联网，吸引了一批批都市白领开始走出生活，化身驴友……背满行装，驴子般驮包远足的身影，在路上不断壮大。经济起飞，国力日渐强盛，中国人看似富起来了，但面对不断扩张的城市，许多人内心空间不断被挤压，陷入价值真空：有人机械性劳作在工厂流水线上，感觉自己像机器人；有人走过物欲横流的橱窗，迷茫什么才值得追求；有人走在赚钱买房的程序化道路上，找不到生命意义……

新世纪的经济列车越开越快，快到顾不上灵魂。物质主义包围中，诗与远方再一次成为精神寄托，其中脚步最疯狂的一群人走向荒野。2009年，清华大学走出来的攀登者严冬冬，和搭档周鹏成功攀登幺妹峰，拉起“自由之魂”旗帜。2010年户外论坛上，作家杨柳松77天孤身横穿羌塘无人区的游记，如惊雷震动上千万网友，启蒙又一代人：原来我们国度有着如此原始荒野，竟有人仅凭血肉之躯，如此极致深入……远离社会，迎向风霜雪雨，把苦行当作修行，把荒野当作最后的自由乐土，近10年，更多人开始深入自然深处。

新一代前行脚步，一度被打断。当2020年疫情来临，世界转向动荡，重审着小人物与大时代，我愈发强烈意识到：广袤国土上，四代人的跋涉身影背后，展开的时空画卷不仅是大好山河，还有过往近40年的激情飞扬。那时人们心中有梦，万物肆意生长，到处充满新的希望与开拓，那是我们共同的黄金时代。

创作之初，我希望建立人们对远方行者的理解。步入疫情后，笔触多了对远去岁月的追念。无论行走荒野，还是闯荡社会，一个时代的开拓激情，印在一串串奋力向前的足迹中。循着足迹，回溯来路，我希望找回那份蓬勃生命力，或至少不要忘记。

三

无论多少年后回望，自1978年走来的中国都令世界惊叹，我们用近40年走过西方近400年的路，时间高度浓缩，时代日新月异，社会大舞台上涌现过无数变幻。远离社会的荒野，也如群星闪耀，燃起一代代生命闪光。

有限篇幅中，如何生动勾勒一代代足迹？相比编年体罗列时事，千年前《史记》展开的一系列人物列传，把笔触落在具体的人，让历史更有灵魂。目光转向远方，也不应是冰冷概念式记录。寻找着一代代曾闪光的远方身影，我试图以个人浮沉串起群体之路：其中“四代人”，以时代脉络，从20世纪80年代的家国热血、20世纪90年代的精神流浪、新世纪的自我找寻，直至近10年日益强烈的自由渴望，聚焦每一代典型人物足迹，星火相连，照见近40年远方心路变迁。“闪耀的与逝去的”，透过更多攀登者、徒步者及知名行者，拨开珠峰、梅里雪山、羌塘无人区、大横断、鳌太等地数十年生死迷雾，我更试图展现极致追求中的人心幽微与生命代价。

经由一个个有血有肉的人，捕捉他们绝境中的心跳，困境中的脚步，梦醒时的泪水……当无数细节汇聚，如人生电流流向你，你才可能真正理解这个群体的灵魂。这是过往近40年，全民奋进浪潮中，看似逆行的一个群体：他们性情豪勇，渴望自由自在，崇尚苦行与突破。他们的野性令其难以安于世俗生活，他们的孤勇敢于迎向未知、独闯天涯，他们如江湖草莽付出过鲜血代价，他们的不甘平庸在出世与入世之间一再彷徨。壮美自然吸引下，他们的脚步深入荒野，意志顽强如岩石，生命热情如野火，在无人天地间，一代代叛逆燃烧着。

他们看似遥远，其实就在我们之中。一代代从不同背景中走来，一样被洪流裹挟过，被现实碾轧过，被恐惧阻挡过，只是脚步越走越远，最终冲出种种束缚……他们就像我们内心渴望又犹豫的那一部分。

不同道路与自我，交会在时光长河，呈现出四代人的不同风貌。但交流越深，我越感到一种跨越时空的共性：那是对生命的热爱，爱到害怕没有热烈活过——以各自方式深入荒野，这群人看似勇猛无畏，其实都最怕死亡。在人生某一时刻，他们不约而同意识到了生之有限，从此再无法只是“活着”。当一个个生命渴望燃烧，起身找寻自己的“活法”，真正的道路才开始。

他们另一共同点，是或天性，或机缘，都被引向了茫茫荒野。那是人类社会之外的世界，荒原、雪山、森林、沙漠……它们辽阔原始，亘古存在，保留着地球最初的野性与最后的纯净。这里没有密集高楼，不讲社会身份，一个人像个自由生灵跋涉山野，耳畔只有风声呼吸声……书中一位年轻人放弃香港高薪生活，沉浸攀登中，绝不只因风景，而是感到更真实地活着。

让他们醉心的荒野，超出了自然概念，更如精神原乡，指向一种自由与真实。而这，正是荒野的最独特魅力。不再是工业机器上的一个小齿轮，一步步走向自然，一层层脱去社会性附加，独对着万古洪荒，一个人有机会重新成为生命本身，找回“人”更自由的存在感。荒野中，见天地，更见自己。

远方星光熠熠，但我想追问的还有“归途”。归来后，何去何从？这也是每个行者需共同面对的：走过荒野，再回到漫漫人生路，一个人该如何重新选择？依旧的现实矛盾中，如何走向真正的自由？毕竟更漫长的人生不在荒野深处，走出去是为了更好地回来。

对道路的追问，遍布这部书中，不仅仅是荒野之路，更是求真之路、人生之路、精神成长之路，甚至在虚无中创造意义之路。对自我意义的追寻，也遍布他们足迹中：无论20世纪80年代余纯顺在日记写下的“我不想白来这世上一趟”；还是新一代攀登者历经搭档之死，继续追求时，给自己的4个理由——

Enjoy（享受）、Experience（体验）、Explore（探索）、Contribute（贡献）……

时代巨变，而荒野不变，见证一代代道路交错，闪着不同年代烙印，又汇向同一个永恒命题：人的一生，究竟该如何度过？时空拉回千年前，魏晋隐士们行吟山水间，嗟叹着“生年不满百，常怀千岁忧”，早在思索同样的问题。无尽长路上，他们在行走中苦苦追寻，我在书写中反复思索。最后凝结成的四代人故事中，相信也映着你的内心找寻，愿你找到自己的回答。

四

人是历史的灵魂。希望以真情文字，真实再现一代代人的远方追寻、渴望与挫折、迷惘与代价，我倾注了人生最好的7年。这一路，我的孩子也在成长，转眼从婴儿长成小小少年。多年前，被孩子拉入生活之网，奶粉尿布包围中，我一度悲观，以为自己要和远方说再见了。感谢这些在路上的身影，犹如一簇簇生命之火，让我重拾自我，又跳出自我。真正去理解他人，见天地万物，见悲喜无常，见众生如我。

自己一样执着追求，也才真正懂得漫漫长路上，一个人将面对的无尽孤独、束缚、坚持与自我怀疑。一个个夜晚，面对无数记忆碎片，划着文字孤舟，我也在穿越内心的荒野——那里充满未知，藏着此生至爱，唯有艰辛跋涉，我们才可能走向真正的天地辽阔。

穿越这片“荒野”，对于我最难也最有魅力的，同样是“求真”。为了尽可能接近真实，每个故事背后都有漫长交流与寻访。其中鳌太、羌塘等事故调查，犹如抽丝剥茧，每一篇受访者多达三四十人。而为了走近内心深处，和每个人谈心前，我已地毯式查遍所有资料，见面已是知音，一颗真心才可能换一片片真情。

事真、情真之外，我更希望这部书呈现一种生命的真实。社会滚滚大潮里，一直有这么一群人回归荒野，燃起最真实的生命力，执着寻找着生命真谛。探寻他人足迹，也在突破自我边界，生活可以不同，活着理应热烈，愿你也正走在自己的路上。

寻着一代代足迹，追问共同生命困惑，我不觉写到不惑之年，我们的国家也正迈入新的10年。迎向百年变局，大江南北，更多人走出都市，正掀起新兴露营热潮。新一代的序幕缓缓拉开，但无论走多远，愿我们能重拾热情，不要忘记来路。

再次回忆最初写下的“路”，在刘雨田北京家中，仰着风霜如刀刻的脸，这位1984年踏上长路的行者已是81岁。此时2023年春天，我来京出版《荒野四十年》，他刚从西藏独行归来。仿佛最深情的告别与重逢，疫情一过，老人执意进藏。再次走回珠峰脚下，雪山如镜，映照着最早上路的人，转眼白发暮年。转过身去，路上一个个更年轻身影犹如太阳即将出山，日日常新，代代更迭，唯山川不变。

不变的还有老人最初踏上的长城。忙完新书，仿佛内心告别，我独自去了京郊野长城。早春山野，群山起伏，长城如一条青灰巨龙，穿行千载，徒留杂草丛生的苍凉。曾经，它是我们的边界，如今更如传承，是荒野里耸起的人类文明奇迹。

而长城之外，金色夕阳穿透浓云，正照在荒草萋萋上，那是更永恒孤独的荒野。思绪游荡远空中，我想起40年前的徒步日记扉页上，刘雨田写下的第一句话：“感觉生命，地平线上，站起一个人来。”

念天地之悠悠，人的渺小与闪光，尽在这一缕孤影中。

序

心路

刘雨田

两条路。

人们说，这条路是充满荆棘、寂寞、艰苦的路。

那条路：高楼大厦，皮裘锦纱，没有酷暑，没有严寒，大概是理想的伊甸园。

然而，我选择了这条路。于是——

遥远的多年前，在新疆家中写下以上这篇聊以自勉的《路》，我孤身上路，希望世界上第一个走完万里长城的，能是中国人。

一腔热血，但其实，最初对户外、徒步相当陌生。直到1984年底走到宁夏，在大学做报告，一位白发老教授对我说，这叫探险——这是我生平第一次听说这个词。那时还很自卑，觉得这只是外国人或贵族们的专利。我们也能吗？太过遥远。

但种子就此种下。长城向前，我心思省：要不是外国人的挑战，我会来这里吗？什么叫主体失落？什么是真正的自己？人的一生到底该怎样度过？

认知在变，脚步也不禁在变，似乎从挑战者成了一个朝圣者。进而想要徒步丝绸之路，心中更暗下了一个近乎天真的决定：想把自己一生献给旅行和探险。

但那时没想到，自己这一生，竟真的只身闯大漠、穿戈壁、攀高山、涉大河……经历无数磨难，越走越远。而最难走的路，是“心路”。

在20世纪80年代的中国，选择探险，无异于痴人说梦。塔克拉玛干沙漠遇险归来，被单位除名，满城风雨：这人疯了。要坚持下去，需要的不仅是勇气。如何承受住代价，排除外界干扰去走自己的路，这很难。

也曾内心争战，空前孤单，一个我说：“你是对的。”另一个我说：“错了。”

也曾在星光下、篝火旁，特别是一次次身临绝境时，忍不住自问，并偶尔会想起另一条路——那一条本该走一生的路。到处海市蜃楼般魅人的梦幻，化作一张张讥笑的脸：“傻瓜——殉道者。”

只是，我生性迂腐，痴心难改。纵然失去一切，也不曾后悔，因为这是我的选择；并心存感激：作为生命，作为存在，在大自然的教导下，得以这样活过。

风风雨雨，生生死死，斗转星移，竟近40载。回望漫漫长路，有人说是奇迹。但奇迹是什么滋味，就是你自己的眼泪。

近年让我又尝到眼泪滋味的，有两件小事。一次是受邀参加徒步活动，忽然有人喊出“徒步万岁”。年轻人一时兴起的一句话，却让我这老古董，一时间悲喜交集。

理在天上，路在脚下。近40年来，多少人的脚步，才换来户外在中国的日渐壮大。只是，从青丝到白发，从壮年到暮年，光阴似箭，我已坐在箭尾，但有幸能见到这个奇迹在一点点到来。

另一次是湘君来访。我已远离红尘多年，这姑娘却带着上百个问题，白衣飘飘，千里寻来。不承想，隔辈的我们会一见如故，一直聊到凌晨4点。更没想到，天亮醒来，见她竟还在翻阅成堆的探险日记，埋头做着笔记……隔窗望着这个彻夜未眠的年轻身影，我落泪了。

后来才知，这样的敬业，只是湘君这些年上百次采访中的一次。而她敬的这个“业”，也一样是发自内心的选择。名校毕业，十几年前已是“两会”一线记者，美丽聪慧的她，该有更好走的路，却也选择了一条孤独、清苦，甚至没收入回报的路。

问她为什么，湘君说：因为对远方的爱，因为在路上这么多可歌可泣的人与事还缺乏系统性记录，她想尽力做好这事。所以，也有了我们跨时代的相遇。

这片赤诚，打破了我长年的沉默。提笔作序，是希望新一代涌现出更多这样真心做事的人。真正的探险，不仅在户外。真正的道路，更在人生选择。

翻看这部书，就像走上作者心血的长城。一个个在路上的传奇行者，竟如群英荟萃。有的是我久违老友，有的虽素昧平生，也透过湘君至情至深的笔端，栩栩如生，姗姗朝我走来。天地自然间，一一对坐，每一个故事，荡气回肠，也催人泪下，都是用生命换来的。

志在巅峰的执着，跋涉荒野的寂寞，江河漂流的热血，生死相依的柔情……性情迥异的人物，难得湘君妙人妙笔，运筹帷幄；并精选出这样一本书，仿佛在岁月激流中揳下一根细木桩，让这些在路上的往事，不致风云流散。不同时空、不同道路上的那些个体追求，奇妙交会，也共同折射了中国户外近40年的时代变迁。

更引人共鸣的是，湘君超出年龄的人生体察，让她没有停留于表象，而是透过一个个奇人之“奇”，呈现出了一段段追求深层之“迹”。以她独有的读心术，潜入冰山之下，将笔触深入一个个人物复杂的内心世界中，更难的选择与心路。

谁不是血肉之躯？再桀骜不驯的人，也渴望能被理解。再勇往直前的人，也会纠结动摇，甚至内心充满伤痛。跟随湘君的文字，卸下一个个孤傲铠甲，看到梦想，更看到迷茫、挣扎。那些曾走过的曲折心路，我能感同身受。希望也带给更多人理解，共同推动社会观念的改变。

一样朴素平凡，摸爬滚打在各自路上，才是更真实的人、更真实的人生探险。从中提炼出的“在路上”精神，也让读者在各自生活、各行各业，亦有可循之迹。

只是，近40年风起云涌，在路上多少传奇故事，每一个都足以独立成书。有限篇幅之内，对一些人物及情节，湘君不得不做取舍，多少留下些意犹未尽，也给未来留下了拓展空间。但现在，起码序幕正在拉开。

多年前，拉开自己人生新序幕时，我在日记扉页还曾写下一句话：感觉生命，地平线上，站起一个人来。

走过一个个未知的地平线，愈发深味：人生只是个过程，苦难和欢乐都是生命的组成。在生命面前，没有平凡和伟大，人生贵在选择。

愿湘君的奇记，再传更多生命的奇迹。

愿诸君勇于选择，从中汲取更多力量上路。

奇迹就在各自脚下，在路上。

是为序。

于北京九松山

目录

一·英雄梦

只此一生的短暂

他们把生命投入一种壮丽追求

这追求，却有不可承受之重

激情燃烧的岁月

我曾经问个不休，你何时跟我走？可你却总是笑我，一无所有。

——崔健《一无所有》，1989年

人如太阳重新升起，在炽热的20世纪80年代。

万物复苏，国门重开，人们一无所有，又渴望赢得世界。当“落后就要挨打”的百年耻辱，撞上1980年起开放来华探险的外国人，首个完成徒步长城、漂流长江黄河，竟变得事关民族尊严，顺势点燃一群人闯向大江大河。

那是一个社会的青春期。因为青春，他们如此狂热，狂妄要征服自然，拖着木棍破船，就跳上巨龙脊背，左突右撞中，不屈不挠，不死不休。

因为青春，也近乎盲目。对远方一无所知中，他们走向荒野，更渴望的是一个挥洒热血的“舞台”。但，家国英雄梦太重，本不属于荒野，一叶小舟怎载得动？意义失落，代价惨重，壮烈又悲壮中，第一代远方追求被卷入洪流。

热潮迅速退去，但不熄的火种，同时写在最初：翻开1984年徒步长城日记，刘雨田在扉页写道：“好啊！我是一个自由的人了。”

“大我”之下，自由渴望与自我实现，是任何时代的生命本能。不灭的生命之火，继续跳动，遥远地平线，余纯顺等又一代人走向新的壮丽追求。

1984，
万里先行

遥远地平线上，站起一个人来。一头长发，披冰肩雪，他沿万里长城走来——这个神似夸父的形象，在众人尚不知探险为何物的1984年出现，一度万众瞩目。

从为国争光到自我选择，从红极一时到孤绝遁世……这个男人，近40年间曾上百次深入荒野，穿过塔克拉玛干沙漠、罗布泊等众多险域，成为中国第一位职业探险家。有人说他是英雄、超人、当代夸父，有人说他是怪人、骗子、精神病……

剥开一段段神话般经历，这究竟是怎样一个人？近40年间，他到底走过怎样的心路？走在探险家今日幽居的乡野，我看到的却是一个人面对一个世界的深深孤独。

本篇供图：刘雨田

以国之名

多少年后，水龙头里滴滴答答的水声，还是会让刘雨田一阵透心凉。那是30多年前，他一个人被困在塔克拉玛干沙漠，断水缺粮，8天7夜中做梦都渴望的声音。

死亡之海，火一样燃烧的沙漠腹地，寸草不生，地表温度最高蹿到88℃。彼时45岁的刘雨田，双眼凹陷，浑身干裂，埋在沙坑里，在躲避炙烤，也像在自掘坟墓。

他就快渴死了，快被荒漠还原成野兽。2条蜥蜴，2只蜘蛛，5只蚂蚁，1只蚊子，6只苍蝇，还有每天4片胡杨叶……疯走8天，这是他能找到的全部食物。更无法承受的是，没有水。

整个世界，除了沙还是沙。想水，想得发疯。想到102年前，曾在此死里逃生的瑞典探险家斯文·赫定，是否像他这样绝望？想到3个月后，上有飞机、下有越野车的法国探险队，就将"征服"中国最大的沙漠……如果不是这些外国人刺激，他一个人，在"一无所有"的1987年，会就这样贸然踏入这片无边大漠？

"怎么又是这个法国人？"塔克拉玛干沙漠遇险前2个月，刘雨田才从另一片沙漠中死里逃生。正躺在病床上养伤，朋友递来的一张报纸，却让他一骨碌蹦了起来。"法国作家雅克·朗兹曼将于1987年秋，首次率队前往塔克拉玛干沙漠探险"，看着这则新闻，他的手忍不住抖了："这真是冤家路窄……"

事实上，塔克拉玛干沙漠已是他与朗兹曼的第二次"交手"。5年前，在《人民日报》上，当看到这个法国人最大的梦想，竟是"到中国去，从长城的这一端徒步到另一端"时，刘雨田坐不住了："长城是中华民族的象征，怎能让外国人走在前面，我得先走！"

这近乎荒诞的热血，源于那个特殊时代。受够了"落后挨打"的中国人，刚重新开放，渴望认可，民族自尊心强烈到遍及各个领域，尤其是力量偾张的运动。1984年洛杉矶奥运会，许海峰夺得首枚奥运金牌。这个零的突破，令举国狂欢。《中国青年报》甚至发表社论："半个世纪以来，背负'东亚病夫'耻辱的中国人，从此可以扬眉吐气了！"

国门重开，也将迎来对大好河山觊觎已久的各国探险队。外国人将徒步长城、首漂长江的计划，却像一枚枚炸弹，炸裂了无数敏感的心。"那感觉，就像外国人的大皮靴子又要踩在母亲胸膛上了，如何能忍……”远在新疆的刘雨田也是热血青年之一，甚至极度超前。在探险还像天方夜谭的1984年，他竟一个人拄着木棍，率先走向了万里长城，尽管还不知什么是“徒步”。更不知，自己沿着万里长城这一走，个人脚步会卷入时代浪潮，从此再不可回头。

“长江、长城，黄山、黄河，在我心中重千钧……”在他身后，张明敏一曲《我的中国心》，正随1984年春晚风靡全国。紧接着，长江、黄河这两条母亲河，因为美国探险者的到来，在1985年至1987年，也掀起了近乎荒诞的“尊严保卫战”……这些个体的行为看似偶然，或血性或莽撞，其实都暗藏时代必然，并推动了潮流。在“爱国情”猛烈催化下，西方发展数百年的户外探险，这才在中国民间应运而生。

20世纪80年代，幕天席地的雪中营地

但爱国热血并非迈出去的唯一动因。直到42岁，刘雨田还是个书不离手的书呆子。这是20世纪80年代又一特殊气质。正值思想重新启蒙，人们最渴求的莫过于精神。对文化的追求一度热得不像话，书店排长队，连中学生书包里都能翻出几本尼采、萨特的畅销书。刘雨田也不例外，他的家里连地上都堆满了书。“那时，我常在被窝里偷看西方思想著作，总想把社会‘问号’捋直。但新的问号也出现了：人究竟为什么而活呢？”

1978年，无意间看到长城学者罗哲文在一篇文章中的慨叹：“是否有人能全部走完长城，尚有待来者……”刘雨田第一次被深深诱惑了。“这个‘来者’是谁？反正不可能是我。”那时的他自视还挺“正常”，父亲是一手创办新疆中医院的西域名医，自己在最吃香的铁路局。一身中山装，风纪扣扣得严实，在同事眼里，这个人规矩谦逊得就像契诃夫笔下的小科长。

“但罗先生的设想太诱人了。”从此，长城像块磁石吸引住了刘雨田。他忍不住研究了好几年，法国人也想走长城的消息，却猛然成了一枚深水炸弹。时不我待，被从天而降的“假想敌”猛推一把，刘雨田这才赶忙开始训练。-30℃的严冬，顶着妻子讶异的目光，他一个人咬牙睡在滴水成冰的阳台，仿佛前方等着的，已是千关万壑。但更难闯的3关是：单位关、家庭关、心理关。

那是人还不敢离开单位的年代，“单位”就是一个人的身份归属。就为一个异想天开的想法，丢下家庭和铁饭碗……“那以后可怎么活？”患得患失之间，刘雨田也纠结了两年，还没迈出一步，心病都熬成了突发心脏病。才被送进医院，他就听见隔壁病房传来哭喊，一个病友已经撒手人寰。“人生苦短，即使不能战死疆场，难道一辈子躺在病榻上？”当死神第一次悬于头顶，他不再犹豫了：“万病皆为心病。长城不走，何有宁日？”第二天吊针一拔，刘雨田悄然上路。

我是自由的人了

“好啊！我是一个自由的人了。”“终于摆脱两根让人感到桎梏的铁路钢轨，这是我生命的庆典……”带着爱国热忱上路那天，刘雨田在日记里写下最多的却是“自由”二字，仅扉页就反复提及11次。

“大我”之下，对自由的渴望，是那个年代还不敢说出口的“小我”。但隔着时光，时代潮流与个人意志的重合，或许才是更真实的心路。而路的起头，是个近乎滑稽的开场。一穷二白的1984年，刘雨田压根儿不知帐篷、睡袋为何物，甚至买不起刚流行的旅游鞋，他竟穿着三接头白皮鞋，一身中山装，梳着油光锃亮的背头，背着武装袋，拎着大饼，从嘉峪关出发了。

雄赳赳，气昂昂，内心却还是忍不住交战。那是全社会按部就班的年代，从没人像他这样“疯”过。这一走，人生究竟会变成怎样？一个自己说：“你是对的。”另一个自己却说：“这是大错特错……”更糟的是，第一天脚就被皮鞋硌破，第二天红肿发炎，第三天迷路加崴脚……就这样，雄心万丈的万里路，刘雨田走了不到5天就灰溜溜败北了。

万里路，自然多磨难。两个月后，穿着14元买的旅游鞋，怀揣积攒许久的280元小金库，刘雨田再次东进。没想到他才到巴丹吉林沙漠，霎时间昏天黑地，数百股沙旋风拔地而起。还来不及跑，他就像张纸片整个被掀下沙崖，直到第二天上午，才被酒泉基地巡逻兵救起，还一度被当成特务。

“那时我还太嫩，一场大沙暴就吓得魂飞魄散了。还好两次都是秘密行动，夹尾巴回去也不丢人。”一度发誓永不再来，可在回新疆的列车上，在对座乘客遗落的杂志上，他竟无意间看到美国退休将军史格达也想走一遍长城，甚至给中国驻美国大使馆写了200多封信……“冤家路窄！”仿佛宿命，刘雨田才熄火的心，又被另一个外国人给点燃。“长城只有一个。第一个徒步长城的人，绝不能是黄头发蓝眼睛的外国人。”

走向长城的第三回合，万不能再半路折返了。他决定公开行动，再不给自己留侥幸、两全的退路。消息一传开，大家果然都当他疯了。领导上门规劝，同事背地议论，妻子走哪儿跟哪儿；一双儿女不到10岁，一人抱他一条大腿：“爸爸，你不要我们了……”迈不动步之际，没想到，一向不苟言笑的父亲给了他最大的鼓励。刘雨田心里其实隐隐有过自卑，总觉得父亲眼里的自己是“没出息的”。可老人听完他的心愿，一脸严肃地转过身去，却是热泪盈眶，最终长叹一口气：“要大家，不要小家。要国家，不要自家。孩子，你是对的。去吧！”

同样因爱国而支边新疆医疗的父亲，那一刻，简直成了他的精神领袖。哪怕所有人不理解，刘雨田不再彷徨。再没有回头，他第三次上路。

万里河山，就此卷轴般在脚下延展。一路风餐露宿，烽火台、山洞、羊圈皆

1980年，徒步长城途中

成栖身之所。挨冻、遭劫、摔伤都是家常便饭。风霜一点点写在脸上，以至于沿路村民把他当成逃犯，提着铁镐、棍棒，放狗来咬……但再往前，媒体终于为他“平反”，开始有人兴奋地手举报纸：“真是在走长城啊，了不起，真了不起！”

而身后，越来越远的新疆，才9岁的儿子刘莹是看着地图长大的。在报纸、收音机里，他才能知道爸爸走到哪儿了。为了给刘雨田寄盘缠，家里肉都吃不上，孩子不懂这么苦是为什么。最初极力劝阻的妈妈，轻拍他的脸：“你爸爸是真汉子，不仅在为自己，更是为了一种精神，咱们要支持他。”

两年后，1986年4月5日，刘雨田抵达长城终点山海关。消息从收音机里传来，已经11岁的刘莹忍不住哭了，“连陌生人都哭了，那个年代的人血液中都流淌着潜在的激情”。

但孩子那时不知道的是，万里之外，终于第一个走完长城的刘雨田，居然会被戏剧性地打倒。山海关上，一边是秦皇岛市委组织的上千人欢迎仪式，一边是万里赶来的铁路局领导。穿过两年风霜雪雨，他还来不及兴奋，却见领导两手叉腰，活像在唱样板戏：“我现在代表乌鲁木齐铁路局宣布，刘雨田同志走长城的行为是严重错误的！现在就回去抓生产。”

“这个当众羞辱，太突然了。”刘雨田简直不记得是怎么面对满脸尴尬的记者，还有拉着迎接横幅的小学生的。一道长城，两种截然不同的态度，让他不知是喜是悲。坐在临海的山崖上，怎么也想不通，委屈、愤懑之下，他接连3天跳海。“我们的民族怎么了？索性就做个彻底的殉道者吧！”本能的求生欲，却又一次次把他重拉回岸上。

但还好，那个时代的大多数人没有否定刘雨田的惊世之举。爱国光环笼罩之下，一个人的万里路，竟获得从首长到学生前所未有的盛赞。国学大师季羡林为他题字——“万里投荒第二人”。第一人是谁？玄奘。

告别数十年压抑，“人”的太阳，此时也正升起。这样一个沿长城走来的英雄形象，恰好吻合了时代激情。来到北京外国语学院（现北京外国语大学），刘雨田坐的车不是开进去的，是被狂热的大学生们簇拥着抬进去的。来到北京大学，刘雨田做梦都想不到他会站在中国最高学府的讲台上，他觉得一直以来的辩解词“为了母亲的微笑”，似乎不够用了。他即兴加上一句：“这‘人’哪，活了一辈子，到墓地竟然还不知道自己是个人哪！”这反倒真正迎来了如潮掌声。

热烈之中，也有理性的声音。一位北京大学的学生提问：“哪国人先走长城，真有那么大区别吗？这种爱国观是不是太狭隘了？”这微弱的质疑，迅速被狂热的民族主义掩盖。但此时的刘雨田，心底何尝没有怀疑：“要不是外国人挑战，我会走上长城吗？”其实走到中途，他就忍不住在日记里反省：“这只是被动应战。一代人活在‘主体失落’之中，自己也不能例外。那今后，究竟什么才是自己想选择的呢？”

骤冷的探险热

无论热血还是反思，1986年走完长城，成了刘雨田人生的高光时刻。紧接着，数支队伍在长江、黄河上掀起的生死漂流，让探险在中国一诞生就被直接推向高潮，一度被奉为“振奋民族精神的壮举”。

但探险终究只是探险，怎载得动那么重的家国大义？“长漂”“黄漂”中17条人命的代价，1987年对“黄漂”一纸“不提倡、不支持、不宣传”的禁令，让刚兴起一年的探险热，转瞬跌回冰点。

黄河入海口，那曾耀眼的漂流英雄转眼成了被误解、被嘲讽的“狗熊”。遥远的新疆，刘雨田却依然在做更惊世骇俗的梦——穿越塔克拉玛干沙漠，走完丝绸之路，真正走向世界……

如果只为和外国人竞争，他本该顺势而为，就此停步。但此时，一颗真正的探险种子已在心底萌芽。1985年春，当刘雨田走长城途经宁夏时，一位老教授送的探险书，让他生平第一次知道“探险”这个词。原来西方数百年来，早有哥伦布、斯文·赫定等许多人用毕生在探险。更打动他的是，书里一位外国探险家，给自己一生设定了100个探险项目，至今还在追求。

“我也能吗？”效仿之心一起，他自己都吓了一跳。不敢想，又忍不住想。在保守的年代，这实在太离经叛道。走完长城，他还想回去好好过日子呢。但探险人生——这个比长城更大的诱惑，就此迷住了刘雨田。1985年春，他甚至暂时中断长城徒步，突然改变方向，南下黄土高原。这一次，再没有外国“假想敌”，他却比徒步长城出发时更兴奋，因为“这才是第一次真正意义上只属于自己的选择”。

历时又仨月，直走到西安。借宿在作家路遥办公室里，一夜夜长谈中，他赠给路遥一个“路”字，路遥回以的“这才叫真正的人生”更坚定了他“不敢想”的人生选择。

告别西安后，路遥前往铜川下基层写作，一年后《平凡的世界》面世。刘雨田则一路西行，走向了更漫长的古丝绸之路。出发日记里，他甚至将此视为人生分水岭：“这是生命中一次重大选择。从这一天起，我下决心要把这一生都献给探险了。”

然而，丝路上的更大雄心，在西行至罗布泊时，第一次遭遇挫败。刀刃般的盐碱地，硌破鞋底，寸步难行；彭加木遇难的历史，更加重心理阴影……面对罗布泊的凶险，刘雨田还是谨慎退回了长城。长城归来后，他也想过收心克己，重回正轨，他乖乖被下放到老战士协会工作，可眼看老干部一天天打牌的无聊生活，年轻人则像个螺丝钉被拧紧在流水线上……难道自己也这样一天天等老等死？曾见识过大山大海、被人山人海簇拥过的心，再也关不住了。

“如果把塔克拉玛干沙漠比作一个西瓜，罗布泊只是一个鸡蛋。”虽然被罗布泊挡住西行去路，但更吸引刘雨田的，却是方圆33万平方公里的塔克拉玛干沙漠，这个古丝绸之路上最大的拦路虎。早在1895年，瑞典探险家斯文·赫定的探险队就曾在此遭遇生死劫难。迷路、断水7天、驼死人亡，几近全军覆没，他在《亚洲腹地旅行记》中，心有余悸地回忆：“这是任何生物都不能插足的地方……”“死亡之海”从此威震世界。

可越是难，就越吸引刘雨田。毕竟此时的他，已决意去走探险人生。世界级的探险空白就在家门口，这实在是莫大的诱惑。势在必行，但他心里也没底。1986年冬，他先试走了中国第二大沙漠——古尔班通古特沙漠，希望借此多一些沙漠经验，却差点儿送了半条命。

–36℃的寒流，一堵堵白墙般的“白毛风暴”排山倒海而来，他一度被逼得只能在雪中爬行。好不容易撑到兵站，已是多处冻伤。军医诊断：“败血症，腿保不住了，得锯。”吓得他立马坐了起来，不顾阻拦，一个人重回雪原。

“我还要走一辈子路，怎能没有腿？”祭着意念大旗，刘雨田都不知怎么走出了那片冰天雪地。撑回乌鲁木齐，在医院还没躺多久，法国人朗兹曼将率队穿越塔克拉玛干沙漠的消息，又把他从病床上硬生生震了起来。

“走长城就缘于他，难道又是他……”和外国人较劲的情绪，不禁又涌了上来。一年前，走完长城时所受的万千赞誉，更推波助澜了个人英雄主义，“不行，先走出沙漠的，必须是中国人”。再一次坐不住的刘雨田，把吊针一拔，在1987年4月，直奔大漠。却没想到，自己从古尔班通古特的冰原，跳进了更可怕的火海。

生死大漠

“事后反省，那确实是个狂热到昏了头的决定。”这是个更“堂吉诃德”式的开场。炎炎烈日，坚持单人徒步的刘雨田，肩上用麻绳搭着两个塑料大水桶，胸前6个水壶“哐当”作响。全身背负71公斤重物，仅水就45公升。没走几步，他就一下失去平衡，“稀里哗啦”倒在地上。于是，他不得不把行李分成3组，往返两个半程往北拖。别人走一遍的路，他等于要走5遍，艰难得像一只蜗牛，一点点爬向大漠深处。

从没有一个人，像他这样赤手空拳走向塔克拉玛干沙漠。甚至充满理想主义，

1987年，超前时代的沙漠个人探险

在极限负重下，刘雨田还夹带了一本尼采的《快乐的科学》。然而在1987年，谁又能真正告诉他，什么才是“科学”呢？无论百年前的斯文·赫定，还是将要到来的法国探险队，都带着庞大驼队团队行进，补给装备精良。路线选择上，法国队将走的是和田河故道，一路不时有水草。一心要赢过法国人的刘雨田，却选了更难的“直切”——直穿塔克拉玛干沙漠的中轴线。

那是真正的沙漠腹地。大河沿再往前，彻底无水无人。法国人朗兹曼事后闻讯，都觉不可思议，像刘雨田那样走，简直无法想象。所有人都劝他：“塔克拉玛干沙漠，进得去，出不来啊……”在无人区最后一个放牧点，眼看劝阻不下，一

位牧民含着泪说："这是我家最好的一只骆驼，送给你。放心吧，不要钱。"

"要吗？真想要。但这骆驼是人家一半家产。"婉谢告别牧民，刘雨田一个人面对的无边大漠，地表温度已超70℃，一脚下去就是一个热窝儿，每迈一步都难。他也心底发怵，但箭已在弦上。

"俯瞰沙海，这是战场。我虽不是战士，但决不能临阵脱逃。"走向沙漠20余日的深夜，篝火旁，刘雨田在日记里这样写道。醒来的冲天火光，却把他惊呆了。篝火烧了一夜，竟烧着了近旁一株胡杨。千年不死的胡杨，因为自己，竟遭遇这样的灭顶之灾。仿佛闯了大祸，他本能地拎起水桶去救，倒到第二桶，火灭了，他却跪地傻了。

水，这是每一滴都能够救命的水……"我是不是真像别人说的精神错乱了？"抱头纠结了不知多久，刘雨田赶忙起身，决定折返最后一个牧民点，还一心盘算着："回去就带那只骆驼继续上路吧，相信祖国人民不会怪我的。"

然而塔克拉玛干沙漠的残酷，却远超预想。猛一阵飓风骤起，天地一片混沌，刘雨田再起身时，来时的脚印全不见了……这一回，他彻底蒙了。颤抖着掏出地图，一片空茫的沙漠腹地，他甚至不知自己在哪儿，一种前所未有的恐惧袭上心头。塔克拉玛干沙漠成了一张大网，将他一下罩住。往哪里逃？

危难之际，理智重新主宰大脑。八匹马拉不回的刘雨田，第一次180℃大转弯了。"退！沿着西南25℃，拼命走，沙漠南缘的克里雅河是唯一生命线。"所有的东西精简到不能再简，只留指北针、地图、500克压缩饼干、80克军刀，还有13颗糖。连日记本都想扔，但感觉比命还重要。还有国旗，这是信物，不能扔……

那时那刻，每一件行李都成了生命不能承受之重。唯一希望尽可能多的水，却是一滴都没了。大漠像个性急收尸的魔鬼，吸干仅有的一点儿湿气，旋即铺上红铁板。干渴之下，刘雨田不得不咬牙接了自己的尿。刚端到嘴边，就忍不住泼了，“还是人吗？”

然而，死亡面前，没有选择。第二天，他只能两眼一闭，“咕咚咕咚”喝了下去。第三天，连尿也没了。烈日灼灼下，只能采几片胡杨叶子，像个牲口勉强咽下。第五天，遇见一条沙蜥蜴，他几乎是生吞活剥，感觉自己快成野兽了。再后来，什么也没有了，连苍蝇也成了“肉”……回去的路，却像一个人在原地打转。茫茫沙海中，他几乎失去时空感，一个人也渺小得像一粒沙，唯一寄托是地图和指北针。所有能量，都集中在脚下。一双脚艰难向前挪动，甚至不知脚步，一切全成了下意识行为——西南25° ，天变，地变，方向不能变。

直走到第七天，两株胡杨涌出地平线。一见到绿色，哪怕是坟墓，刘雨田也不想走了，也再走不动了。倒在胡杨树下，他只想要一杯水，哪怕一小口。“到底为什么接受法国人挑战？即使走过又如何？走在前面，地球就会停转，你就会摘去疯子的‘桂冠’？如今却是一点儿水都没了……”

接近死亡的日记里，百般情绪登场，无情鞭挞曾狂妄的灵魂。你是谁，你的爱憎，你是英雄、是狗熊，都再没有意义。恍惚间，刘雨田甚至渴盼，如果迎面能走来个人，哪怕是死敌，他也会冲上去拥抱的。

然而，天地悠悠，大漠深处，只有他一缕孤魂。撑着最后一点儿气力，用快被热风吹干的墨水，他想给一双儿女写遗嘱了：“孩子啊，将来长大，能够自己选择人生道路，可千万不要走爸爸的路……”人们在他的追悼会上，又将如何指指点点？逃兵、胆小鬼、神经病？视尊严如命，刘雨田再不敢想下去，却竟凭空又生出一丝气力，倔强爬起来，继续向前走去。

“爬，我也要活着爬出去。我的悼词，我要亲自去写，亲自去念……”仿佛回光返照，但终于出现奇迹，断水第八天，视线里竟出现稀疏芦苇，还有肉苁蓉……用手拼命挖下去，出水了！直径半米的小眼儿，慢慢渗出的黄汤，那一刻，比黄金更珍贵耀眼。这个喝过尿的鬼，终于又成了人。

超出时代的孤独

“人哪，就是一口气。”断水8天7夜之后，刘雨田被当地牧民救起时，已经腿都挪不动了，全身浮肿，体重从71公斤骤降到52公斤，全身只剩两本日记、一瓶风油精，但万幸捡回一条命。

生死大漠，深深冲击了刘雨田。一头长发，从此一生不剪，被他当作“死亡的证明”。回到乌鲁木齐，人们的劝诫夹杂着讥讽，更让他有一种说不出的滋味。这已不再是为国争光，更似乎成了“为自己争气”的事。

半年后，1987年底，倔强的刘雨田从于田出发，第二次迎向了死亡之海。总结教训，这一次他选择冬季进入，并带上了6峰骆驼。历时40余日，近500公里，从南向北，刘雨田沿着中轴线终抵塔里木河河岸，完成了人类首次单人无后援纵穿塔克拉玛干沙漠。

他和死亡之海的故事，却还没有完。1988年底，刘雨田沿着和田故道，又一次南北纵穿大漠。一而再，再而三，只因他心底藏着一个更宏伟的目标——单人无后援横穿塔克拉玛干沙漠。这条横贯沙漠1500公里的路，是无人实现的探险空白。

经验在不断积攒，脚步却再难深入，困住刘雨田的除了资金，更是时代。直到2010年，讲述横穿羌塘无人区的《北方的空地》面世，中国人才惊觉原来还有这样一种探险方式，竟有人敢于将自己暴露于茫茫荒野去试炼，并纷纷视之为户外启蒙。却不知，早在20世纪80年代，就已经有人执着于这样的世界级探险。

但相比今天探险者的备受推崇，太超前的刘雨田走在30多年前，要面对的却是所有人的不理解和一个个迎头痛击。1988年，原本美满的婚姻解体。“我看着她可怜，她看着我也可怜……”去民政局离婚时，他还紧紧牵着她的手。紧接着1989年，他被铁路局正式除名，从此成了没有身份的人。更难忍受的，是舆论环境。身边的人都在指指点点：“好好的单位、公务员工作都没了，老婆离了，一个正常男人的生活都给毁了，脑子没病才怪……”

当爱国光环熄灭，为什么还要探险？20世纪80年代的人，依然不明白。刘雨田也试过解释，挤出笑脸迎上去，老同事却避瘟疫般绕道走了……

“人群里，我反而孤独到了极致，好像一个人面对一个世界。”那段日子，刘雨田哪怕在屋里，也要躲进帐篷才睡得着。从窗帘到帐篷拉链，都拉得紧紧的，仿佛有人正举着望远镜在窥探，在议论他会怎么疯掉。“三人成虎，我虽不信，然而要面对的不是一人三人，不是一句三句，而是百人百句，甚至千人千句……弄得我也困惑了，甚至怀疑：我就是疯了？”

偶尔望着镜子，短短5年，原本白净斯文的干部，何时变成长发黝黑的野人？有时午夜梦回，一想自己竟什么都没了，也不禁悲从心起。“这一切，是真实还是做梦？原本循规蹈矩，怎么就走向长城，甚至要一生探险？原本怯懦依赖，怎么就把自己交给了荒漠……”

“我很怪，大家都说我是疯子。”面对当时的新疆记者刘湘晨，这是刘雨田说的第一句话。“这样一个人，生活在周遭环境里，就注定了悲剧。”在刘湘晨眼里，一头长发的刘雨田从大街上昂首走过，看似高傲，实际上却像在溜墙脚。大自然的极致体验和终极追问，让他再难安于世俗生活，甚至失去了自己的位置。“他是踏入了不能踏入之地，也从此引来了不能承受之重。”

最孤独时，被他视为精神领袖的父亲也离他而去。“孩子啊，你爱国爱来爱去，怎么爱到最后，什么都没了呢？”老人到死都想不通。

1989年10月，父亲追悼会后第二天，刘雨田擦干眼泪，告别活了半辈子的新疆。火车终点是曾给予他人生最大肯定的北京，他带着父亲的临终遗愿：“你要是能出本书，记下走过的路，我心里也安慰了。”然而，那时的北京，再没了他长城归来时的激情澎湃。20世纪80年代的理想热血，戛然而止。20世纪90年代的市场大潮，已奔涌而来。

媒体追捧的英雄，换作腰缠万贯的财富新贵。曾畅销的新思想，迅速被言情、武侠、成功学等取代。大家开始忙下海、经商，甚至怀疑：读书有用吗？探险这样冷僻的题材，想出版，只能斥巨资自费，可那时的他几乎已身无分文。

退，无可退。进，刘雨田还是想继续探险——这件已让他一无所有的事。“你这样究竟为了什么？”当时东方电视台主持人袁鸣在节目中追问。他一时语塞：“不再为啥。”坐在身边的嘉宾学者余秋雨一拍桌子，“说得好！不再为什么，才是为什么”。可余秋雨侃侃而谈的哲学，能代替生活吗？

知名华裔靳羽西女士采访他时，一脸兴奋，“要是在美国，你肯定能成百万富翁”。却不知分别后，刘雨田去一家报社领稿酬，好不容易刊登3篇，仅拿到15元。不舍得花一分钱的他，像叫花子一样，眼巴巴盯着别人盘里的剩菜，硬是蹭了一顿终生难忘的饱饭。

“你想继续探险，只能寻求社会赞助。”在朋友的劝说下，最初只知自费的个人探险，跨入20世纪90年代，也不得不学着和新兴市场经济“握手”了。

从人缝里挤出去

“住我家那3个月，每天除了记者，就是来谈合作的公司，一拨接一拨，但一家都没成。”北京市民邹兰东回忆起1992年热心收留过的刘雨田，“一头大长头发，冬天还穿着短袖裤衩儿，走在那时的北京街头，他也是被人指指点点，格格不入的。”

眼看不善言辞的刘雨田，明明有“赞助恐惧症”，却不得不一遍遍接受记者和各种公司盘问，邹兰东也忍不住问：“你都50岁了，难道不考虑养老？”“在城市里待不住，就想凑够钱，好继续往外走，我还有好多探险项目呢。至于老了，走到哪儿，死在哪儿吧。”

邹兰东至今无法理解刘雨田在追求什么，却发自内心佩服，毕竟在探险者寥寥

20世纪90年代，在阿尔金山无人区风餐露宿

无几的年代，这是常人无法理解的路。他的邻居，则代表当时更大众的态度：“你怎么把这么个野人招家里来了？”最后，在邻居的非议声中，刘雨田黯然搬走。

北漂生涯里，刘雨田足足搬了30多次家。仓库、地下室、没暖气的小平房，哪儿都住过。尽管一些人给他冠以骗子这又一“殊荣”，猜测他靠着那些神话般的经历，是不是赚了很多资助。而真正见过他的朋友，印象最深的却是他有多穷。为省钱，他常年一天只吃一顿饭；最困难时，甚至搬到京郊山野，靠采野果、挖野菜度日。

作为中国最早期的探险者，赶上百业待兴的历史窗口，刘雨田何尝没有过好机会？可面对愿意出资百万开公司的朋友，他却难以应答，一一错过。“谁不需要钱？可我变成这样，是为了探险，不是下海捞钱。已经付出那么大代价，路更不能走偏了。”

疯狂发财的年代，伴随的也是乱象丛生。一次有人打着他的旗号搞赞助，自己竟是最后才知情的人，这让他不寒而栗。想到当年老山战斗英雄徐良，收3000元演出费，就被扣上“英雄也爱钱”的帽子；想到昔日楷模们，因为一点儿错误，就被舆论踩进尘土……“我更怕的是，万一有个闪失，辱没了‘探险’二字。”

社会比自然更陌生，人心比荒野更莫测。面对新时代经济浪潮，刘雨田自认无心、无力，甚至无能去掺和。从新疆的“入世无门”，到北京虽“入世有门”，他却不敢入了。

“只要能让我从人缝儿里挤出去，尚能喘口气儿，就行。”在北京，靠着一天一个馒头填饱肚子，1993年秋，刘雨田带着曾拿到的最大一笔赞助——一个上海地产商赠予的6万元，第四次前往塔克拉玛干沙漠。

人世一番辗转，是为了横穿塔克拉玛干沙漠的梦想。然而，这又是一次“堂吉诃德大战风车”式的探险。横穿起点麦盖提县，连只骆驼都没了，全被将同期出发的中英联合探险队“扫荡”一空。相比不关心探险的中国人，英国人却是极度重视。英国前首相希思出任名誉主席，誓要实现人类首次横穿塔克拉玛干沙漠的壮举，足足投入186万美元，队伍雇了100余峰骆驼，浩浩荡荡而来，装备武装到牙齿。

令人唏嘘的是，最具沙漠经验的刘雨田，原是该活动中方队长，最初穿越路线都是他设计的。巨额投资背后，复杂的人际关系，最终却让他黯然出局。愤懑之下，更不能让外国人走在前面，单枪匹马的刘雨田，竟带着已18岁的儿子，赶着6头小毛驴，又一次上路了。

无异于“以卵击石”的旅程，几天后，就遭遇了小毛驴集体“叛逃”。更可怕的是儿子去找毛驴，13小时未归。彻夜燃着篝火，终于等到儿子归来的那刻，父子俩都吓得血色全无。原想培养儿子探险兴趣的刘雨田，再没有带儿子上过路，他终究只能一个人面对这个世界。

死亡之海没能再接纳他，神秘西藏却成了刘雨田的第二心灵故乡。20世纪90年代，他开始了10余次探秘。隔绝于世的高原，新时代商业大潮还未到来。人们不关心现世，生命就是朝圣，这让刘雨田仿佛第一次遇见同类。

“大自然是唯一让他感到慰藉的去处。大概只有不断走下去，他才能不断重回一种英雄的心境。只有和天地交融，才不再困惑于生命的无意义。”在已是多年老友的刘湘晨眼里，刘雨田会一直走，是痴迷在路上像个“大写的人”。

“在我看来，红尘与荒野能出入自如，才是最佳状态。”刘湘晨为此多次规劝过老友，“不要走得回不来了。”却不知，一直在路上的刘雨田，其实也想过放弃，甚至想过死。每年5月才适合攀登的珠穆朗玛峰（以下简称“珠峰”），1992年元旦，他就一个人去了，这是无异于自杀的行为。在抵达6000多米时，大头靴子踩在晶莹的白雪上，“嘎吱”一声，却好像踩到了心里。“那么干净的雪，我不该来。”

4年后，他再次来到珠峰。夕阳之下，旗云飘动，望向黄金般的金字塔形山体，珠峰无言，他心头却突然刀刻斧砍出4个大字：岿然不动。那来自天外的神韵，一次次和大自然的对话，成了一种精神支柱，让他始终走了下去。但断水求生的8天7夜，早让他不信神灵，只信自己。而自己选择的信仰，就是探险，就是冰雪中执杖前行，走向昆仑山、雅鲁藏布江大峡谷等当时还神秘的一个个地域，去尝试填补一个个探险空白。

“感觉生命，地平线上，站起一个人来。”1984年踏上长城那天，还天真的刘雨田，曾在日记中这样憧憬。越走越远之后，他终于知道，选择了探险，无论出世入世，要走向的都将是一个又一个未知的地平线。

不可思议的路

在全民奔小康的浪潮中，余纯顺于1996年在罗布泊遇难的新闻，让这一群

"在路上的流浪者"再次重回社会视线。或赞叹、或抨击的声浪过后一年，刘雨田走到余纯顺墓前，默默祭上一杯酒，终于完成了更漫长的罗布泊南北纵穿。

富起来的中国人，在20世纪末，也终于开始认识探险这一新鲜事物。最早走出去的刘雨田却已走过10余年，并已完成近百次探险，成了中国最早的职业探险家。

"如果长城是里程碑，我很想在塔克拉玛干沙漠画一个句号，但没想到它竟成了惊叹号……"走遍千山万水，最让刘雨田念念不忘的，依然还是那片死亡之海。但困住他的，依然是资金。为支持他横穿塔克拉玛干沙漠，摇滚歌手崔健二话不说掏出的1万元，转身却被搬家的人偷走。一位女教师热心赞助他4万元，但得知这是她下岗后的积蓄，刘雨田赶忙把存折还给了对方……就这样辗转反复到2002年，朋友甚至为他成立探险组委会。没想到的是，从几十万到几百万的赞助还没谈下来，一家德国公司允诺的4辆宝马车，就引来利益纷争。

"眼看大家谁都想把车往自家开，我情绪化的老毛病上来了：啥也不要，不搞赞助了。我自己走，一定要穿越。"一股"视死如归"的倔劲，让朋友急了，纷纷劝阻他。

"为了什么呢？因为有许多眼睛盯着你，媒体盯着你？你是为了他们去探险的吗？"和崔健一起为刘雨田饯行时，哲学家周国平不禁责问。"不想对不起支持我的人，算是原因之一。我的心性也有虚荣，可谁不需要认可与关爱？"并且，痴心已15年的塔克拉玛干沙漠，像鬼打墙，让他鬼迷心窍。走向它，已成了一种生命需要。这一年，刘雨田60岁了，他没法再等。

也许是天意留人，才出发，刘雨田特地花几百元买的GPS，却由于过于劣质，和地图偏差几十公里。也许是内心也有了惧意，曾凭指北针也能走出大漠的他，还是折返乌鲁木齐维修器材去了。一鼓作气，再而衰，尤其回城和老友们一重聚，绷紧待发的弦，一下松了。60岁的他，和塔克拉玛干沙漠再一次擦肩而过了。

多年不见的昔日老友，都已拥有一官半职。喊着老总、部长们的小名，看着眼前一张张岁月沧桑的脸，恍惚间，刘雨田想到1984年自己沿着长城，曾遇见的美国马可·波罗探险队。那时也是高朋满座，他就像个叫花子，可美国探险队队长却在白绢上给他留下一段终生难忘的话："人人都在路上，有人走的是艰难的路，有人走的是平常的路。但，Mr. Liu，你走的是一条不可思议的路……"

"我受命运驱使爱上探险，虽然它给了我太多灾难，但我依然庆幸，毕竟这样活过。”面对“升官发财”的老友，刘雨田没有后悔。但重新站在14年前的家楼下，却不能不感到深深亏欠。

“我在世界飘荡10多年，遇到过许多女人，但没遇到比你妈妈更善良更好的女人。”刘雨田曾在给儿女的信中这样写道。在那个特殊年代，因为他，前妻的所有先进称号，也跟着被一撸到底。选择彼此放手后，她终身未再嫁，总是跟着报纸新闻，在地图上寻找他在哪儿，总是念叨：“等有一天，雨田走不动了，不管好歹，这里还是他家……”

但她不知道的是，四海漂泊的刘雨田，路过乌鲁木齐时，也曾默默在楼下久久望向三楼昏黄的灯光，忍不住落泪。那一扇小窗里是他的前半生，“想象她一个人如何撑着一个家，一双儿女听妈妈话吗？我是多么想念他们。但也深知我感情的脆弱，一见他们，我还能走出门吗？”

她终究没等到他走不动那天，2005年，前妻因病去世，刘雨田特地赶回了新疆。一双儿女终于长大，也陆续来到北京，这才给了他一个久违的家。眼看父亲幽居凤凰岭，过着挖野菜的日子，儿子刘莹几乎是跪着把他求下了山。“妈妈去世时千叮万嘱，不惜一切代价，也要照顾好父亲。”从事IT行业的刘莹，走着和父亲截然不同的人生路。工作兢兢业业，他只愿尽力让老人安度一个有尊严的晚年。

很多人以为，和儿子同住，刘雨田这是要隐退，和世俗生活和解了。已近七旬的他，却还是坚持着每年几个探险项目，过年都很少和儿女一起。在2009年春节后，他更是给儿子留了遗言，第六次走向了死亡之海。

“每个人都有自己的选择，理解和尊重之余，我心情却变得格外焦躁。毕竟年纪不饶人啊。”刘莹仿佛又回到少年时地图中长大的日子，不知父亲在哪儿。脑海里一次次浮现的，是母亲最常和他相互鼓励的话——“微笑着面对每一天的日出”，还有海明威笔下的“老人与海”……

和塔克拉玛干沙漠超过20年的纠缠，却还是没能画上句号。横穿途中，刘雨田携带的两峰骆驼，不但集体“叛逃”，甚至卷走GPS、照相机等，物资几乎耗尽。

“梦想又成泡影，塔克拉玛干沙漠成了我生命永恒的怪圈，但我一定还会再来。”拖着再受重创的身心，67岁的刘雨田疲惫回京，依然内心倔强。更让他惦记的，还有最初另一梦想：整理过往的探险记录，结集出版曾走过的路。

▲ 20世纪90年代，孤独行走在西藏阿里无人区

“那是我父亲的另一个孩子。”刘莹义不容辞，着手帮忙整理。可足足两三百本探险日记，数十年七八百万字的记录，数万张褪色老照片……一个人面对这座“大山”，才发觉简直无从下手。但一想到父亲的毕生追求，压力也成了动力，必须跟着“愚公移山”。

“某种意义上，这是在拯救，甚至是一份社会人文责任。”刘莹并不知道，数量如此庞大的资料未曾公开，让父亲一度引人非议，不时被奚落成“一没文字，二没图片，光凭一张嘴的骗子”。他只能固执地相信：“在这个领域，父亲所承受并为之努力的一切，终有一天，会在历史长河中留有一份尊严的。”

儿子苦心整理出的部分资料，在2014年“刘雨田探险30年展”上，终于露出冰山一角。30年弹指一挥间，刘雨田做梦也没想到，一度让他被当成疯子的户外探险，有一天会成为时尚，参与人数超过千万。而这位最初走出去的人，却已远离外界多年，鲜少出现在媒体及正兴起的户外圈，不太被年轻人知晓了。

大家对他的认知，大多还停留在曾因爱国走长城的脸谱化形象。围观者拥到他身边，听着72岁的刘雨田讲述，一知半解。人们好奇：这个老人居然整整探险30年？玩户外，不是这几年才有的事吗？

漫漫探险路，却还没有完。这次展览结束，仅一个多月后，刘莹就坐上赶往昆仑山的车，心急如焚："超过一周失去联络，让我开始怀疑老人是否按照说好的线路去西藏……"他的忧虑，果然成真。怕儿子担心，刘雨田又一次秘密行动，独自一人走向了阿尔金无人区。

"阿尔金深处有个死亡谷，30年之际，我想再做一次'死亡之问'，也算'收官之作'吧。"1993年以来，他曾4次考察阿尔金山。可那片高寒干旱的无人区野兽横行，还能接纳已经72岁的他吗？

"就是下跪，我也要请老人下山。跪父母不丢人，跪昆仑山不丢人。要的是活着，活着才有念想……"直追到昆仑山腹地保护站，刘莹不知等了多久，终于拦截住失踪多日的父亲。一张晒得变形的脸，浑身布满裂口，作为儿子，刘莹简直不忍心看。

"在这一带，我遇到了狼，两次撕扯我的背包。转身又看到好几只，以为它们会集合起来向我进攻。还算好，现在我还活着……"茫茫荒原，老人沧桑的声音沙哑自述，听着视频里的阵阵狼嚎，已近40岁的刘莹，忍不住痛哭了一场。我没忍心问他，那时因为什么被触动。但想起刘莹11岁那年，他母亲曾轻拍着他的脸说："你爸爸是真汉子，不仅是为自己，更是为了一种精神。咱们要支持他。"

路，还没有走完

"孩子，谢谢你来陪我说说话，不然我快孤独成神经病了。"2018年8月的炎夏，北京密云，当我辗转找到刘雨田幽居乡野的住处，76岁的老人忽然流露的脆弱，让我心头一震。来之前，我曾听他的老友抱怨，说想探望他却被多次婉拒。不少人也和我打过"预防针"：古怪、隔绝、不爱说话、神神叨叨，年轻人估计没法和他交流。

洒满阳光的小院，相差40余岁的我们，初相逢，却不知喝了多少酒，从白日直聊到凌晨4点，还说不完。"今天真是太例外，或许因为你是懂得的人，或许我又孤独到极致了。"

诚然，一眼看去，他太不一样。一张风沙刻出的古铜色脸庞，皱纹丛生，长发垂肩，半幽半仙，不时就双手合十，念着"阿拉门"等含混咒语。烟雾缭绕中，他的眼神游离天外，随时和周遭划开界限。但其实，这座看似沉默的冰山，内心柔软，比谁都渴望被理解。只是漫长年代中，一个人习惯了不被理解，与世人日渐互不相认，分道扬镳。

"我从没想到，自己能过上这样安稳的晚年。"执意搬到密云独居的刘雨田，冰箱里塞满美食，抽的烟从廉价的"大前门"变成"中华""玉溪"，都是儿子每周特地孝敬的。他喜欢这样一抬头能见山野的地方，再不用颠沛流离，但内心的渴望依然没被岁月和生活"招安"。最让他惦记的是那些日记，长达30余年的各地考察记录，七八百万个方块字，密密麻麻，垒成一座文字长城，依然围困着自己，担忧会不会到死都写不完，只能永远湮没进微尘？

"哈雷彗星76年一周期，一眨眼，我也76岁了。时间不多了，我只怕生前看不见它们出版。"在这个旅行书泛滥的年代，作为在路上的先驱，其实早有不少出版社上门，可刘雨田却至今未出版一本。他总怕写不好，会对不住自己想留下的探险文化，并不时怀疑："已是网络时代，谁会看我那些陈谷子烂芝麻的事呢？"

"这年头，还有人会这样认真对待所爱吗？"当我翻阅已誊出的数十万字文稿，意外于他的思想远比想象的复杂深邃。更惊讶的是，许多篇文章，他竟手写了七八个版本，还反反复复在改。倘若他能挪出一点儿心思去经营现实，或尽早发表，何至被误解成骗子，生活被推到如此边缘……

"你曾说'历史选择我，我选择苦难'。可这份选择，要'见众生'才圆满。你却把自己封闭起来，至今隐而不发，这样对吗？"漫步在午夜乡间，我忍不住问。刘雨田默默走着，没有回答，却在那一日的日记里写道："这是生命中重要的一天。一个孩子的到来，竟忽然改变了我的许多观念。"

第二天，他就成了一个老小孩，向我虚心请教起出版规划，微信怎么用，什么是新媒体。旧时代早已结束，面对陌生的新世界，这个最早走出去的人，却似乎没自信到达。至今自命"为探险护旗"，却不知自己是否已被新时代遗忘。

离开之前，我收拾好凌乱的厨房，特地为老人做了一碗雪菜肉丝面。因为前夜谈到家庭温暖，他眼神流过一丝复杂，直言"太渴望了"。"能晚点再走吗？"捧着热腾腾的面碗，他低垂着眼，说起上一个不舍告别的，是今年刚登顶珠峰的无腿老人夏伯渝。夏老来看他的那天，刘雨田也是喝到大醉，为夏老43年终圆的珠峰梦高兴。更不禁想起，遥远西域，和自己纠缠30余年的"死亡之海"，梦却还未完……

我们告别之后，他也将动身，再赴新疆。"我还想悄悄去一个残酷的地方，万一回不来……孩子，这便是我们最后一面了。"老人半开玩笑半认真地告别，让我在回城路上，久久回不过神。想起月光下的小院，76岁的刘雨田借着醉意，朗朗读起自己早在1982年写的诗句："假如你是一枚白玉，就要熠熠发光。假如你是一座钟，就要把它敲响。假如你是一团火，就要熊熊燃烧……"

又一天黄昏将至，这个依然激情燃烧的老人，又会沿着玫瑰花盛开的小路，独自走去密云水库大坝上遛弯儿。很多很多年前，生命本能驱使他，不知疲惫地走啊走，渴望摆脱"死亡之海"，扑向希望的绿洲。而今，面向绿洲水泽，大漠风声却依然萦绕耳旁。

生命必有终点，而灵魂的脚步，能横穿过"死亡之海"，继续走向未来吗？谁也没有答案。

荒野谈

一个人面对一个世界

40多年前，刘雨田带着尼采的书走向沙漠。走进他今天幽居的小院，吸引我目光的，则是案头另一本书：凡·高传记《渴望生活》。

想象中癫狂的画家，其实柔软、脆弱，始终渴望生活。最大悲哀却是不被身处环境所容，只能将生命倾注于绘画，在贫穷里画，在痛苦里画……直到死后，才获得渴望的理解。

走近刘雨田，最触动我的，也不是那些遥遥领先的探险经历，而是作为一个领域的先行者，他必须一个人面对一个世界的孤独——这是更艰难的探险，要突破的是时代局限、固有观念，以及另一个想从众的自我。

在落后的20世纪80年代，一个人走出封闭社会，想用一生去探险。因为行为太超出大众认知，这件事轰动一时，转眼间他又被视为疯子、异类。

在精致利己的当下，想为国争光，想做大写的人，对于年轻人，又显得荒诞可笑、不够现代。

看似古怪孤僻，只因长久被误解与嘲讽包围。

选择远离红尘，更像被现实剥夺归属的无奈。

超前的探险行为，最后的理想主义，让他和哪个时代都难相容。

但最感慨的是，无论时代怎么变，他却没变。

时代沧桑巨变，所有人都不可避免被浪潮推动着，浮浮沉沉，日新月异之下，几乎记不起当年的自己。唯独他，穿越过一个个时代变迁，依然在做近40年的梦，无论领先还是落伍，无论瞩目还是冷落，无论面对怎样的险境、误解、落魄与自我斗争。

从青丝到白发，从壮年到暮年，他一生只做一件事。一步步，走了这样远，竟还走在他最初为自己选择的路上。

“我感到空前孤单，现实让我备受磨难。但基于一种信念：我属于未来。”刘雨田曾和另一个“疯子”——诗人食指抱头痛哭后，在日记中写下这样一段话。

作为朦胧诗先驱，在没有诗的动乱年代，同样孤独的食指，曾写下名篇《相信未来》：“我坚信人们对于我们的脊骨，那无数次的探索、迷途、失败和成功，一定会给予热情、客观、公正的评定……”

他们曾期冀的未来，或许就是今天，或许还要等到更远的明天。

而今天的我们，穿过前人走过的漫漫长路，走向各自的人生，也必然要经历失败与迷途，甚至误解和嘲讽……

眼看着时代浪潮正加速奔涌向前，是随波逐流，还是坚持走自己的路？

哪怕一个人面对一个世界，唯愿初心不改。

走向生命的黄昏

黄河漂流，血性1987

“

故事的缘起，是一位漂流前辈寄来两本30多年前的日记。日记的两位主人公雷建生、郎保洛，20世纪80年代曾大红大紫，被无数年轻人追捧为“长漂王子”；1987年6月，却同乘一舟，一起殒命黄河。“漂流王子，梦断黄河”的新闻，在那一年轰动社会。

带着泛黄的日记和报纸，我辗转4000公里直至黄河水上，却在20余位亲历者的讲述中，发现这不仅是两位“王子”的故事，更是关于1条大河、3支队伍、7位队长、近百个赤裸的黄河儿女与波涛，与时代，与自己的生死搏击。

30多年前，这群正值“精神青春期”的热血青年，前无古人地漂流了黄河全程，也付出7条性命的惨烈代价，当时一度和中国女排并称为“中华民族的两支精神催化剂”，却最终在“不提倡、不支持、不宣传”的局势大扭转下，孤寂划完最后一桨，迅速被淹没进了时代洪流中。

本篇供图：中国黄河漂流探险队

煽火的美国人

滔天巨浪中，一个光着下身的男青年被困危崖，命悬一线——这一个来自长江虎跳峡的生猛画面，在1986年9月中旬闯进《新闻联播》黄金时段，迅速吸引了亿万人的目光。新闻中的青年，就是1986年洛阳长江漂流（以下简称“长漂”）队的发起者郎保洛。由于所乘密封船被中虎跳激流打碎，他被困整整5天4夜，直至队友雷建生腰系绳索，攀下悬崖救援，他才终获生路。

那之前，中国人几乎还不知漂流为何物。这一场生死救援却破例在中央电视台多日滚动播出。一时间，两位洛阳青年和万里长江上一场堪称“中美对决”的漂流被推向举国皆知的地步。

一切还得从一个美国人说起。1985年，偶然获知美国探险家肯·沃伦要以30万美元从中国购买长江漂流权，时值35岁的西南交通大学职员尧茂书拍案而起：“中国的长江，要让美国人来首漂？”1985年6月，他踏上了长江源头姜古迪如冰川，单人驾一只被命名为“龙的传人”的孤舟，第一个抢先开漂。30多天后，尧茂书的遗体在距源头1200余公里的通伽峡被发现。这“以卵击石”的壮烈，被写成一篇长篇报道《长歌祭壮士》，当年引发上百家媒体转载。

“龙的传人，难道只有一个尧茂书？”在那个资讯匮乏的年代，一篇文章就是一枚炸弹，许多压根儿没见过橡皮筏的热血青年跟着“炸”了，这其中就有30岁的郎保洛。他看完连夜就去找好友王茂军：“我们去当首漂长江第一队，怎么样？”

1986年6月，说干就干的8个洛阳青年，自带干粮踏上了长江源头。紧随其后的是中国长江科学考察漂流探险队40余人。所有人都没漂流过，却抱着同一个目的：“死也要抢在美国人前面。”热血澎湃之际，没人去留意肯·沃伦此行协议的附加条件：长漂结束后，授权肯·沃伦户外公司第一个来中国开展商业漂流。一边是成熟的商业探险，一边是“落后挨打”的脆弱民族自尊心。围绕长江，这根本是两个时代在竞争。最终赛果是：郎保洛被救起的前3天，深感险峻的肯·沃伦宣布撤离：“我对长江的了解还不够，还要与‘她’认真谈一谈。”

肯·沃伦视为对手的是河流，我们的对手却是人。“美国人退缩了，我们决不退缩，宁可不要命也要完成漂流！”刚实现人类第一次闯过虎跳峡壮举的洛阳队更沸腾了。和漂流队员一样沸腾的，是举国人民。

那是一个怎样的时代？1986年，电视剧《西游记》首播，崔健吼出《一无所有》，邓小平提出“让一部分人、一部分地区先富起来”……那时一无所有的中国人，迫切渴望甩掉“东亚病夫”的帽子，再也“输不起”。竞技类运动超出运动本身，一时成了振奋民族精神的强心剂。女排赢一场比赛，就能引发全国多地大学生狂欢游行。而女排队员对长漂也是充满敬仰：“你们不仅是不怕苦、不怕累，还要加一个不怕死。我们要向你们学习。”

两个月后，当不怕死的漂流队员带着10人遇难的惨烈漂抵长江入海口，党政机关、社会各界上万人迎接，雷建生带头高呼“中国人万岁”。荣归最初偷偷上路的洛阳火车站时，郎保洛和雷建生这两位最耀眼的“长漂王子”，更被无数热烈的手抛向空中。

轰轰烈烈漂过长江，烧不完的爱国热情，很自然就燃向了更悠久的母亲河——黄河。在那个举国狂热的年代，一位黄河漂流（以下简称“黄漂”）重要发起者甚至发出这样的呼吁：“黄河作为华夏文明的发祥地，中国热血青年不能首漂，何颜以对列祖列宗？”

当热切目光刚转向黄河，来自北京的建筑工人桑永利，却在1986年洛阳大汉们正激战长江上游时，率先踏上了黄河源。这个曾闯过中俄边境的探险者，和尧茂书一样，有着自己的黄河梦。32天后，一样势单力薄的黄河首漂，也在巨浪中倾覆。6个橡皮筏毁坏殆尽，万幸保住一条命。

彼时，正为黄漂梦付诸行动的北京人，包括来自北京公交公司修理厂的于忠元，他寻求赞助的电话一度打到了联合国教科文组织。一听需要18万赞助，中方工作人员的一句嘲讽，又戳到了一个热血青年的敏感自尊，也坚定了他誓要黄漂的决心。然而，愿出一切费用的美国万宝路烟草公司，要求队名叫“万宝路黄河漂流队”；态度积极的全日本电视广播网，愿出30万美元合漂，但提出最后资料归他们所有；甚至有法国船舶公司已拟好“将征服中国黄河”的新闻标题……面对这一切，复员军人出身的于忠元又不敢答应了：“这可别成了通敌卖国。”

因着共同的黄漂梦，桑永利和于忠元这两员猛将，最终被北京市青年联合会秘书长吴泉民拢到一起，并在1986年底通过《北京晚报》向全社会公开招募队员。一时间，报名者达上千人。哪怕长漂吞噬了10条性命，哪怕黄漂初步草案中，人员要求第一条就写着“有志于献身黄河探险事业，死而无憾者”，也挡不住全国青年的汹涌热情。激烈竞争中，甚至有人通过中央首长批条才得以加入，更有许多人戳破手指写血书、递生死状，殷殷红字写着“愿意牺牲”“生死自负”“誓要继承烈士遗志，为国争光”……

20世纪80年代的社会缩影

“那时候简直狂热得不得了，就觉着我为这个世界牺牲了，就是无上光荣。”面对这种非理性狂热，于忠元作为发起人都有点儿被震住了。几乎所有人都还不懂漂流，全凭一腔热情，至于选人标准——必须像条汉子，有血性。

“如果只是漂流，而非国家需要，我肯定不会去。”31岁的女队员舒辉，海军复员，是1岁孩子的母亲。最终入选的27名队员中，军人出身的有13人，一半以上都有家室，家属也得在“生死状”上签字。在后来遇难的队员杨浩上路时，妻子还有一个月就要生了。

1987年2月，当费翔《冬天里的一把火》刚在春晚火遍全国，立誓要实现“千古黄河第一漂”的北京队，也在北京电视台风风火火亮相。相比还想和长江再“谈一谈”的肯·沃伦，他们的口号却是：“征服黄河巨龙，振奋民族精神。”

架势才拉开，不料风云骤变——有人传来消息，雷建生、郎保洛也组队漂流黄河，并且先遣队已去青海。对于北京队，这简直是兜头一盆冷水。特制的“黄河第一漂”纪念封都已开始全国发行，这可如何是好？慑于“长漂王子”的威名，于忠元带着新华社记者马挥赶忙奔赴洛阳，并带去一个诚意十足的“三同方案”——两队同上源头，同闯壶口瀑布，同抵入海口。

同年3月，在雷建生家中，他们终于见到了这群传说中“冲天的河南人”。彼此礼貌试探中，马挥感觉就像到威虎山来拜码头了。两位“当家的”名不虚传。历史老师出身的雷建生，温文如敦厚兄长。一脸络腮胡的郎保洛几乎没说话，却也沉静得让人服气。但意外的是，这两位传奇人物居然还没组好队。于是，北京队的“求联合”，最后变成了“你们先联合，我们再联合”……

漂流黄河，是早在长江漂流时雷建生和郎保洛就有的想法。只是谁也不愿甘于人后，长漂中生死相助过的两人，此时声名鹊起，旗鼓相当。一支漂流队，似乎已经太小。由谁担任队长，另一个人都不能接受。迟迟卡壳在队长人选上的他们，面

▲ 1989年，一路风尘的黄河漂流队员们

对北京队突然来访，也都坐不住了。经由支持他们的“后台”——《河南日报》记者多方磋商，才达成折中方案：实行双队长制，不分正副，双方人数对等。

这一回，换雷建生和郎保洛诚意北上，想谈“三同”。一心抢先的北京队却准备提前半个月就走，不等他们了。对此，雷建生保持了一贯沉静，郎保洛有些火了：“我就知道会这样。行！你们先漂。是骡子是马，河上翻几次船就知道了。”

而终于成形的河南队，相比北京队的根正苗红，更具民间江湖气。队员大部分来自雷建生、郎保洛各自的朋友圈，这两人是成长在同一个市委大院、性情却迥异的两个漂流者。雷建生的父亲曾是全国最大玻璃厂的厂长，郎保洛的父亲曾任湖南省邵阳市市长，但留给他们儿子的却是残酷的命运。雷建生16岁报考飞行员，所有考试都过了，却被拦在了政审一关，梦想破灭。他对此感叹：“一腔报国热情无处发泄，最令人伤感。”但在好友眼里，雷建生最突出的特点是“没有因此看破红尘，始终在追求一种像是唱高调的人生境界，并且默默做到了”，他甚至给女儿起名雷醒——民族觉醒的意思。基于此，雷建生选的队友多是一同研究过马列理论的知识分子，有着同样的家国情怀。

郎保洛随父一路下放到洛阳，和那个年代许多年轻人一样，或被欺负，或用拳头回击。1985年遇人挑衅，郎保洛还了手，反遭拘留10余日。他在拘留所满心幽愤，写下诗句：“坎坷多灾忧人生，夜入铁栏叹零丁。”

“他是英雄不问出身的人，选人只要敢干，能干，胆够壮。”所以，当追求志同道合的雷建生看到名单上曾被劳教过的石峰等人的名字而提出异议时，郎保洛却不以为然。他最烦人只看过去，也不爱唱高调。等漂完黄河，他打算去考法律研究生，漂流日记第一页一半都是英文。雷建生出发前的日记，却充满忧虑：“此次队伍庞大、派系繁多，有归正人员、摊贩商贾，亦有文雅高洁之士……可以说比上次要复杂得多……”

相比一年前长漂的默默启程，黄漂的出发则是风光无限。敲锣打鼓的郑州火车站，当女播音员自豪地宣布：“长漂英雄就在我们车上！”围观者、求签名者顿时挤得水泄不通。蜂拥人潮里还有几个特殊身影，例如为了雷建生执意赶来的妻子。不肯让妻子送行的雷建生，几乎不敢看她。害怕牵挂的，亦有郎保洛。为了黄漂，他推迟了原定春节的婚事，“说不定我会死在黄河上，岂不是害人家姑娘一辈子”。

还有一个狂热身影，是郑州砂轮厂工人朱磊。他是众多渴望参与黄漂的青年之一，也是最执着的一个。队伍不肯再加人，他就追上火车，又半夜钻进后勤卡车里；荒茫源区，更一个人租一匹马，顶着刀子般的暴风雪，追了5天5夜；最后两眼一黑，从马背上一头栽在河南队队员面前的雪窝里。再晚一刻，就没命了。

“我必须去，必须去……”黄漂像一道咒语，让24岁的朱磊近乎魔怔。他受够了乏味的生活，“只有这些轰轰烈烈的事才能吸引我”。

“黄漂在那时简直就是你能在地球上做的最好的事。”来自中国农业大学的丁凯，甚至未满17岁，为入围不惜谎报年龄。好在讲究“成分”的北京队一心要凑齐“工农商学兵”，就差他这个“学”了。

“那时的漂流更像是社会活动，而不是体育运动。”正如河南队一位组织者所言，“这支小小的漂流队，实际上是正在急剧变动的20世纪80年代社会的一个缩影。”除了少数思想者、冒险家，更多人还怀着各自的“小我”。

那是一个社会的青春期，正值青春的人们心里正憋着一股劲儿，却被计划经济、工作分配焊在一个点上，动弹不得。长漂让人看到活生生的英雄史诗，于是，黄漂就成了下一个轰轰烈烈的青春出口。

竞逐“第一漂”

豁出命的朱磊，最终打动了郎保洛，撂下一句洛阳话：“这货是条汉子，叫他跟着吧！”朱磊激动得一颗心差点跳出嗓子眼，他本已死心，想着大不了自己漂，“感觉黄河就那么回事，温暾得像个没牙老太太”。

20世纪80年代，人们对黄河的了解匮乏得近乎无知。即便誓要“征服黄河巨龙”的几支漂流队，光寻找黄河两个源头，就分别折腾近半个月。几度弹尽粮绝的队员，在源头立碑仪式上高唱国歌，个个心潮澎湃，有的甚至失声痛哭。更难的是，为了竞逐“黄河第一漂”，他们都提前出发，4月的黄河源却还大雪冰封。面对1米多厚的冰层，怎么漂？郎保洛等两队都很顽固：“哪怕是拖着在冰上走，也要在冰上留下漂流痕迹。”

但其实，现代漂流中少有长距离冰面拖船，而是寻找能放船的河道开漂。这又是中国首创——海拔4500米以上，一群硬汉在冰天雪地里，忍饥挨饿，拉着装有超400斤物资的橡皮船，纤夫一样拖行10余日，时而陷进冰窟窿，时而累得走着都能睡着，就为了践行当时又一口号：“一寸不落漂完黄河全程。”这群汉子不懂什么国际惯例，就天真地觉得："我们既然要战胜自然，就要一寸不落。有地方跳过去，岂不是被打败了？"

郎保洛收下朱磊，大概正因在源头饱受爬冰卧雪的罪。开漂才3天，他自己就一度迷路，风雪旷野上硬撑了一夜。除了虎跳峡，"这几乎是我一生中最艰苦的一夜"，死也愿轰轰烈烈的，他在日记中写道："某种意义上这比长江遇险还糟，因为没有任何人知道。"

河南队玩命拖船赶路，更因头顶竞争压力。北京队提前17天就出发了。当两队在源头第一城玛多县首次会合，河南队还没上源头，北京队已经在两曲汇合处立好碑了。带着17万元赞助的北京队，为河南队慷慨送来物资。老资历的河南队也不吝分享漂流技巧。两队既是友军又是劲敌，表面上客客气气合影，雷建生在日记里却暗暗铆劲儿："务必尽早追上北京队，在全国人民面前，展示长漂勇士和河南黄漂队的风采。"

而在20天前的玛多县，还有一支突然杀出的安徽马鞍山队伍，打得北京队措手不及。8个彪形大汉骑着马，凌晨2点就来造访："谁说桑永利去年7月漂了黄河上游？我们已经去了源头，怎么没找到他的签名？"才到玛多的北京队，顿时傻了眼。长漂英雄风靡全国，也让马鞍山小青年们蠢蠢欲动，催生了这一支平均年龄仅22岁的"娃娃敢死队"——他们没有任何支持和后援，竟然先发制人，第一个登上了源头。队员全是"光棍"，出发前都写了遗书。看似大无畏，队长之一张大波心里也犯嘀咕："我查遍资料，才发现这条河太危险，但没敢告诉大家，怕大家害怕。"

最年轻的马鞍山队，也最缺钱。上完源头，钱已成负数。但他们硬是想出了一门独门秘技——文艺表演。组队时就要求每人要会一两项特长表演，以备一路义演筹钱。边筹边漂，总之，誓要漂到入海口。

1条大河，3支队伍，围绕诱人的"第一漂"，暗暗较劲的竞逐伴随开冻河水，就这样冲出源区。

当河南队从源头回到玛多时，一山难容二虎的问题，也有了一次激化。5月25日，河南队的连夜会议，争执于雷、郎两个分队待遇是否不公。深感委屈的郎保洛，当天就下漂先走了。原定的雷、郎两分队"合漂"，成了泡影。

"只有先赶上北京队，成为真正的黄河第一漂，我们才能转身整顿队伍。"河南队队委的无奈，让‘第一漂’成了更迫切的任务。冲出源区，踏上九曲黄河第一曲的S形大转折，黄河也仿佛进入它的青春期，嗓门陡然变粗，而其中最凶险的地段是拉加峡。

“它得名于玛沁县军功乡对岸的拉加寺，为这一段黄河干流上一系列峡谷总称，全长216公里，是全河仅次于晋陕大峡谷的第二长峡，上下之间落差588米。”——这是1987年能查到的所有黄河相关资料中对拉加峡的全部描述。没人知道这216公里深谷，究竟藏着怎样的狂涛。人与自然的较量，真正开始了。

肯定会有人死

6月6日，连续几昼夜的追赶，郎保洛终于在峡谷区入口追上了北京队。江河上有峡必有滩，有滩必有跌水。当河底出现断层，水流随断层猛然下切，跌落1～8米，形成无数漩涡与卷皮浪，极易翻船，而拉加峡正是黄河从青藏高原向黄土高原跌落的第一台阶。

“弟兄们，动真格的来了！”初入峡谷的队员们，却还有着初生牛犊不怕虎的劲头。闯滩！闯滩！一开始遇见滩，不是去躲，而是故意冲到浪尖找刺激。但短暂新奇之后，险滩越来越多，大家的警惕心终于上来了。朱磊的桨被冲走，郎保洛的桨被打断，第二天抬船，只听脚下“哧哧”作响，船底已经被利石划开几个大口子，船都废了。

怎么办？求助北京队，让郎保洛上北京队的船继续闯滩。虽然都铆准“第一漂”，但激流面前，两队终于开始放下门户之见。也就在这时，落在最后的雷建生终于驾到。“北京队，我们追上了！”历时44天，两队4个队长终于会师在黄河第一个特级险滩前。

“第一次和北京队相遇，来个漂亮的让他们看看。”郎保洛和北京队还在踟蹰时，雷建生一声“加桨”，船已如离弦之箭般，画出一道弧线闯了过去。不愧是“长漂王子”，岸上一片欢呼。雷建生也颇为自负，当晚在日记中写道：“不自吹，我这冲滩技术确实还是比较过硬的，多亏去年跟金沙江水运队师傅们大聊一阵。”

“保洛，咱河南队两条船过，何必？我看，明天咱们合成一船，咋样？”也在这一天，雷建生主动示好，两位“长漂王子”踏上了同一只船。此时，全队全部口粮只剩最后10粒蚕豆。5名上船队员，一个个七尺大汉，各分2粒蚕豆充饥。险关面前，个人纷争退场，河南队终于第一次抱成了一团。

被人拿了下马威的北京队，却不甘示弱了。当遇见更大险滩时，北京队竟故意放着支流不走，直取最危险的中流。结果才入险滩十几秒，大浪打来，船上5人几乎是天女散花般飞了出去。“快找人！”雷建生大呼，郎保洛带人朝下游狂奔。

“一入水，就感觉这辈子交待了”，下身“唰”一下被撸光裤子，洗衣机般的大漩涡使劲把人往下拽，像被拽进地狱般恐怖。落水得救的于忠元，后来给女儿写了封信：“淼淼，爸爸差点儿永远见不到你了……这个信封已湿，就是随我同在浪里转了，湿的水痕是黄河水。”但让他感动的是，救了北京队队员的郎保洛，特地送来了一件皮大衣和一个睡袋。面对上百公里的无人峡谷，把衣服睡袋给别人，意味着自己受冻。虽然两队一直暗中较劲，但此刻的患难与共，让于忠元感慨：“漂流真正的对手，是眼前的这条大河。”

被激流打得七零八落，他们抵达军功乡，迎面却是一个个更沉重的消息。老乡说，下面的水更凶。军功以上，每公里落差2.8米，而军功以下的拉加峡，还要多一倍，每公里落差5.5米，还有一个8米高的大跌水。

▼ 当时选人标准：必须像条汉子，有血性

一到军功，整个气氛陡然变了。当真正和大自然交锋，最初一腔热情写下血书的队伍，终于弥漫开一丝丝压抑与恐慌。“8米大跌水”在队员中口口相传，却无法证实真伪，因为从没人闯过。当地只有传说，曾有几个闯滩娃乘木筏漂下去，没一个活着回来……

北京队开始出现两派意见。一派主张采用密封船——长江漂流时，中国人就是用这个“独家发明”闯过了虎跳峡，尽管外国人说“这不是漂流”。桑永利则坚持敞篷船，“放密封船，那不把北京人的脸丢尽了？河南队就没用密封船”。反复争执之下，北京队不得不决定推迟下漂。河南队也随之中止原计划，等北京队。这一回，谁也没心思去抢“第一漂”了。

而河南队此时除了水情，更大焦虑是队情。几天前在达日县，队内竟发生流血事件：郎保洛分组的石峰、程旭东醉后提刀，重伤后勤队员周念军，拉架的记者也被捅了一刀。按同船队员说法：“周念军在源区没接应到我们，却上了雷建生的船。大家为此挨饿好多天，抱怨过上岸要找周算账。他们都是郎保洛发小，郎劝过‘别太过分’，谁也没想到……”

尤其当传言四起，说“到了龙羊峡要整顿走一些人，甚至包括郎保洛”，郎开始失眠了。日记里连续几天写着“一夜脑子反复翻腾，没睡着”“一夜又没睡好，脑子太乱”……河南队开会，左等右等没等来郎保洛。反倒是北京队随队记者马挥，被郎保洛约到河滩去散步。昔日铁铮铮汉子，一脸愁容，说到队里出了很多事，说到物资困难，更说到“再漂下去，出事可能性就非常大了”，并把个人重要物品，托付遗物般交给了马挥，其中甚至有一本英语学习辞典。

6月13日，连降暴雨后的黄河畔，雷建生、郎保洛和桑永利、于忠元2队4船同时出发。难言的赴难感笼罩下，心第一次特别齐的两队队员在军功大桥下合影，其中不少人又写了一遍遗书。“肯定会有人死，不知道是谁。”没有人敢说出这个想法，但这想法在每个人的心头隐隐笼罩。

喋血拉加峡

让人望而生畏的拉加峡，终于展现出它真正的凶险。出发1小时后，第一个大滩就有足足3个大跌水、3个小跌水。技术最过硬的雷建生，第一个冲滩，却在第一个跌水就翻了船。眼看几个黑点被卷入骇浪，郎保洛二话不说跳上船，直下险滩冲去营救。桑永利的船很快也在险滩中倾覆……

“北京队、河南队军功翻船，9人失踪……”被于忠元冒死攀缘绝壁带回的消息，迅速通过报纸、电视台传开。在北京队求援下，当地军区派出骑兵，甚至直升机搜救，各种指示源源不断传来。前方焦虑万分，后方家属们也快踏破北京市青联的门槛：“你们快告诉我出什么事了，我能正确对待……”

黄漂第一次风雨飘摇，身陷拉加峡深处的雷建生、郎保洛，却还与世隔绝着，不知他们失踪的消息已传遍全国。“昨天又是一夜雨，河水可能大涨……今天闯滩计划又要泡汤了。陆上接应人员在龙羊峡可能等急了……”这是雷建生最后一段日记。此时的河南队，正处于万里黄河第二大拐弯处。连日大雨，河水暴涨如猛兽，前方却是“白花花一直连到峡谷尽头，像沸水翻腾”。

“都是一个大院的，干的是大事，为了首漂黄河，其他事都放一放。”最后的出发前夜，雷建生好友袁世俊特地找郎保洛谈了一晚。生死攸关时刻，河南队终于空前团结。郎保洛在日记上最后写道：“今天是6月18日，是个纪念日。去年今日我们从姜古迪如冰川开漂，在长江上的漂流开始了！”

6月19日，仿佛一个轮回，两位从长江源头一路漂来的王子，一起踏上了最后一程黄河漂流。本应上船的队员赵红斌或许预感到什么，迟迟不来，并从此失踪。原本被安排接应的26岁队员朱红军，在船将离岸时跳上了船：“船上少一个人，我算一个！”这一次自告奋勇，也成了他的最后一程。

不到5分钟，可怕的大跌水就来了。小船像过山车猛跌入深水，紧接着又一个大跌水，无数大浪铺天盖地而来。“还好，人都在。”身手矫健的雷建生一度爬上船，想把其他人拉上去。无奈一排排浪，直把雷建生也打入水中。5人只能死拽住船绳，随船翻腾于激流，无法上船，更无法靠岸。

比翻船更可怕的是水温，黄河在此汇入阿尼玛卿雪山融水，低至5～6℃。这样的水温，常人坚持15分钟就会麻木。每个人都冻得牙齿咯咯作响，1小时左右，又一排浪打过来，先是郎保洛手臂从船绳中滑脱，面朝上，随波而去，紧接着是朱红军、张宁生……

一叶孤舟，却还裹挟在无情洪流中，急速往下冲去。“建生，注意石头！”眼看船身紧擦着石头而过，队员袁世俊昏了过去。再醒过来时，“建生，我们靠岸啦！”然而任凭袁怎么哭喊、人工呼吸，头部撞击到岩石的雷建生再也没有醒来。

5人登船，4人遇难，其中2人还是旗帜性人物，这是长江黄河漂流中最惨烈的一幕。6月20日，郎保洛、朱红军、张宁生的遗体一个个顺水漂下来，对杳无音信中等了一周的人们来说，简直如晴天霹雳。

3天后的清晨6点，载着雷建生遗体的黑色橡皮筏也从上游漂来。曾立志要漂完世界所有大江大河的他，双目紧闭，胸前别着队员献上的野花，完成了今生最后一段漂流。灵船靠岸那刻，天空突然暴雨如注，所有人的脸上交织着雨水泪水。队委举起冲锋枪志哀，代表雷建生36岁终年的36发子弹，“嗒嗒嗒”撕裂长空。

无限沉痛中，却没有人意识到现代漂流中必备头盔等血淋淋的教训。“当时我们没有这种设备，也没这个知识。”悲剧就这样降临在了中国最优秀的桨手身上。遗体火化那天，河南队队员相约着“谁都不许哭，别让人看到咱没出息的样子”。一走进吊唁大厅，映入眼帘的挽联上，雷建生6岁的女儿雷醒歪歪扭扭的几个字——“爸爸，女儿想你”，却让这群汉子再也无法压抑，纷纷掩面，别过头去。

比悲痛更冲击人心的，是恐惧。哪怕出发时再豪言壮语，但当死亡真的突如其来，那打击几乎无法用震撼来形容。有人见水发怵，有人不敢出屋去运遗体，有人从此不敢提“翻船”二字……而此时，万里黄河才刚刚漂了不到1/3。

河南队队员刘毅的烟瘾，就是那时开始的。恐惧加焦虑，他只能拼命吸烟，甚至给家里写了封信想退出，“那时真有点怕了”。没想到，曾阻止他黄漂、扬言要断绝关系的父亲，却回信说：“你不干则已，干就要干到底！”父亲是老兵，最见不得逃兵。一句话，让刘毅咬牙坚持了下来。

群龙无首的队伍，开始出现两种不同情绪，一种是不能冒死再上船，另一种是誓死也要漂完黄河。河南省漂流指导委员会也传来指示：以后漂还是不漂，由队里定。每个队员均可自行选择是否离队。通过自由投票，唯一幸存的袁世俊以压倒性票数当选新队长。“我捡回一条命。不漂到黄河入海口，咱对不起死去的弟兄。”受命于危难的袁世俊，全没了往日斯文：“愿意留下的，必须上船，轮着漂。不愿上船的，走，队里欢送。”最终10余人离队，剩下17人的新河南队成立。

此时的北京队也有两种声音。有人想趁河南队出事，抓紧时间往前漂；于忠元却坚持带队伍主力去西宁吊唁，为此耽误了7天。“一块儿生死的，不去，没法交代，世人骂。”但他没想到，7天后，会等来又一场追悼会——北京队自己的队员杨浩，竟在一处不算汹涌的河段遇难。遗体火化前，千里赶来的妻子费力掰开杨浩手指，把女儿第一回剪下的头发和指甲放入他掌心，他到死还没看到刚出生的女儿一眼。

于忠元蹲在火化炉旁看了整整40分钟。作为发起人之一，他更没有退路了："没死人以前，我总嘀咕谁要死。真有人死了，反而不怕了。打红眼了。”

更沉重的是，前方又传来新的噩耗，马鞍山队在龙羊峡遇难2人。24天，黄河就收走了7条人命。面对当地撒拉族年轻人的追问——“千古没人漂过，这到底为漂啥子用?”一位老人捋着山羊胡子，叹道：“还记得我们村那个放排子最好的尕娃? 他也跑去冲下面那个峡子。因为从没人活着冲出去啊。他虽然再没回来，咱们全村人到现在不都一直念着他?”身旁听着这段对话的记者，当场哭了：“当时没人意识到漂流探险本身的魅力与意义，包括媒体也没这个视野。”

为了死去的弟兄

听闻北京队新的噩耗，才重漂的河南队也不禁再次陷入沉默。“无所畏惧的勇气固然值得钦佩，但代价未免太惨痛了……”而前方等待全体黄漂队的，还有比死亡更令人想不到的社会性“大跌水”。

“漂流热该降温了”“我国目前需要务实，这种纯属冒险性质的漂流，根本不宜提倡”……曾被奉为“振奋民族精神壮举”的漂流，此时却逢风云突变，正遭遇舆论前所未有的批评甚至否定。同年7月19日，当河南队漂抵龙羊峡时，大喇叭里女播音员正在大谈漂流的危害。

队员们都听蒙了，紧接着消息传来，国家突然下发通知，青海省政府紧接着推出新规定：从此，“对群众自发组织的漂流探险考察活动，不提倡，不支持，不接待”“对未经批准的漂流探险活动，各新闻单位不得采访和宣传报道”……出发前被捧上天，一夜之间，却被打成了“黑户”“非法漂民”? 而此时，黄河还没漂出上游。记者纷纷撤回，甚至传言“到兰州要解散队伍”……一时间，才重整旗鼓的河南队又不禁人心浮动。

又一轮全体会议，袁世俊再次喊话：“国家不会再给支持了，死了也不会追认烈士。希望大家明确，再往下漂，不是为什么荣誉，完全是为自己，为死去的弟兄。”愿意继续的，都写了决心书：“无论发生什么，都要完成黄河漂流。”

猛跌进最低谷，一股悲壮的血性反倒冲淡恐惧。“半途而废太没面子，会是一辈子的遗憾，一辈子的对不起。”“再没有什么响亮的口号了，这事从此就是弟兄自己的事。”“退，就没尊严了。这一口气，不能断。就为了争口气，为了死的人不白死，就这么简单。”

而前方更考验决心的，是黄河上游又一险隘龙羊峡。“孩子们，下不得啊！这里比上游任何一段都危险。下一个死一个。”当地老工程师急得赶来挡驾，“马鞍山队也很有信心，结果呢？不要再做无谓的牺牲。”一句话让所有人沉默。

就在一个月前的6月11日，马鞍山队从龙羊峡乘敞篷船下漂，两人失踪。半月后，队长汤立波才在下游被当作无名尸发现。遗体惨不忍睹，没了眼睛和牙齿，凭着秋裤上印着的单位“马钢17”，多年后才被证明身份。另一个队员张建安，至今没有找到……

此时的北京队也正被连损大将的阴影笼罩，密封船更不慎损毁。有人开始鼓动不漂，“我是军人，我来漂！”飞行员出身的秦大安却主动接过这个“非常时期”的重任，去和河南队派出的朱磊等另两人合漂。下漂前夜，为大安饯行就像是“最后的晚餐”。他自己却是一脸无畏：“我已经给老婆留了一封信……以后你们路过成都，抽空去看看我老婆和女儿就行了。”而他12岁女儿寄回的信，则这样写道：“尊敬的爸爸，这是我给你写的第一封也可能是最后一封信。”

按漂流国际惯例，危及生命的险滩可以牵船绕过。而强调“一寸不落”的中国式漂流，却没有这个选项。但鉴于拉加峡悲剧，此时再遇特级险滩，两队终于再顾不得外国人认不认，都选用中国人“独家发明”的密封船。相比敞篷船，密封船有更强的抗浪性，但缺乏自主性，人一旦进舱就只能祈祷，难以主动逃生。长江漂流水上共罹难8人，其中7人死于密封船。

“私底下，我们已经把大安当作烈士了……”龙羊峡大坝前送行，就像生离死别。河南队的朱磊本来不怕，可大家一个个表情凝重，还有记者一心想拍什么“最后的身影”……他心里也有些发毛了，举起信号枪，正想鸣枪壮胆，胳膊才伸直，“叭”的一声，手指粗的尼龙绳竟被狂流猛地冲断。密封船自动离岸，飞旋向滚滚波涛。

在岸上人的眼里，那只密封船就像个在“流血的祭品”。激流里颠滚的船中，

1987年9月，河南队的漂流船闯过壶口瀑布的瞬间

3个人则是乒乒乓乓乱撞。朱磊被撞到鼻血直流，另一人呕吐到绿色胆汁都吐了出来，呕吐物喷到秦大安脸上，直灌进脖子里，可他还得死死拽住维系3条人命的密封舱盖，不能松手……3个多小时后，当他们活着上岸，秦大安嘴唇青紫，对队长于忠元说的第一句话是："我没给北京队丢脸！"他本来是准备丢命的。

当新闻聚光灯熄灭，各种"主义"附加被抽离，漂流开始变成一些人自己生命的选择，自己的事。需要搏击的已不仅仅是黄河，或什么外国人，更成了对自己的坚守。

没有食言

"万马奔腾任嘶吼，千里黄河一壶收"，将黄土高原一劈两半的母亲河，在晋陕大峡谷尽头奔来它的最高潮——壶口大瀑布。但谁也没想到，创造"壶口千古第一漂"的，竟是被戏称"讨饭花子"的马鞍山队。龙羊峡2人遇难的惨烈，也曾让他们一时间天昏地暗，有人动了回家的念头。可当马鞍山派出"劝退团"，最年轻的他们却又宁死不从。队员王来安甚至站在大坝上威胁："如果你们一定要我们回去，我们就集体跳下去。"

"做了就不要后悔，要做就做到底。"黄河之上，或前或后的3支队伍，面对死亡、解散的重重打击，不约而同走向了一种近乎执拗的坚持。当王来安写下《我过壶口志愿书》，马鞍山队全队甚至相约，王如遇不测，轮流上船冲，直到最后一个……出发前，壶口旅游管理处的女服务员看着他们吃送行水饺，边看边哭。顶着出事压力的县长也忍不住抹眼泪："我儿子跟你们一样大。"

1987年9月3日，捆绑着40个汽车轮胎的密封船，载着劝不回的娃娃兵，被卷入狂流，自由落体般一头栽进排山倒海的瀑布……40秒，核打击般的冲撞中，密封船像个小皮球，奇迹般弹出滚滚水雾。没死人。

"这一下，北京队压力就大了。"晚了一步的北京队，先是放空船试漂，密封船跌入瀑布，竟整整埋了7分零4秒，死3次都够了……但此时的壶口，已不仅仅是危险之地，也意味着又一种荣誉。在上游，几乎无人敢应承去漂壶口，大家一看马鞍山队没死人，一下都勇敢了。

面对12个报名名额，北京队在下漂前整整开会一夜，为究竟谁来漂壶口，而非怎样漂壶口。

最后，24岁的队员张晓军幸运领到“船票”。他没写遗书，“我死不了，命大”，却也壮胆般要了两个苹果紧紧握在手中。密封船载着他，在上万人的山呼海啸声中，跌进磅礴惊涛。更奇迹的23秒后，意识到自己还活着，张晓军“咔嚓”咬了口苹果，觉得“这简直是这辈子最美妙的味道”。

在最险峻也最耀眼的壶口，3队竞逐的意气又冒出头来。最后一个到的河南队更绝，瞄准主瀑布下方一个较小的水帘，决定创造“壶口敞篷船第一漂”。

虽是支流，七八米落差的水帘也无异于搏命。众人内心复杂，为即将上船的李朝革、朱磊送行。摩拳擦掌的李朝革，却不肯喝壮行酒：“怕喝了就回不来了，还是我下去后，给你们表演一个倒立吧！”

9月11日，当袁世俊一声“撒手”，载着又2条命的敞篷船飞窜下去，一触水就被瀑布一巴掌扣翻，不停息向下猛冲……死拽住船绳的两人，随船破浪之际，李朝革竟真的攀上急速向前的船，摇摇晃晃，双腿倒立，拿起了个人顶。

大河两岸，飞瀑上下，吆喝的、搏命的、苟且的、揪心的，一时间，沸沸扬扬……而这个堪称豪迈的大顶，在当时人们惊喜的泪水中，被媒体升华成了“一个与命运抗争的倒立”。

闯过壶口，意味着迈入胜利门槛，至少再往前不会死人了。穿过高山深峡的万里黄河，终于不再怒吼，踏上缓缓去程。最初3个月没能走出青海的北京队，仅用12天，以近乎冲刺的速度，在9月21日率先抵达山东黄河入海口。

曾经3队竞逐至白热化的“第一漂”，此刻已不再重要，重要的是“终于坚持到最后”。胡子拉碴的北京队队员，在归程汽车上，不约而同唱起几乎已是队歌的《故乡的云》：“归来吧，归来哟，浪迹天涯的游子……我已是满怀疲惫，眼里是酸楚的泪……我曾经豪情万丈，归来却空空的行囊……”

紧随其后抵达入海口的马鞍山队，衣衫褴褛，甚至连回家路费都没了。“无论是英雄还是狗熊，至少我们走过来了。为了自己的情感，对得起自己所干的事。”可当马鞍山队队长张大波见到郎保洛母亲，白发苍苍，千里寻来，终于第一次哭了。“我们可以回去了，保洛他们回不去了。”闯过激流，他更怕的是回家。怕没钱还债，怕没法面对遇难者家属……

郎保洛60岁的老母亲，怀揣着儿子出发时留的遗书。遗书交代他若回不来了，骨灰就撒在黄河，最后还写着：“我去黄河漂流探险，是为中华民族争光。自古英雄忠孝两难全，请母亲原谅我的不孝。”

1987年9月25日，山东垦利，一只满是补丁的橡皮船，载着河南队，穿过148天的漂流，孤寂划完最后一桨。而去年，当这群冲天的河南人沿着长江漂抵上海吴淞口，8艘军舰护送，岸上上万人狂欢沸腾。

仅仅不到一年，光环熄灭，大众狂热退去，出发时围堵的上百位记者，此刻仅到场3人。曾任中共西北局秘书长的韩劲草，曾在河南队面临解散时鼎力支持的他，却不远千里赶来。“你们是征服了长江黄河的英雄，是唯一的，唯一的！”最后一句话，老人颤抖着喊了两遍。

“谁拿命去做了件自己认为该做的事，都渴望被认同。”然而，无人喝彩的凄凉中，一面写着4位死去弟兄名字的红色队旗，被缓缓放入河水，随滚滚黄河流向了茫茫大海。旗帜在波涛中起伏，岸上的汉子们相拥而泣。他们唯一欣慰的是，5464公里的黄河，4800米落差的无数跌坎，这支在源头立誓要漂到渤海的队伍，终于抵达终点——没有食言。

时代漂流

带着黄河烙印，这一群年轻人湿漉漉地上岸，人生的漂流却才刚刚开始。许多人换了工作，相比长漂归来者的荣誉光环，他们或被原单位“抛弃”，或再也无法回到按部就班的流水线上，从此漂向了截然不同的命运。

紧接着，1987年11月，中国第一部移动电话“大哥大”在广州开通。同年12月，中华人民共和国成立后第一次国有土地拍卖在深圳落槌……曾自命“弄潮儿”的黄漂人，却还没跟上新的时代大潮，又被时代先开了一个玩笑。

1988年1月，北京某期刊刊出一篇文章《混浊的黄河》，将黄漂贬为“乌烟瘴气的漂流丑剧”……时势对时，他们曾被大众视为英雄，被捧上了天；时势不再，却又被诋毁，被踩进了尘土。为捍卫死去儿子的名誉，郎保洛老母亲开始了长达6年的诉讼，最终打赢官司。曾冒死闯过龙羊峡的秦大安，一等功被降成三等功，不久部队劝其转业，妻子也与之离婚……

“自己用命去搏一件事，最后却被不理解的人当作傻子，甚至肆意诋毁……”

▲ 30周年之际，黄河畔，漂流老队员们再聚首

许多年，许多黄漂人心头都有一根委屈的刺，拔不出，化不开，说不出地痛。但相比逝去的7条生命，许多人觉得能活着，还有什么可在乎的？他们在乎的是，该拿什么去慰藉那些死去的人？他们究竟为了什么献身？

1989年6月，拉加峡黄漂遇难两周年之际，洛阳龙门耸起一座雕像。黄河波

涛中腾起一朵浪花，托起雷建生冷峻的头颅。为此，大家集资1万多元，雷建生妻子卖掉家电筹出了钱。

时代遗忘了黄漂，他们不能遗忘自己。每年6月19日，袁世俊和许多队友都来扫墓，并乘船漂一段黄河。刘毅说："那是我们精神上的'大年三十'，漂着年年的黄河，感受着年年不同的人生。和亡灵重聚，也和自己还漂在河上的青春重逢……"

而当爱国主义热潮退去，为什么漂流？为什么探险？那个时代的人们依然不明白。随着长漂黄漂跳起来的这朵"浪花"，很快消失于时代洪流，中国大江河探险热也就此画上一个长长的休止符——直至11年后的1998年，中国第三大河珠江，才迎来国家体育运动委员会正式批复的第一个群众性的江河漂流活动。珠江漂流宣誓誓词中出现"珍惜生命"4个字。大家达成共识：必死无疑的滩不冲。而当面对险滩，岸上3万人摇旗呐喊时，有队员将"不冲"视为耻辱："我们珍惜生命，更珍惜荣誉。"当时的珠江漂流队队长王琦，也曾参与过长漂黄漂，他送了大家一句话："什么是漂流？漂流是生命的延续。"

没能延续生命的灵魂，也还漂荡在黄河之上，晃眼10年、20年……当年龙羊峡遇难的马鞍山队队长汤立波那被当作黄河无名尸处理的遗骨，直至2007年黄漂队重上源头时，才找到回家的路。

一处凌乱不堪的工棚，一堆无名坟丘，一块拴着狗的牌子，1米外的化粪池和厕所……原本只是想来祭扫的许多人，当场眼泪就下来了，“20年啊，英雄怎能落得如此田地？”当即开挖，掘地三尺也得带回去。

“立波，你给我们指一条路，我们带你回家。”黄河畔，袁世俊压抑大喊。深坑里，挖到2米多，大家几乎要放弃之际，尸骨终于出土。看到残存衣物上还未掉漆的“马钢17”……“是立波！是立波！”已年过半百的汉子们欣喜若狂，转而抱头痛哭，哭20年无法安息的灵魂，哭的更是他们被淹没在时代洪流里的青春……

永远年轻的灵魂

2017年8月，又一个黄漂中逝去的生命，刚刚在洛阳入土。当年26岁的河南队队员朱红军，拉加峡遇难后，骨灰被挚爱他的父母领回家中，日日陪伴左右。这一陪，竟是30年。直到老父母年近九旬，再也力不从心，才同意将儿子骨灰安葬。已近知天命年龄的黄漂队员们，天南地北再一次相聚，这才送队友最后一程。

今天的他们，已不再是黄河上曾相互竞逐的3支队伍，而是有了一个共同的名字：中国黄河漂流探险队。这年7月在陕西吴堡，“黄河漂流七勇士纪念碑”落成时，我见到了30年再聚首的他们。昔日血气方刚的青年们，都已两鬓斑白，脸上刻着岁月皱纹，更有10余人的生命已经画上句号。许多人说，这一次30年相聚，或许就是最后一次了。

“作为贫困县，我们需要发展黄河经济，需要找个‘引爆点’，就想到了30年前的黄河漂流……”顺着当地官员的介绍望出去，一场国际漂流赛正在黄河上举行。江河湖海处处有漂流的今天，一度被遗忘的黄漂，正在重新闪现价值。

争议也始终在。“我们北京队明明一半都是复员军人，去年居然有几个‘90后’记者以偏概全，说当年黄漂队是劳改犯、强奸犯组成的‘加里森敢死队’……”大众的误解、年轻人的讥讽，依然像一根根刺，让许多人如鲠在喉。

走过1987年，他们见证着30年更急剧的社会转型，也闯过比江河更难料的沧海桑田。每个时代都犹如一级大跌水，哗啦啦，无数险滩巨浪袭来——下海下岗，创业失业，股票房产，升迁落狱……

身在2017年，有人还在浪尖弄潮，有人还在重温旧梦，有的落水上岸，有的已失踪死去。回望黄漂，有人反省当年的狂妄与喧嚣，有人懂得了顺应自然，有人还在忧国忧民、怀念曾经的激情……

但几乎每个人，都视黄漂为这一生精神的“原动力”。“干了黄河这一杯酒，人生什么酒都能对付了。”为七勇士纪念碑守夜那晚，我和昔日北京队队长于忠元相谈直到碑上白烛一一熄灭。从横店赶来的他，已是影视业响当当的制片主任。可相比《捉妖记》《贞观长歌》等众多经手过的作品，66岁的他始终觉得30年来最不枉此生的事，是黄河漂流。

烛光中，石碑上，死去的人永远年轻。广场上，活着上岸的人，已垂垂老矣。逆着各自命运河道，他们又一次重回到黄河畔；因着1987年的一场漂流，这一生和黄河紧紧相连，犹如精神上永远的母亲。

“星星还是那颗星星，月亮还是那个月亮……”又一天日光之下，当昔日并肩击水的7个黄漂队员带着我，还有丁凯的11岁儿子，再次挥桨漂流在黄河之上，身后已70岁的秦大安忽然亮起嗓子唱了起来。

“山也还是那座山……”全船雄浑男声，仿佛穿透时空，在河流上回荡。将我们托举着向下漂流的河，也还是那条河。那么人呢？穿过30年时代巨变，是否血性依旧？

大河滔滔，辟千山，纳万川，宛如一条从未被征服的巨龙，载着它的儿女们，继续无言地奔腾着，迎向新的波涛。

荒野谈

大河上的青春

“姑娘你太年轻了，能懂我们那个时代吗？”这是一次跨代际的采访，受访者从“30后”到“60后”。父辈的他们，曾一次次投来对年轻人的怀疑，却忘了30多年前，在大河上燃烧着的他们，比我更加年轻。

作为年青一代，隔着时间的河流，我试图打捞上一代年轻人的江河记忆，只因那也是我们共有的青春——那是一个社会的“精神青春期”，人们忍受着青春的困顿，更压抑着青春的骚动，内心渴望认可，力量渴望释放。其中一群最热血的年轻人，被一种不同寻常的使命感征召，和大自然一拍即合，冲出了被拧死在流水线的人生，仿佛青春的必然，漂向了被称为“母亲”的长江、黄河。

因为青春，他们如此贫乏。带着对漂流几乎空白的认知，陋船破桨，冷饿困惧中，不可思议地全程漂流了中国的两条母亲河。

因为青春，他们也如此狂热。狂妄到要征服自然，跳上巨龙脊背，左突右撞，撞到头破血流，还不屈不挠，不死不休。

也或许因为青春，才会盲目。将家国民族甚至个人荣辱捆绑在了一叶小舟上，载不动，最终倾覆江河，付出17条性命。犹如那个时代最富激情的一朵浪花，也迅速淹没进时代洪流。

然而隔着时光河流，最打动我的却是当聚光灯熄灭，崇高与伟大提前死去之时，面对还有2/3未漂的黄河，在死亡、解散的重重痛击下，一群“非法漂民”忍辱负重的坚守。

滚滚黄河，泥沙俱下。民族性格的光明与盲目、纷争与团结、力量与软弱，赤裸呈现，无处隐藏。

万里长河，也大浪淘沙。当喧嚣散场，荣光不再，漂流最终回归漂流，人也终于回归更本质的追求，有关生命尊严，有关自我坚守。

对于大红大紫开漂，大冷大悲终结的黄河漂流，时代曾放弃他们，他们却没有放弃自己。历史一度遗忘他们，我们却不应遗忘这段30多年前的青春。尤其在精致利己主义横行的当下，除了冷静审视曾经的盲目，我们不得不承认：那些为理想的奋不顾身，那些生死不能移的信仰信念，那些气吞山河如虎的血性与胆气……那些青春最珍贵的气质，已经离开我们太久太久。

孤身徒步中国者

“

头系红巾，迈着阔步，曾有一人赤手空拳，壮游中国大地8年后，轰然倒在神秘罗布泊。以壮士之死，扣动一代人心弦。

又有一人，长发虬须，跋山涉险，涉过一道道山川河流，九死一生，用10年不间断的脚步，最终走遍全中国的路。

前后绵延近20年，日渐繁华的社会中，这些看似格格不入的汉子，为什么要一生悬命于徒步，不惜经受世间最大的苦，朝着一条最漫长的路行走？

最漫长的路上，曾众说纷纭的死亡，究竟是否真实？真实内心世界里，徒步中国的路又将他们引向何方？

穿过如烟往事，寻访生者回忆，追踪逝者留痕，揭开罗布泊之谜，我重新理解着这曾燃烧的壮心、壮丽，陨落的壮举、壮烈……透过一前一后的身影，数十年时代变迁中，他们所走过的漫漫中国路，我们也曾走过。

本篇供图：余纯民、雷殿生

伤痕与远方

整整10年，他不停走着，走在走遍中国的路，风霜雪雨中，一次次望向过罗布泊。地图上，那片神秘的大耳朵形状的由一圈圈盐壳围绕的荒漠，将是路的终点。但，会不会是又一个生命的终点？

不断抖落沙土，抖落一层层死亡阴影，他努力控制住喘息，像一具木乃伊自埋在沙坑里，只露出一张干巴巴的脸。头顶热辣辣的烈阳，四野是光秃秃的黄沙，仅剩最后一瓶水、半瓶尿。一个人，陷在火盆似的罗布泊，他只能挖坑避暑……两天前，他徒步中国满10周年。一转眼，他发觉自己竟像另一个人，迷失在同一条路。

"雷殿生呀，你到底在哪儿？"300多公里外的新疆若羌县，一桌人对着地图眉头紧锁，"要不要找直升机，不然……"声音哽住，没有人敢说下去，但都想到了另一个人。无言目光如电流传导，全投向了同一个人——桌角默默喝酒的老向导彭戈侠。

像一匹老骆驼驮满往事风沙，12年前，老彭就在搜救直升机上苦寻过一个人。螺旋桨轰鸣，直升机一遍遍盘旋在罗布泊上空，老彭目光如雷达扫描在荒凉大地，顺着一道车辙如丝带延伸：一块指甲大小的蓝点终于浮现。如汪洋里的一叶孤舟，一把扯住彭戈侠的目光："快看，那是余纯顺的帐篷！"

又一阵直升机轰鸣。在荒原土丘上，归来的老彭佝偻着，转眼失了魂。一个枯瘦身影飞奔而来，像抓救命稻草似的一把抓住他："人呢？""没了。""什么……没了？"万箭穿心般，上海电视台导演宋继昌眼前一黑，苦等7天后，最后一丝希望破灭了。

余纯顺第一次出现在宋继昌镜头里，是在遇难前3年。摄像机跟随着，叩开了上海杨浦的一户老公房，一个笑容亮堂的汉子像一阵风闪入镜头。"第一眼，太不像上海男人。"蓬发浓须，脸膛红亮，镜头里这个平原大野似的男人妙语连珠，话里没一句家常，全是创纪录的"大想法"：他想史上第一个走遍中国、访遍少数民族、走出世界最长的路……"一深谈，又发觉他很上海。"哪怕露宿在莽荒阿里，唯一的奢侈品只剩一包榨菜，这条硬汉打着手电，还在日记上思考："我是谁？我从哪儿来？该往何处去？"

这是1993年春，上海浦东新区刚成立，"南方谈话"拉开新经济大幕，无数人正拥向大城市，开始“淘金”梦。这般逆向而行、独步荒野的人，摄制组还是第一次见。最后的理想主义？哗众取宠、想出风头？同事褒贬不一，宋继昌却念念难忘。此后3年，他一封封地收到余纯顺寄来的明信片，遥想一个人正拖着长长的身影跋涉茫茫荒原……这仿佛另一时空的人生，既古典又超前，宋继昌很想拍，可怎么拍？山高路远，技术落后，只能默默遥望，怎么也想不到3年后，阴错阳差，彼此会生死相隔。

同一年代，一个人的目光落在一页页杂志上，正在北京做小生意的雷殿生，也默默遥望过余纯顺的行踪，只为朦胧的远方梦，还有冥冥中的一面之缘。那是1989年夏天的大兴安岭，穿过小山般的木头堆，走来一个风尘仆仆的外乡人，迷彩服、回力鞋，举着相机左拍右望。一转身，背囊上一块红布黄字——“徒步环行全中国”——磁铁般吸引住了雷殿生的目光。

彼时的余纯顺刚从上海出走350天。他不会知道，7年后，生命将永远定格在罗布泊。只此一面，年轻一轮的雷殿生也不会知道，如轮回一般，有一天他的脚步将走向另一个人没走完的路。

“这不就是我想活出的样子？”闭塞的20世纪80年代，偶然收藏的徐霞客邮票，就曾勾起雷殿生无限遐想，如今竟撞见一个活生生的榜样。只是简单几句交流，就让这个25岁的年轻人兴奋得彻夜难眠，却不知远去的铁塔般的背影，曾走过和他一样灰暗的成长之路。

记忆的目光透过铁栅栏，穿过医院昏沉沉的长廊，久久落在病床上的母亲身上。“妈，你认得我是谁吗？”6岁起，余纯顺就一遍遍问这句话，好像一下失去了姓名，街坊都叫他“神经病的儿子”。石块、拳头夹杂着歧视，冷不丁砸在少年身上。贫苦男孩只能躲在小家，躲进书海，或躲到屋顶上、树上……年少回忆里，他唯一的快慰就是坐在屋顶遥望远天。

人生第一次走向远方，是在1966年。红色浪潮席卷中，14岁的懵懂少年混上坐火车不要钱的“大串联”，身无分文地游遍小半个中国……整整半年后，他才归来，从此变得灿烂多了，清晨哼着《在那遥远的地方》，夜里对着4个姐弟讲远方见闻，眉飞色舞，反复憧憬着“终有一天要再去远天底下”。

灰色的年少时期，这唯一一段亮色在他心里播下了远方火种。动荡年代的失序，却在转眼间把他打进更深的深渊。父亲下放牛棚，形同流浪的青春期，因为贪恋顺走学校的手风琴……1967年秋，一纸“偷窃罪”带走了余纯顺，时年他15岁9个月。紧接着，又赶上知青下乡，3年劳改竟拖成12年滞留安徽农场……这一“少年犯”的烙印，余纯顺绝少提起，却实如隐隐背负着的十字架。一次次收到农场来信，三弟余纯民忍不住叹息：“哥哥从小智勇双全，几乎是全家人的希望，可有了这段历史，还会有未来吗？”

看不见未来的日子，余纯顺又常独坐在安徽的山上，一个人眺望远天，时而悲叹“人生太苦，不如早逝”；时而不甘沉沦，翻出杰克·伦敦的《热爱生命》……此时唯一能抓住的稻草，只有书。为了借一本书，不惜走十几公里，狂热汲取着知识，他只能告诫自己：“与其腐朽，不如燃烧。”

一转眼，青春随动荡岁月结束，再回到上海，余纯顺已近29岁。兄弟重逢，三弟眼里的哥哥黑壮得像茄子，一下被催熟了。拖着一身伤病，带回两箱破书，尚不知前路的余纯顺长叹一声：“苍天终于开眼了。”

一代人跨入新时代门槛。1979年秋，余纯顺终于回到上海的家。而千里外的黑龙江农村，不满16岁的雷殿生却没有了家。一抔新挖的黄土，一口简陋的棺材，长钉猛一下敲下去，跪在坟前的雷殿生身子一震，锥心地痛。前晚，爸爸死了，他连夜跪着借钱买棺材。记忆最初的5岁时，爸爸就戴着纸糊高帽，挂着牌子，一次次被揪上台，被围观群众殴打得鼻青脸肿。念到四年级时，小小的他冷不丁就被踹两脚，被人戳着脊梁骨，哄堂大笑着：“这是地主崽子……”13岁，妈妈死了，他被迫辍学。

没有尊严——回忆年少，这是他和余纯顺相似的苦楚，亦是共同的时代伤痕。一次次独坐山野，雷殿生也曾遥望远天，而他对远方最初的渴望，不过是想找个地方能抬起头做人。“儿啊，你可一定要活出个人样儿……”提着最后一口气，父亲的手像一把枯枝，紧紧拽住他胸口处的衣服。这一句临终遗言，就此扎在雷殿生心上。雷殿生流干眼泪，在父母坟前磕头。他的15岁9个月，再没有家。怀揣仅有的27元4角钱，外面的世界，他只能一个人去走。

十年浮沉

当动荡结束，一如曾涌现的伤痕文学，中国大地似乎注定将走来心有伤痕的这代人。但20世纪80年代离远方还很遥远，多数人一生被分配在一个单位，螺丝钉般动弹不得。返城之初，余纯顺也渴望安定，接替父职的他进了上海电器成套厂。但在三弟余纯民眼里，这个哥哥心比天高，可不甘于一辈子做工人。此时他唯一能改变命运的抓手就是自考。

那是余纯顺最入世奋进的一段岁月。“丁零零……”每天下班人潮涌动，在一群大老粗工人里，这个书卷气的中年人逆向而行，风风火火骑车去成人教育学院，一夜夜奋战到凌晨……但同时，他总忘不了少年梦，总和亲友提起徐霞客，向往像徐霞客那样去壮游中国，写一本游记传世，尽管总被当成痴人说梦。

铆足劲，考考考，只用4年，他一口气考出初中至本科文凭。虽然势如破竹，但当他抵达目标那刻，这支利箭落了空——自考成功后同事纷纷被提拔，唯独他没被重用。“感觉他苦苦奋斗，却被一夜打回起点似的。”1986年自考结束，和三弟抱怨工厂打发他的新闲职，多年燃烧的余纯顺一下熄了火。晋升无望，迎头又是更沉重的打击：当产房抱出一个死婴，被他一心奋斗而冷落的爱妻转身而去……几乎同时，遗传了精神病的小弟肝癌去世，年仅30岁。忙完离婚、丧事，他在这一年末的回顾中写道：“数月间，失妻，亡弟，亡子。”寥寥几字，曾渴望的安定一一碎了。命运急转直下的1986年，儿时悲伤重

▼ 1996年6月，余纯顺和纪录片摄制组走进罗布泊

▲ 遇难5天后，直升机降落在余纯顺最后的长眠地

来，远天下的梦也再次苏醒。尤其这一年，遥远长江上，一场中美竞逐的漂流正火遍全国，一度被奉为“振奋民族精神壮举”。街头巷尾热议中，余纯顺也心潮澎湃，还为长漂壮士写过诗句：“中华代有英杰出，无不含笑赴险关。”

再度灰心之际，长江漂流似乎推动了他。决定上路时，一如长漂，他也说“为了赶在外国人前面”。但数年后，他向密友坦言，那只是特殊时代的托辞。同为红旗下长大的一代人，怎能只局限于自我抗争？他也想同时像长漂那样去“振奋民族精神”。

心在做最后的摇摆，余纯顺于1987年辞掉工作，决意换个活法。在画满路线的中国地图右上角，他豪迈地写上一行小字：“行千里路，读万卷书，布衣也可傲王侯。”但当时他也还在为现实苦苦挣扎，一度和朋友经商，怎料最后几千元积蓄全被骗了……多年奋斗，终如黄粱一梦。回忆这10年浮沉，余纯顺感叹：“也许这是冥冥中的一种引导，它把我很多路都断掉，就是要把我引导到走中国的路上去。”

走向远方之前，余纯顺走过一条条“断路”。也正在尘世打拼的雷殿生则面临更多选择。

凭着27元4角钱，吃过苦中苦的他卖过油条、鸡蛋、洗衣粉……三百六十行，苦干近百行，直到20世纪80年代末，雷殿生10年竟奋斗出了十几万。人均工资不满百的年代里，他再不怕被生活碾轧了，可心里总觉得缺点什么，尤其见识越多人，小学辍学的隐痛又爬上来，他总觉得学历矮人一截，依然隐隐自卑着。

究竟要怎样，才算活出个样子？不甘认命，父亲的临终遗言又一次次回响在耳畔。1987年偶然收藏的徐霞客邮票，像是混沌中的一束光，让他眼前一亮。行走天下，这不正是儿时最向往的吗？更重要的是，这个人还成了这么独特的旅行家，千古流传。“这辈子没机会读万卷书，那我能不能也去行万里路？”在小老板和旅行家之间，他情愿选择后者。“活出独一无二的人生，这才是父亲说的样子吧？”

远方火花，刚在雷殿生心头点燃，年长一轮的余纯顺终于“除去人生负累”。“咔嗒”一声，第一枚邮戳落在白纸上，印上1988年7月1日。在上海与江苏交界处的公路上，37岁的余纯顺手头紧到只剩200元钱，但他依然挥别父亲和三弟，朝着他心中的“孤身徒步中国”目标迈了出去。

中国有多大？刚起步的他，其实心里没底，最初计划两年就环行走完中国，怎料路会越走越长。直望到背影消失，三弟余纯民对徒步还是一无所知，只感叹回沪10年，一心改变人生的哥哥像熄不灭的一团火，又一次离家远去了……从此几乎每天，一听“叮叮当当”的邮车响，余纯民就忙不迭取信、拆信，信封里是又一日余纯顺的沿途日记。没有网络的年代，他以日记为信，和家人千里相连。

上海人还时兴荡马路的20世纪80年代末，这户穷困的人家像守着远方的宝藏，一页页传阅来自远方的信，跟上他信里的脚步，一步一艰辛地穿过江苏似火酷暑，深入东北冰天雪地；苦于没钱，一天仅靠几个馒头果腹，大年初一还饥肠辘辘……弟弟看着心惊又心酸，“这样苦行僧似的徒步，有必要吗？”尤其让家人揪心的是危险。在狂啸寒风中，走向冬日长白山，棉袄都没钱买的余纯顺，差点儿冻死在山上。眼看他才死里逃生，又一头扎进莽莽大兴安岭，弟弟真想劝他坐车通过。可望向一路的野兽脚印，坚持“一步不落”的余纯顺，仿佛被命运安排下伏笔，早在第一年的日记中他就写道：“虽然我明白这太冒险，也不科学……但我能搭车吗？决不能！”

这一串倔强的脚步，一路北上。当他终抵中国最北端北极村时，时间已穿过一整年风霜雪雨。回望来路，脱了几层皮的余纯顺胡子拉碴，自己都快认不得镜中粗野的新面孔，感叹道：“永远忘不了大兴安岭的日日夜夜。”殊不知，大兴安岭曾偶遇的一个年轻人，更忘不了他，忘不了心底燃起的万里路。

“可如果我25岁就走出去，肯定会走不下去，这世上有太多诱惑。”真正行动前，雷殿生准备了近10年：攒经费，练体能，默默把天文、地理、民俗、野外生存等挨个琢磨遍……但最重要的，是认清自己该走的人生路。

时间翻滚进20世纪90年代的新浪潮，到处是一夜暴富的故事。他曾闯荡北京，迎面走进越来越繁华的街市；他也时常羡慕富翁，可一转念又想起父亲的遗言；他也一度渴望成家，差点儿放弃远方梦，却因对方母亲嫌他是“三无人员”而被深深刺痛……

“人生有限，我不可能做到赚钱第一，那是不是可以万里路上走出个第一？”翻着快翻烂的地图，他越来越认清自己最想活出的样子。可万里山河究竟怎么走才可能走出自己的第一呢？杂志里，一年年望着日渐出名的余纯顺。地图上，他一遍遍寻思着自己的路，万万没想到那个心中铁塔般的背影，1996年夏竟轰然倒下……又两年后，当雷殿生终于清零一切，即将启程的前夜，曾让他震惊流泪过的余纯顺的死，悲壮裹着惧意，又一次爬上心头。站在又一个徒步中国的起点，遥想罗布泊，他忽然有些害怕：那会不会也是自己的终点。

终点与起点

10年太长，余纯顺终倒在风雨8年的路上。“可能走完吗？”站在新10年的起点，这怀疑一遍遍响在雷殿生耳畔。一簇簇黑发落地，临行前夜，他最后一次剪发，抿着嘴，默默发誓：“不走完中国，决不理发……”自断退路般，他卖了房子，清空收藏，换成近50万旅费。“我怕还有房有钱，走不了多远，又回来了。”背起96斤行囊，1998年10月20日，35岁的雷殿生一身红衣，自哈尔滨国道正式出发。“10年后再见！”这一挥手，将会是怎样的人生？他忍不住热泪，正自我感动，身后却飘来尖针般嘲讽：“这人是不是精神不太正常？”

20世纪末多数人仍不知远方，一样懵懂的他才走出一天，一双脚已满是水泡；才一周，小腿肿痛得要扶墙走……未来更无尽困苦，可能坚持10年吗？可房子都卖了，身边人都知道了，难道回去受更大的嘲讽？为了自尊的证明，他也得往前走。一次次克制放弃的冲动，咬着牙，硬是熬过最初的不适，雷殿生渐渐走出节奏。跨过漂着冰凌的松花江，走出白山黑水的大东北……他终于走向盼了10年的大梦，但大自然凶险，也让他一回回提心吊胆。

出发两个月，他就差点儿在壶口瀑布丢了命。在黄河他光顾着拍照，脚下一滑，险些掉进咆哮的河谷。在广西，一路泥石流围困，他双手扒着峭壁，战战兢兢，怕被落石击中，怕跌进滚滚江水中。在神农架，他一度断粮，饿到快绝望时，猛蹿出的一条2米长蛇成了唯一口粮……

万里长路，命悬一线的危险，雷殿生一路遭遇几十次。而离死亡最近的一次，是在2002年7月穿越西藏阿里无人区时。荒原深夜，群狼将他重重包围时，他第一次想到了死。那一晚，二十几匹狼，绿莹莹的寒光在帐篷外晃动，和他只隔着两层薄薄的布。他吓得心脏狂跳，顺手抓住一张纸，潦草地给姐姐写了遗书：“今天遭遇狼群，死定了……”之后，脑海一片空白，一切行动全凭本能：丢鞭炮，喷杀虫剂，点燃衣服丢出去……整整一晚，他直挺挺坐着，随时准备英勇就义，一手紧握杀虫剂，一手拿着打火机。唯一的想法是能活一会儿是一会儿。

最危险的夜终于挨过去，还没死的他后怕到颤抖。有车路过，司机好心搭载，可他婉拒了，固执地扬着头，还要“一步不落”地走。“我也很怕死，可更怕有生之年没能活出自己的样子。”但，什么才是活出个样子？余纯顺倒在终点之前，似乎没有结果，他的样子不还在心头回荡？尤其当一个人跋涉在这苍莽荒原时，千里无人间，遥远地平线上，雷殿生时常有种错觉：10年前，一样孤身徒步阿里的余纯顺正迎面走来……

世界海拔最高的公路上，一个人踏破皑皑白雪，顶着如刀般的烈风，弓身背包，一步一挪，从死人沟跋涉向海拔近5400米的界山达坂（意为山顶的隘口）……终于望见西藏界牌，余纯顺热泪涌上眼眶，在1992年8月，他穿过新藏线第一次抵达西藏阿里。

最初计划只用两年走中国，走着走着，余纯顺却像只停不下来的鸟儿，望向中国大地，更多诱惑他的目标在闪烁。出发第三年，他瞄准“全方位走西藏”，热烈得像发现新大陆，在日记里反复提及“史上第一次”：“徒步征服南北极已没有我的份儿，但还没人将青藏高原全方位徒步走下来……下辈子不会再有这样的机会了。”

深受张骞、玄奘等历史人物的影响，他渴望创造自己的历史。西藏还很遥远的1991年春，余纯顺自川藏线起步时，活像堂吉诃德将大战风车，雄赳赳气昂昂，自我沉醉于“一个伟人的时刻即将来临”：自己将一路西行，成为史上第一个徒步走完川藏、青藏、滇藏、新藏和中尼公路等5条天堑的人。尽管出发时，他的兜里不到800元钱，才爬上3000多米，他就眼前一黑，差点儿高原反应昏死过去。高反一路折磨着这条壮汉。一次夜宿海拔4000米兵站，6次缺氧憋醒。黑暗中，余纯顺一边大口喘气，一边挣扎着想写遗书。想到可能功亏一篑，他忍不住落泪。可天一亮，他又背上80斤背囊，甩开大步往更高处走去。脚步义无反顾，可现实令他寸步难行。行至巴塘，梦中西藏就在江对岸了，他身上只剩下40多元。整整10天，一天只啃两个馒头，饿得像条死鱼躺倒在招待所，他数着最后的硬币，在日记里挣扎道：“真正感受到一个不愿虚度年华，梦想成就一番事业的醒世男儿的艰难。”

眼看山穷水尽，终于等到朋友的1000多元筹款，他迈过滔滔金沙江，前方是雨季笼罩的川藏线和更骇人的一路泥石流塌方……做好“可能遇难”和“一路要饭”的准备，在生离死别的觉悟中，他和友人告别落泪道：“也许是最后一面了。”

两个月后，在拉萨街头，杭州摄影家薛华克遇见这个人的第一面，惊讶于这个生猛又生涩的旅人竟不知道什么是睡袋，更没有帐篷，就靠着单薄衣衫，徒步闯过川藏雨季，在全中国已走过3年。见多了中国初代旅行者，薛华克第一次见到背负这么大目标的人，但这些目标太重，压得一个人很难有心旅行。当旅人们走街串巷，余纯顺一直在招待所忙写信筹款，行军打仗般101天走完川藏线，仅

10天后，他又将转战千里青藏线，兜里仅剩不到100元。

半个月后，茫茫青藏路上一件红马甲如幻影般迎面走来，背包印着的红布黄字“上海—台湾”，让台湾骑行者陈俊成连忙停下车轮。骑行在这仿佛落后30年的大陆，看着到处忙于温饱、淘金的人们，他第一次遇见有人在徒步旅行。或者说不像旅行者，而更像个流浪汉，这个人乱发结绺，浑身没一件正经装备，但好学到随身带一本英语字典。1991年夏，天地无人处的相逢，让这对两岸同胞兴奋得彻夜长谈，彼此惊叹。余纯顺惊叹对方竟有台湾企业赞助5万元骑行青藏，陈俊成惊叹他还要再走五六年，终点是台湾，尽管下顿饭就快吃不上了。

夜宿兵站，昏黄灯下，眼看他手捧地图，一副流浪汉模样，神色却像个草莽将军在部署未来的“战略布局”，誓要征服青藏天险。来自台湾的陈俊成，像对话另一个时代，有新奇也有些沉重：“我们旅行只是追求个人生命体验，他更像使命和事业，总想影响社会。但，旅行能有这么伟大吗？”

风雨8年，余纯顺在路上

流浪与修行

一个毫无支撑的军绿色背囊，绑一块“徒步环行中国”红布，余纯顺背上包，又迎向前方的青藏路……目送行者远去，不知何日再重逢的陈俊成，像看一个人背着一座沉重的山。一年半后的烟雨江南，薛华克重逢余纯顺，感觉他更沉重了。“全方位走西藏”才走到阿里，余纯顺家中失火，母亲遇难了。

“没想到一家人会这样重逢。”1988年目送大哥上路，4年后，余纯民再一次见到脱胎换骨的哥哥。话还没说上一句，他直接扑倒在母亲灵堂恸哭。给他生命，也一生受难的母亲，竟惨死火海……一时间，遗憾、自责，伴着儿时宿命的悲伤翻涌上来，他又一次万念俱灰，几乎再走不动。

看似顽石般粗砺，余纯顺却有一颗极度敏感的心。一步步翻上又一个山口，他会泪如泉涌；一回回在原野看到贫民劳作的艰辛，他会心酸落泪；甚至夜里听着高原上的呼啸狂风，一想到藏族人民艰难地世代生活于此，他又泪湿枕畔……

一路泪水不断的他，缺爱也渴爱。他常和朋友说起路上给过他爱与温暖的女人们，但还没有哪一个真正拴住他的脚步。最牵挂的是患病的母亲，内疚着“父母在，不远游”，犹豫是否该早日回家尽孝。可一切都来不及了。

3个月后，在母亲遗像前磕头，他再次上路，并劝慰自己，最好的纪念是把全中国走完。“那样人家说走中国的人是谁？是徐小妹的儿子。我的母亲叫徐小妹。”可在继续向前的滇藏线上，仿佛无根漂萍一样，他的脚下没着没落似的少了许多动力，走起来异常艰苦。“倒不是这条路更难走，真正的困难在我心灵深处。”独行日记里，他回忆起梦中哭醒，想到失母，更感孤独，“我终于成了一个真正无家可归的流浪者了”。

早在15岁时，雷殿生就已父母双亡，他的最大困难同样在“心灵深处”。每每路遇孤儿，这条汉子总忍不住转身抹泪，想起相似的童年。屈辱的童年，让他对外界的声音极敏感。越来越功利的社会，对待流浪者的目光却远比余纯顺上路时更加严酷。

仅凭200元起步，余纯顺能一走8年，离不开20世纪80年代末的民风。1988年冬，他走到沈阳，一路被人前呼后拥，食宿全免，热烈程度让他在日记里兴奋不已：“欢迎隆重的场面为我始料不及，我似乎成了民族英雄。”似乎越落后越淳朴。在河南农村，一个老农民恭恭敬敬地问：“您是给公家办事的人吗？”在内蒙古草原，乡长书记们从十几公里外赶过去迎接，乡民奔走相告：有个徒步走中国的上海人来了……在闭塞年代，还没见过世面的人们聚到一起听他演讲，热血沸腾，热心捐款。怀着同一种热情，余纯顺给演讲命名为“壮心献给父母之邦”，一路做了150多场。

10年后，当雷殿生自备50万旅费上路，他的钱勉强够用，“父母之邦”却不一样了。走在新世纪日益现实的都市，长发披垂的他曾一连走进七八家饭馆，被当成流浪汉轰出来；曾在–35℃的寒夜里苦苦恳求留宿，却被冷冷地拒之门外；曾一遍遍解释自己是在徒步中国，却被骂“神经病”“吃饱撑的”，甚至被棍棒驱赶……转眼10年，社会不再单纯，壮举不再崇高。渐渐地，一靠近城市，一想起冷漠的眼神，雷殿生就会做贼似的摘下背包上“徒步中国”的条幅偷偷藏起来。“情愿被当乞丐无视，我最受不了别人对这个理想的白眼与挖苦。”

“你骗谁呀，现在还有不挣钱自找苦吃的人？”2000年在南方山区，一听他在徒步中国，几个小伙甚至对他放出3条狼狗。恶狗扑来，围观者哈哈大笑，他跑到没人的地方，抱着伤腿，终于忍不住痛哭。路途艰辛没打退他，世态炎凉却差点儿把他击垮。“回去做个小老板不好吗？”蒙屈受辱时，他也想放弃算了，可一转念，又想起父亲的遗言，想起曾遇见一位方丈意味深长的话：“走路也是一种修行啊！”

一顶蓝色帐篷飘摇如孤舟，飘在茫茫荒原。落日熔金中，独对天地苍黄，余纯顺也常想起一个道士的话：“走遍中国是真正的大修炼吧！”1994年夏，余纯顺孤身穿越阿里无人区。一步步走向最原始的荒野，他感觉自己像一个拖着自身长影的圣徒。无垠自然中，一天天仰望神山圣湖流云星空，感知着宇宙深邃、生命渺小，再回望曾经的尘世愤懑，他有些顿悟：“人，究其根本，不过是生活在自己营造的虚幻中。”他在日记中郑重写下：“从前那个余纯顺已经死了，取而代之的是一个新的余纯顺。”

“那是西藏赐给他的智慧。”又一年后，再一次江南重逢之际，薛华克明显感觉余纯顺褪去青涩，不那么悲愤了。而此时，鲜花掌声来了。余纯顺1995年走回江浙，一路经常是领导迎接，警车开道，千人听讲……第一批富起来的人开始向往远方，这个一走七八年的人也终于摆脱困窘，神采沧桑又飞扬。但在老友眼里，他最难超脱的还是出身。

走在西藏，他写下“世俗的荣辱得失其实可以看得很轻”。可走回繁华，在钱塘江大桥上，当4架摄像机瞄准对岸，余纯顺头绑红布一步步走来，像英雄凯旋一般……邀请媒体来迎接的薛华克笑他步伐都不稳了，他说是太激动了。出身孤苦，遭受冷遇多年，终于扬眉吐气，迎向社会认可时，他眼泛泪光，难以自持。

另一个难超脱的，是越来越宏大的目标。余纯顺的新名片背面列着一连串重量级目标，要打破世界徒步距离最远的纪录，要访遍少数民族，要力争五六个“第一”……一纸名片，就重若千钧。薛华克真想劝老友别这么累，多年来他也走遍藏地，只为捕捉生命的感动，余纯顺却从不满足于徒步本身。“带着强烈的英雄主义，他总想附加点儿社会意义，得到公众关注。可旅行哪有那么多意义？”

究竟什么才是徒步中国的意义？1996年春，导演宋继昌和余纯顺在上海重逢。他带着文化人的眼光，却很欣赏余纯顺不再局限“小我”，言谈中有了更多“大我”，一心想以徒步影响社会。“我们这代人建国时出生，天生心系家国。当时搞经济成为主流，就得有一批特立独行的人来做出冲击，提醒世人超脱平庸。”跳出世纪末的大都市，宋继昌想跟随行者脚步，拍一部醒世之作。这也是余纯顺的一大愿望，风雨8年，圆梦脚步一步步近了，怎料会走向一个错误的时间地点，一切戛然而止。

另一双脚步跨过新世纪，徒步在日新月异的中国。到处是越来越繁华的城市，越来越富起来的人们。2006年左右，越来越多的媒体开始来找雷殿生了。他也极不愿被当作“走路机器”，一遍遍讲着自己的“民俗、环保、探险”主题，沿途搜集了几吨民俗资料，可媒体更津津乐道他生吞蛇鼠、夜战群狼的荒野求生故事……

“徒步只是载体。我一走10年，更是在寻找自己人生的样子。”走到第八年，雷殿生也明显感到境遇不同了。讥讽少了，追捧多了，可一想到罗布泊曾倒下的那个人……仿佛迷梦中被震醒，他赶忙推掉应酬，逃也似的重回一个人的长路。“也许我的下一步挑战，是不被人世间各种欲望所迷惑。”但最难抵抗的诱惑是情感。当深爱两年的姑娘，一遍遍在身后呼唤：“雷哥停下来吧，我们一起办个公司，结婚生子，享受正常人生活……”漫漫长路，那是最大的一次动摇。最终分手的2006年秋，从小渴望有个家的他，像棵一劈两半的树，直挺挺倒在小破旅馆里，死了一遍似的3天没吃下饭，日记一个字没写，就喝了两瓶白酒。

2008年，余纯顺墓前，雷殿生敬酒致意

“老雷，你不能停啊。”想着还剩两年的目标、生死难卜的罗布泊，他忍痛弃爱。仿佛大地上一缕孤魂，雷殿生自己推动着自己，也像自己绑架了自己，迎向地平线那轮红日，自言自语着：“总有走到圆满的那一天。”

宿命旅途

落日拉长孤影，石碑静静矗立，碑上几个大字——“余纯顺之墓”。“余大哥，敬你了！”举杯敬酒，披一身征尘的雷殿生一饮而尽，一步步走到这片荒漠深处。在2008年10月，距他出发整整10年，和余纯顺林场偶遇已近20年。

3个月前，雷殿生走遍中国31个省市自治区，终抵奥运会开幕前的天安门广场。他举起写着“徒步中国”的背包，像卸下一座背了10年的山，但一颗心还没有结束。

“见好就收吧。”死亡暗影、朋友劝阻，眼前拉开一张大网：你已经第一个走遍中国，该收获了。万一也出事，这10年岂不白走了……罗布泊曾倒下的身影，却像个巨大的感叹号，始终横亘心头，如重中之重。“不走完，我没法真正画上句号。”

生命定格在罗布泊，12年前的余纯顺却从没想过在此画上句号。1996年初，回到故居窗前写书的他，原计划接着走黄河源头，但心里又多了个大梦——横穿塔克拉玛干大沙漠。百年前就威震世界的“死亡之海”，1993年中英联合探险队刚完成人类首次横穿。媒体热炒中，一看还没人实现单人横穿，又一个创纪录的空白诱惑了余纯顺。

事实上，穿越死亡之海，原不在徒步中国计划中。可天性使然，早在“全方位走西藏”时，他就曾心潮澎湃写下：“对于创纪录的事，我总无法抗拒诱惑。”但英国人为此豪掷186万美元，雇了100多峰骆驼……没有钱，这个梦只是梦而已。

梦想照进现实，纯属偶然。1996年4月初的上海，一场热腾腾的座谈会开场前，余纯顺和台商黄海伯偶遇。活动场地借用的是黄海伯的美食城，无心的几句闲聊，日进斗金的黄总被镇住了：几乎身无分文，这人竟一走8年，甚至超出旅行的范畴，更像在进行社会考察。“在欧美，旅行探险属于有钱有闲的人，内地完全是另一番景象。”黄海伯感叹他如此艰难，还心心念念家国天下，才聊几分钟，黄海伯当即慷慨示好，“从今往后，你有任何需要，我无条件赞助。”没想到余纯顺的回答挺质朴："就想要两匹骆驼，我想去沙漠。"

好运从天而降般，一路愁钱的余纯顺转眼不愁钱了，他连夜写出向往已久的沙漠计划书。此时，又一个好运同时降临。那天座谈会上，余纯顺如众星拱月。在一番热烈赞叹声中，有人打抱不平："上海走出这么一个人，电视台怎么就没人拍呢？"犹豫了3年的宋继昌，有些被"激将"到了。散会后，他叫住余纯顺："你接下来去哪儿？我们跟你拍。"可一听他的沙漠新计划，宋继昌又难住了。浩瀚沙海，上千公里的塔克拉玛干沙漠横穿，技术上就拍不了……"那拍罗布泊？那将是去沙漠前的'预热'。"余纯顺的新提议，让宋继昌眼前一亮。望向地图，面盆一样大的塔克拉玛干东侧，罗布泊小得像枚鹅卵石，却深藏着千年楼兰、百年探险传奇，还是上海科学家彭加木失踪的地方……正好同年9月上海将举办国际电视大奖赛，两人一合计，索性把原计划1996年9月要去的罗布泊，提前到5月。

仿佛好运连连，计划一点点改变中，他们憧憬着神秘的罗布泊，把中国旅行家风采推向国际舞台。没有人意识到，这次提前走向炎夏荒漠的调整，将会让他一步步走向致命结局。

遥远的罗布泊在那时尚未出名，多数人并不知其凶险，包括余纯顺自己。亲友只当是寻常之地，他神态轻松地介绍："就是个热身，这是计划穿越的六大沙漠里最小的一个。"他一直自信满满，但在三弟眼里，哥哥私下的言谈中隐约透出两个顾虑：之前多走在公路土路，彻底无人的荒漠，究竟什么样？一直强调"孤身徒步"，此行有摄制组跟随，会出现争议吗？

出世的路上，余纯顺正日渐走向超脱，时常自勉"天空未留痕迹，鸟儿却已飞过"。可转身入世，面对"是否想出名"的质疑，他却说："凡是有利于人类社会进步与文明的名，我何尝不想出一出！我不想白来这世上一趟……就像一颗流星在滑落瞬间，也要给夜空留下一道光明的痕迹。"

当镜头将为足迹留痕，尚不知命如流星的他，没有和宋继昌提过什么顾虑。他还安抚朋友，多年来第一次有电视台拍摄，影响力眼看再上新台阶，这个机会没理由错过。同时不想错过的，还有出书。为了写完第一本书，出发前他忙得每天只睡两三小时，启程从同年的5月8日拖到18日。推迟的10日里，他一口气改写10余万字，却不知命运也正改写。

红色条幅拉开，在即将出征的新闻发布会上，余纯顺慷慨陈词，余纯民守在楼下书报亭，反复看手表。那一天，新出炉的《新民晚报》将刊载对他的长篇报道，哥哥让买上100份，赶来送给现场观众。摊开报纸，洋洋洒洒的报道最后一句正写着："飞翔的鸟儿不要停！"飞翔的鸟儿难停下，但拍摄的人喊停过。当地专家一听计划，连连摇头："6月罗布泊根本不能进去，湖心最高温度可达75℃……"刚抵达新疆的宋继昌也被热浪"烫"到了，忙不迭找余纯顺商量：这次不要穿越了，拍摄主题改一个字，从"走进"罗布泊变成"走近"罗布泊。

悲剧本可避免。楼兰宾馆里，宋继昌苦劝一下午，他总算勉强答应。在1996年6月2日的日记中，余纯顺写道："我决定先不按我的计划走，完全配合他们拍片子，以后我再重走。"

迎向罗布泊，余纯顺一度决定不走了，12年后的雷殿生却非走不可。无论是自我证明，还是内心情结，他在地图上画出一条1100公里的新路线，自敦煌西出阳关，从没人这么徒步横穿过罗布泊荒原。"这就是徒步中国的句号。不走完，对不起这10年。"

仿佛有流星划过，雷殿生望向窗外静得可怕的夜。上路前一晚，他辗转难眠，又不禁想起余纯顺的背影……一骨碌爬起来，他给姐姐写下最后的遗书："人终有一死，如果是为追求理想而死，就是有意义的、值得的……"出发前，他还收到随行电视台发来的生死文书。该合作吗？有人议论这是"声名之下的精神流浪"，或许将重复余纯顺的结局……这让他很有压力，但10年漫漫，钱已耗尽，此行离不开资助，和电视台合作也算一种传播。"当然，我也希望最后能被看见：曾有一个人一走10年，无论是生是死，这将是他最后一段路了……"

壮士一去

12年前，另一队人马上路时，却没有人想到过死。行程终于还是要继续。楼兰宾馆门前，一碗碗"上马酒"斟满，楼兰姑娘歌舞拉开的壮行会上，余纯顺满面红光映着泪光，在台上双手抱拳：此行一定实现穿越，打破6月不能穿越罗布泊的神话……

跟着一碗碗被敬酒，向导彭戈侠也喝飘了，几乎忘了曾顾虑的天气，"连随行的人都好像英雄出征"。唯独宋继昌隐隐不安，罗布泊只是个舞台，他更想拍的是徒步中国者的时代内涵，而不是某次壮举。可壮行系上的红花，似乎给行者绑上一个结。忙碌于全程筹备的韦俊，却从没觉得余纯顺被“绑”。“他一直主动要走的，就是太自信轻敌了。”从小就是邻居，余纯顺这回特地叫上这位兄弟。韦俊也私下担心，他总轻松一笑：“你放一百个心，我都走8年了，这里吹着口哨都能走过去。”

1994年走出西藏阿里，一路重负的余纯顺长舒一口气：“人世间最难走的一段路被我走完了。”从此，他越走越自信，人都胖了一圈。尤其此行6万经费、2辆沙漠车、10人后勤保障，光矿泉水就100多箱……“第一次有这么好的条件，不走太可惜了。”

那是对荒野还无知的年代，向导彭戈侠第一次进罗布泊，在1993年底，一行5人连指南针都没带，结果掉进迷魂阵般……“罗布泊很有迷惑性，看似一马平川，连向导都还认知不足。第一次接待民间队伍，大家都轻敌了。”

热，是极热。烈日如火球翻滚，曾经的泱泱大湖已成干涸大荒。滚滚热浪中，车里一行人汗如雨下，热得脱到只剩内裤。但驱车4日，眼前仍是一望无际的平坦，早晚气温骤降到有点儿冷的凉风中，一些人开始嘟囔：“罗布泊不过如此嘛，也没传说中那么可怕！”

“你们弱不禁风都扛得住，何况我？”实地一考察，余纯顺更信心十足了，队里最权威的“活地图”赵子允也不再反对。拍摄一结束，他和宋继昌再次提出要穿越，并在日记中写道：“考虑到《走向罗布泊》是纪录片，我必须维护其真实性、纪实性。此外，我也想在这个时间将罗布泊走完。”

1996年6月10日晚，翻出压箱底的12瓶葡萄酒，篝火映红了一张张满是风尘的脸，余纯顺举杯豪饮：“绝对没问题。如果这次不成功，那是天亡我也。”大家最后的一点儿担心，也被这亢奋的自信冲淡了。

“摄制组为我饯行，祝我穿越罗布泊成功。”深夜篝火旁落笔，没有挣扎犹豫，没有紧急预案，合上8年日记，他留下最后的文字。

“这会不会也是我留给人们最后的背影了？”终于一步步踏入这宿命之地，即将走向比前人更长更难的穿越路，雷殿生却是压力沉重。选择天气更适宜的10月上路，地面仍像火炉烫脚，想起12年前另一人脚下灼烧的热浪，一瞬间，他心里涌上极坏的念头。

几十分钟前，蒙古长调响起，红色条幅飞扬，美丽的姑娘载歌载舞敬上3碗烈酒，又一场壮行在荒原拉开新的帷幕……“剪吧。”一剪子下去，1米多长的头发落地。出发时“不走完中国决不理发”的誓言犹在耳畔，转眼已是10年后。“如果我不能活着出来，这把长发就算纪念了。”

希望最后这段路被“看见”，雷殿生没觉得壮行会带来压力，但连连呼声中，忍不住一回头，几十米开外，4台摄像机对准，数十人伫立土台上，有人双手合十，有人甚至跪倒祈福……胸口一热，两行热泪再忍不住。他不知12年前的人怎么想，但一路饱尝人间冷暖，难得遇见这些热情的人。除了个人梦想，他也有太多不能辜负。擦干泪水，快步转身，迎向最后的路，天边仿佛回旋着一声声苍凉的“风萧萧兮易水寒”，更回荡在他心头的问号是：壮士这一去，到底还能不能回返？

长镜头默默追随，一个汉子背负行囊，朝着烈日炙烤的荒漠，一步步越走越远越小，小如一粒沙融入沙海……摄像机前，宋继昌一行人久久遥望，也浮想起“风萧萧兮易水寒”。但此时，谁都没觉得他会一去不复返。

自罗布泊北岸向南，走到荒原中央，再西去楼兰……一双脚计划走的107公里路，一条清晰的车辙印如路标指引，每7公里埋有6瓶水，每35公里有全天干粮，全是余纯顺亲自埋下的。在亲手绘制线路的老彭眼里，这只是象征性的穿越，“以他的实力，真不算难”。

沿着同一条车辙印，当天下午，宋继昌决定驱车去追，虽眉头紧锁，但还觉得一切可控。“就想去看看他是什么状态。如果不妙，拽上车，马上就安全了。”两辆车追着热浪，像追着火龙，直追上地平线一点孤影，已是下午4点半。汗水浸透的余纯顺回过身来，一张脸涨得黑红，惊异中又眼泛泪光，但他坚决不肯上车，不许随行……烈日似火中，眼看他8小时走出33公里，向导彻底放心了。“往前三四公里就是宿营地，最难的部分他已经走完了。”

一块巨石落地般，在回程路上，车里已是轻松笑语，唯独和余纯顺最亲的韦俊一直回望着，直到背影消失。这段日子，他常暗暗心疼：“余哥太累了。”来新疆半个月，余纯顺每天睡不到4小时，忙不完的演讲、采访、应酬，还有不停地签名、合影，不断的敲门声……如今余纯顺终于重回一个人的天地，让韦俊感觉他反而安宁了，再无人打扰，一会儿总算能睡个好觉，怎知这将是永别与长眠。

期待凯旋的乐观，直到第二天黄昏，才随天气陡转。霎时间，天就黑了，滔

2007年，西沙群岛，雷殿生抵达中国最南端

天沙尘翻滚着，如一堵土墙直压过来，一群人一溜烟逃也似的钻向车底，头顶一阵“噼里啪啦”的砂石声中，宋继昌生平第一次见识到荒原的恐怖，“大家都小看罗布泊了……”

气氛开始不对，但他们还相信余纯顺能平安归来。第三天一大早，捆绑着大红帐篷做路标的铁架下，狂风像鞭子一样抽打着，宋继昌等人一回回寻望远天，一遍遍想起他最后的挥手：“咱们3天后见！”直望到又一日天黑，红帐篷被风撕成破烂布条……最难的路已走完的人，再没有归来。

风又起了，飞沙走石如鼓槌，“砰砰”敲打着帐布，雷殿生感觉自己的帐篷像海上孤帆，被撕扯着翻腾。走进罗布泊第12天，他夜宿沙尘暴中，风大到黄沙拌饭，自我庆祝这一天是徒步中国10周年。10年来，这是他走过最荒凉的地方。天

不见飞鸟，地不生草木，头顶死亡阴影，他步步留神，每喝一口水，都心算着能撑几步。最怕想到“迷路”二字，怎料最难的10年走完，自己转眼真迷了路。

当又一场沙暴过境，车辙被狂风如扫把般扫尽，卫星电话再无法拨通，一种危机感涌起，雷殿生的头等大事成了寻找预埋的水。走了5公里没有，又走5公里，再走5公里……一直疾走20多公里，一无所获，一股战栗从脚底直往上爬：难道自己也走错了路？

果真，这是任何差错都可能丧命的荒原。正午毒日下，雷殿生热得寸步难行，只能躺倒沙坑里避暑，只剩最后一瓶水了，恐惧如无数小蛇缠绕，他想起临行遗书，想起有人说的“声名下的流浪”，更想起长眠于此的人……“雷殿生，你一定要挺住。”一遍遍告诫自己，半挣扎半坚持着，在这吃人般的荒原顽抗了两天一夜，终于望见目的地铁塔，他几乎颤抖着点燃随身烟火。没多久，西南方夜空亮了，一朵朵烟花如生命腾起。追着光的方向，一个人疯也似的跑起来。深夜11点，他和失联51小时的摄制组终于重逢。以为悲剧重演的人们，团团围抱着他哭。浑身酥软的他，嘶哑着挤出第一句话：“我要喝水。”

梦圆与梦碎

再长的路，也有终点，或倒在远天下，或从远天下一步步归来。脚步深入罗布泊31天后，当茫茫地平线上涌出一个小小身影，营盘古城土台上，人们开始欢呼。穿过1100公里跋涉，终点终于近了，雷殿生的脚步却慢了。

前方是配合电视台的一场仪式，热闹热烈，将指向人生新的开始。身后是一个人一步步走过的81000公里路，孤独孤苦，不觉从35岁走到45岁的人生中途……旷野风沙中，耳畔又响起15岁时父亲最后的遗言。究竟什么是活出个样子？他觉得自己终于做到极致了。

2008年11月8日，距出发10年零20天，雷殿生徒步横穿过罗布泊荒原，终抵

10年徒步终点。穿过朋友的热烈拥抱，发表完媒体想要的成功宣言，终于有一点点自己的时间，他转过头去，一骨碌向着东方跪倒，跪谢罗布泊荒原圆他最后一梦，跪拜父母给他生命……“没有表演，那一跪是真正无声的感言。”再站起身，他举起随身带的鲜红国旗，本想当众豪迈展示，一时间，却是百感交集，思绪万般奔涌，闭上眼，两行热泪就那么流了下来。

眼看着成功欢庆，热闹人潮中，老向导彭戈侠悄然转身，心底一声长叹。12年前，他和另一队人马也这么站在土坡上，向戈壁深处苦寻，苦盼另一个奇迹能从遥远的地平线归来。直到又5天后，从直升机上向下望去，远天尽头涌出那一个微弱蓝点……

心存侥幸，他祈祷那是幸存者在招手。飞奔而下，一股刺鼻的气味直接让老彭跌倒。被风吹塌的蓝帐篷里，余纯顺5天前就已遇难——他上身赤裸，布满水疱，须发水洗般湿漉漉，死因是高温缺水。

几乎来不及悲伤，当天黄昏，风暴将至的紧张中，法医忙碌勘验，老彭等人拼命挖坑，韦俊一个人收拾着不忍看的遗容……直到直升机撤离，两颗红色信号弹带着哀号，如两行热泪划过晚天，红光落下去，落向地上越来越小的孤坟，小到融入荒漠黄沙中……一直做梦般的韦俊，像一下惊醒般，在飞机上号啕大哭，从小就和他说“终有一天要去远天底下”的余纯顺，真的一个人留在这远天底下了。

一个个问号，还盘桓在罗布泊上空。直到又一年秋，孤零零的木牌上，红漆斑驳，生前最后的红颜含着泪，用口红描着余纯顺的名字……默默拍下这一幕，宋继昌又回到这片伤心地。几个月前，听闻墓地被盗得一片狼藉，宋导心里未了的结更深了。带着不忍的遗憾，他们万里重返修墓。另一个放不下的心结，是究竟为什么会这样。那么深的车辙印在大地，犹如指引，究竟为什么他会偏离而去？怎么也想不通的错误，直到重回遇难之地，看到100多米外的车辙才解开谜团——那是更早两个月，另一支考察队开过的一条车辙，路线纵向贯穿罗布泊，一路滴水全无。

最后挥别的那个午后，继续向前1公里的丁字路口，余纯顺只要右拐向西，再走3公里就是宿营地，那里埋着足足24瓶水和食物。可他错过丁字路口，顺着另一条车辙继续向南——这个致命错误，把他一步步引向死亡。

或醉心摄影，或热浪昏神，或大意轻敌，或察觉折返……一个谜团解开，似乎还有更多无解。

最终他倒在离丁字路口仅1.3公里的地方，一年后，新竖起的红色花岗岩墓碑前，久久对望着青铜头像，宋继昌无限唏嘘，还有好多话想问，可风声呜咽，未留痕迹的天空下，荒原再没有答案。

最终走出世上最长的路的人，迎面是更漫长的人生。2008年走到终点，雷殿生已身无分文。转眼被接回黑龙江，当地领导直竖大拇指：“你走出了中国人的一种精神。”他不禁苦笑：“可10年来，至少1/3的人说我是神经病。”上百家媒体连忙跟进，当天当地报纸头条《从“神经”到“精神”》。

终于富起来的人们，又开始向往远方、渴望精神。一时间，这位行者拿奖拿到手软，被怂恿去再创奇迹，譬如登个珠峰……吃泡面度日的雷殿生有些为难。相比不食人间烟火的英雄，他自认是凡人，“我一样要吃要喝，更渴望爱，渴望有个家，从浪迹天涯回归”。

理去野草般的须发，他借了3600元，2009年春重新北漂，开始新的10年：第二年成家，第三年儿子出生。同时，承载一路记忆的书籍出版；珍藏2吨多重资料的展览馆免费开放；投身正新兴的文旅产业，带领更多人体验徒步，很快他重新获得财务自由。“其实社会比荒野更难。”终于不再受人冷眼，可蜂拥而至的热情，有多少可能是陷阱？面对人们的赞美，雷殿生暗暗提醒自己：“无论多大赞美，小尾巴千万不能翘。”面对有人苛责：“英雄怎么能搞物质？”他有些悻悻然：“我也是人，怎么反而不能有追求美好生活的权利？”

10年前，无视朋友们升迁发财，他筚路蓝缕走了10年，认准自己要成为行者。如今他重归社会，不愿被外界期望捆绑，给自己的新定位又该是什么？“人世是另一场修行，人最难的还是认清自己。”

“走完中国，从此不谈走中国。我做好了回归平淡的准备。”遇难前，余纯顺也曾渴望如漂流船儿靠岸，考虑着未来写书、开公司或从政。只是还没来得及平淡，他就迎向轰轰烈烈的死亡。

当噩耗传出，生前尚非主流的余纯顺，才真正一夜成名。诗歌已死的20世纪90年代，这古风般的壮士之死，如社会经济大厦外的一声惊雷，震得无数人在惊诧之余，或举起放大镜怀疑他的真实动机，或称颂他是“20世纪末中国最后一名古典式殉道者”，或争议他不够清醒，“为声名所累”……

自1986年长江漂流，远方的血性之死又一次冲击着大众心灵。只是10年巨变，除了余父还在说儿子“为赶在外国人前面”，社会热议点已从爱国主义换作理想主义，以及“这样的死值得吗”。反响最热烈的莫过上海。《新民晚报》悼文开篇写道：“余纯顺用生命的慷慨一击，为我们上海人增添了阳刚之气，他是上海人的骄傲。”但少有人提起，“为上海争光”的他祖籍湖北；1991年，好友为他在上海街头募捐，一天只募到2元钱及无数冷眼。当他倒下，1996年夏，上海展览馆纪念影展排起长龙，几十万人抢票争睹壮士风采，一批批民众中暑晕倒也挡不住激动人心的热情。

对英雄的浪漫想象中，一些细节被神化。法医报告上写明逝时“头北脚南”，无数文人道听途说着“壮士死时头朝东方”，无限抒情。一夜冒出无数好友，也涌出不少来者。包揽后事及修墓费用的黄海伯，一度被十几个声称要走中国的人求赞助，他再没有接待。行前，他资助的两张无限额银行卡，余纯顺一分钱都没用。死后，眼看太多人消费死亡，黄海伯不想破坏这份纯粹。

筹划影展的薛华克，在现场感受着火样热情，欣慰也叹息着“或许这是想做个英雄的宿命”。回想余纯顺曾说，人生最大的悲哀是“不觉不悟”。这位老友最遗憾的是他正修行在觉悟的路上，可还没从英雄梦中醒来就匆匆离去。一个人尚未认清最真实的自己，外界一时褒贬又怎可能认清他呢？

英雄与平凡

逝者已矣，活着的人继续在人世修行。“余大哥，我又来看你了。”2015年秋，在罗布泊深处，墓碑前斟满一杯酒，雷殿生眼前闪过7年前墓前的自己，那时孑然一身，生死未知。穿过岁月，他已有了事业、妻儿。这一次他所带队伍多是孩子，最小8岁，牵着他的手问：“石碑上的大头叔叔是谁？”带队徒步中，更曾有一个少年拉着他在沙漠谈心，说想死在罗布泊，升学压力太大，不想活了……社会奔涌向前，新一代过着他羡慕的年少生活，却有了新的重负。更感缺憾的，还有不少企业家。他们被他带领着走向荒野，感叹这十几年为了赚钱，错过了太多。

经济发展了，精神缺钙了，感受着这些新时代病，他希望自己的新定位能从行者变成传播者、引领者。尤其越来越多的企业开始邀请他，新的10年，他一连做了1600多场演讲。再不像在路上的野人，他架起眼镜，文质彬彬，站在一个个讲台上，一遍遍重复说了千遍的故事。结束时，常唱起犹如他心声的《在路上》：

“那一天，我不得已上路。为不安分的心，为自尊的生存，为自我的证明。路上的辛酸已融进我的眼睛。心灵的困境已化作我的坚定……”台上他怀念地唱，台下一双双满是热泪的眼，身后大屏幕闪过徒步中国的一幕幕，那曾处处冷眼的社会，不过是又10年一转眼。

人世几多变迁，荒漠也在轮转。壮士之死，掀起的旅游探险热，让罗布泊一下“热”起来。紧接着在1997年，彭戈侠所在旅行社策划的“百人团”，就一连接待333人。每人参团费高达10800元，而这一年中国人均年收入不到5000块。打着“徒步穿越罗布泊荒原”的旗号，多数人其实是第一次徒步。密密麻麻的脚印，羊蹄般落满荒漠……“罗布泊从没这么热闹过。但那些脚印，风一吹就没了，好像什么都没发生过。”

永远留下的，是逝去的生命。赤红墓碑上一尊青铜头像，眉心深锁，神情壮烈，迎着无尽风沙，这里从此成了罗布泊必到之地。带队50多次的老彭，像匹老骆驼驮人进出着荒漠，一次次被追问当年的故事，也旁观着一批批远方新来客，卸下沉重，少了雄心壮志，偶有作秀的，但更多只是感受自然，放飞心灵……户外渐渐不同当年，但欣慰的是余纯顺还活在一些人心里。

荒漠外的世界，却少有人还记得壮士。2022年初，一如多年前前来拜访的摄

▼ 罗布泊深处，余纯顺墓地

制组，当我叩开上海杨浦那户老公房，换一个白发男子开门，有些寂寞地抬头望天："感觉哥哥又回来了。"

十几平方米的小破屋，几十年没变的老家具，窗下一张小桌，走了8年的余纯顺最后回到窗前写作，那时窗明几净，如今堆满如山杂物。壮士一去无归，一切落满岁月尘土。

"尽管都赞扬他精神不灭，业绩不朽，但……我已永远失去了儿子。"在1996年上海街头巷尾的热议中，余纯顺的父亲切身痛惜。那时余家为了他最珍视的徒步资料，一度纷争四起。如今父亲去世，资料全被捐到档案馆长眠，剩下近70岁的余纯民感叹如梦一场空。"很多年再没人像你来寻余纯顺了，我还以为都忘了。"

"感觉他的故事一直没有靠岸。"另一个为遗忘遗憾的，是念念不忘的宋继昌，遗憾人们只对死亡津津乐道，却少有人知他走过的心路。新世纪滚滚大潮，更迅速冲走20世纪末最后的理想主义……直到遇难10周年，宋继昌打破沉默，制作了一部《生死罗布泊》，留下壮士的最后身影，也遗憾一些人已离世或消失。重翻尘封素材，最让他不忍看的是壮行那天，余纯顺神采飞扬，每个人都欢天喜地，大家期待的英雄之旅才刚刚开始……

灿烂烟火腾空，新一年随北京冬奥会开幕式开始，和朋友举杯共赏着盛会，雷殿生遥想起2008年北京夏季奥运会：那时全民铆足劲，渴望被世界认可，如今人们已多了份自信从容。

历史交叠，个人随社会蜕变。走出罗布泊荒原，他觉得自己最大改变是"心开了"，曾经为欺侮痛哭，如今不那么在意荣辱。现在的他，虽然一天天忙不完活动，穿一身正装，被各种成功人士环绕，但打开手机，望向没人留意的朋友圈封面图：那个半身赤裸的行者，1米长发，目光如剑，双手笔直伸向天空……恍如前世的跋涉，尘世奔忙中，还在不时提醒自己真正的样子。

走进60岁，雷殿生还不肯老。正月初三凌晨3点，他还像20岁小伙一样摩拳擦掌，给我发消息想谈一个大行动——走遍中国多年后，他想重访各民族，去见证新的变迁。2019年就升起的念头，怎料2020年疫情改变世界，许多奋斗一夜成空……可是他不想再等。

没能走出生死的人，却一生难看开。2022年春节前，我和宋继昌走在上海街头，望向寂静夜空，想起曾飞过的"鸟儿"，他数着年月轻叹："如果余纯顺还活着，今年该71岁了。”

壮士已去20余年，远方那片荒漠，曾让他们命运相连，遗憾的问号至今盘旋。走在70多岁的路上，宋继昌觉得重逢不远了，轮回后若再见到这个生命定格在45岁的兄弟，“那时我一定问问他，最后一晚到底发生了什么？”

同一座城中，感受着岁月老去，余纯民的最大心愿是能去一次罗布泊。余纯顺走中国前3年，一大半旅费是一家人及这个弟弟卖水果一块块换来的。哥哥去世后，经济拮据的他一直没能去墓地。网上看见旅人们在墓前的照片，他欣慰又心酸，都说死得气壮山河，可二三十年过去，至亲的人却没能重逢一眼。

转眼又一年忌日，上海炎炎夏夜，烧完纸钱，余纯民在饭桌上多摆了一副碗筷。一辈子住在一起长大的老房子里，他不时梦见哥哥又回来过，又坐在小窗前写书，依然那么年轻，那么意气风发……转眼梦醒，望着空荡荡的窗外，幽幽月光是不是也正照着远方墓地？但愿有生之年，他也能去一趟罗布泊，看看哥哥最后长眠在一个什么样的地方。

月光下，万里外，那一座孤坟永远矗立在远天下，再不知人世变迁。长眠于此，或许一心求生，余纯顺没来得及留下最后的文字。但1994年穿越阿里，遭遇断水时，他曾写下相似的绝望：“我从来没有如此害怕过……那我就被彻底击溃了吗？我就甘心变成荒原上一堆白骨吗？答案只有一个：继续坚持前进，一直走到有水的地方。”

只是这一次，迷宫般的荒漠，烈日灼心，沙尘滚滚，还不会用GPS定位的这位先行者，渺小如一只蚁，在大地上奋力前进到最后，只能俯身如铁的盐壳地，硬生生挖出两个半米深坑……却不知最渴望的水，亲手埋下的水，就在4公里外的地方。

时代局限了他，经验辜负了他，唯意志至死顽抗。拼死挖不出一滴水，藏刀掉落帐外，再捡不起的无力中，他挣扎着扎进帐篷，最后一次叠好衣服，卷好睡垫……仿佛人生最后的仪式，把一切叠得整整齐齐，一层层码在绣着“徒步走中国”的背囊上。

曾说过“死时一定头朝东方”，他最终失约，但已燃尽生命最后的能量，在孤身徒步罗布泊两天后，人们发现遗体的5天前……风沙又起，必临的时刻来临，赤条条的余纯顺左手成拳，呈起誓之姿，也许昏迷，也许清醒，一个人迎向这一生最后的挑战。

荒野谈

只此一生，人与永恒

1996年，我还年少，课堂上听闻倒在罗布泊的行者。一个个少年人，透过余纯顺，懵懂窥见了远方、生命的尊严与死亡。

2008年，奥运会刚过的大都市，互联网上看见走出罗布泊的雷殿生，我想起未了的徒步中国梦，没想到真有人走完。这一走，就是10年。

10年徒步全中国，这不是轻松的远足。

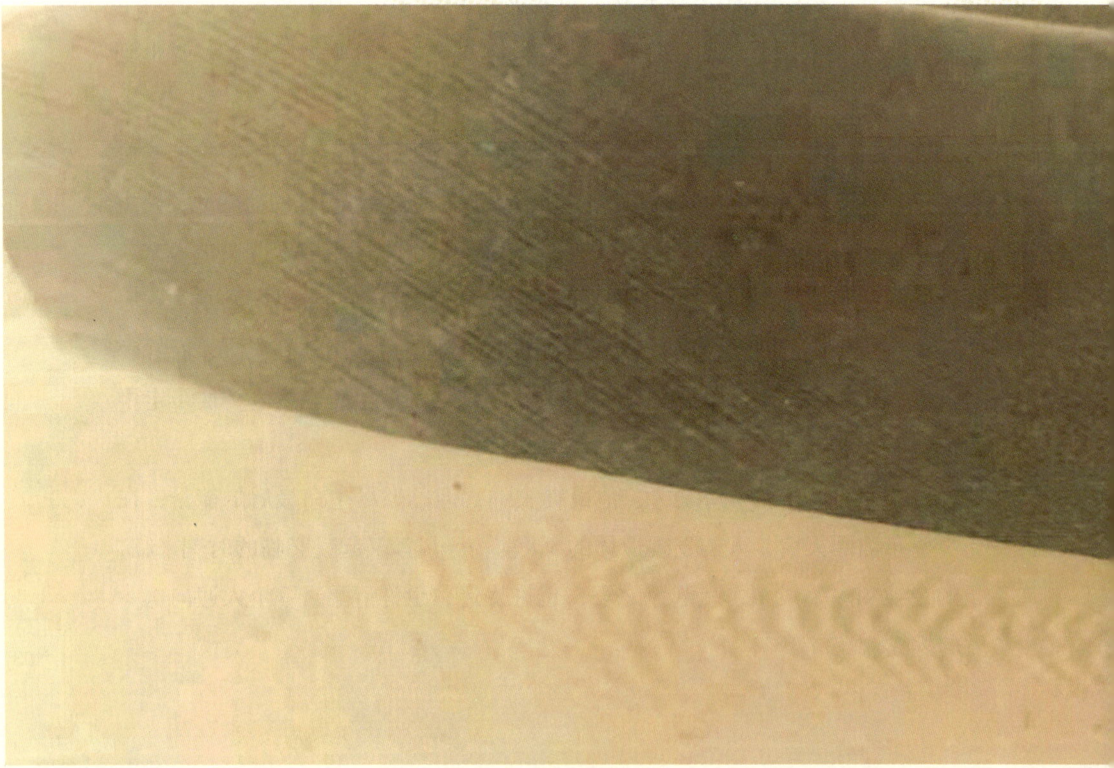

万里山河，千般险阻，无数磨难横亘。对于所有人来说，这个梦只是梦而已。

而真正去践行这个梦的人，在踏上长路前，早已吃过人生最大的苦，带着个人命运的偶然，也拖着特殊时代的长长阴影。

那是一代人的创伤，青春有憾的他们，内心渴望证明，缺憾需要弥补。其中最不安分的一群人，冲向母亲般的长江，开民间探险之先河；也终有人会投奔向全中国的路，以徒步为载体，去寻找失落的自我。

中国何其大，这是一条何其漫长的路。

漫长岁月，一路自然艰险，世俗误解，内心怀疑，生死考验……哪一项都足以把人压垮，需要的不仅是体能，更是一颗执着的心。

重温这一条最漫长的路，试图解读更漫长的心路，我发觉，追根溯源，不过是余纯顺曾说的“我不想白来这世上一趟”，雷殿生的“人要活出自己的样子”。

只此一生的短暂，让他们情愿把生命投入一种壮丽追求，渴望个人脚步能融入时代，融入某种永恒。这壮丽的追求，却有着不可承受之重。这重负或偶然，

1996年6月，最后走向罗布泊的余纯顺

或必然，让余纯顺永远留在荒漠，也引领了更多人走向远天下。一代代新脚步，不再那么沉重，不变的是对这片土地的爱，对生命的爱。

1988年至2008年，一前一后的身影，接力般的20年，终于有人走遍中国。脚下大地，一步步从落后到繁荣，从封闭到开放，从渴望财富到怀念理想……一年年的激荡变迁，何尝不也是我们走过的路。

有幸走出生死，雷殿生终于活出想成为的样子，用徒步中国的故事，继续慰藉着许多新时代病痛。

没能走进新时代的余纯顺，永远留在罗布泊，也还活在一些人心中。

有关死亡，生前他曾说，这是无论什么人在尘世最公平又必然的归宿。

很多很多年前，朝着必然归宿，这只鸟儿已飞过，奋力绽放过生之光芒。

很多很多年后，还望得见这一束光的人们，无论走在怎样的人生路上，陷在怎样的时代夹缝中，哪怕天空终不留痕迹，这世上不要白来一趟。

二·回归自我

浪奔浪流

把他们逼向自己的心

回到内心，也才真正深入荒野深处

迈过世纪的门槛

总有一种力量它让我们泪流满面。总有一种力量它让我们抖擞精神。

——沈颢《南方周末》，1999年

人的追求如河流分野，在新旧交替的20世纪末。

滚滚经济潮兴起，无数人下海下岗，渴望改变人生，又迷茫前路。各种传统观念被颠覆中，还有人做着上一代旧梦，渴望轰轰烈烈，商业却已渗透一切，包括曾被当“爱国壮举”的漂流……

日趋功利的社会，脱离主流的荒野跋涉，褪去荣光。但哪怕无人喝彩，1998年的雅鲁藏布江上，一群汉子依然搏击江流，被逼回个人尊严的坚守，反而让这一场漂流开始深邃，真正回归自我。

就像打开另一个世界，只是心向自然，不甘平凡，王铁男、杨春风等更多人开始走向身边山野。仿佛渴望一个超越生活的“出口”，他们开拓着荒野新路，披荆斩棘中，一次次点燃自己，不觉走到命运之外。

但世纪之交的人们，对远方依旧懵懂。一切野蛮生长中，也曾无知鲁莽，也曾沉痛反省，从玩命到惜命，从盲目到理性……换了时代，换了心态，一路蜕变，日渐清晰的是对山的深情，对自我的探寻。

而此时，新兴互联网打开又一个世界，无数志同道合者开始联结，新的脚步正走来了。

一条大江，二十怒汉

“

20世纪末，一场灾难曾席卷全国，就是那场1998年特大洪水。洪水过境，一群男人什么都没有，却冲向了世界海拔最高的大河——西藏雅鲁藏布江。一叶孤舟，搏击天河，像孤军，像流寇，一路形同乞丐，一行人完成了世纪末中国最后的探险。但这段惊心动魄的旅程，神秘消失在媒体视线，几乎没人关注，没人在意。孤独消失在深峡中，这20个男人曾渴望被看见，他们要闯过的也不仅仅是险滩巨浪，更多是与人“斗”。一路斗争，一路愤怒，让这段生死漂流出离了探险，而更有关“人”的尊严、底线和耻辱。

那个逐渐不再单纯的年代，利益刚开始渗透一切，这一群多数不懂漂流的人，稀里糊涂被推上世上最凶险的江河，就为给自己争一口气，一帮大老爷们儿一步步被逼成“疯子”。

在新旧交替的乱象中，他们苦苦抵抗，孤寂地划完最后一桨，中国从此再没有这样疯狂的漂流。

本篇供图：杨勇、冯春、税晓洁、李宏等

漂流旧梦

不太遥远的20世纪末，西藏还很遥远。百年不遇的1998年大洪灾正肆虐大地。从平原直上高原，满目都是泥石流，几乎被洪水斩断的天路上，长长的车龙堵得让人心焦。刺耳的喇叭声一声又一声，像快被摁出火似的，几个身上灰扑扑的男人索性大手一挥，匆匆跳下货车车厢。深一脚、浅一脚蹚进黄泥路，急行军似的，一行人踏上最后一段进藏路。

一心想早点儿进拉萨，这队人马已经迫不及待了。颠簸过千里青藏线，爬出拉牲口的大货车，不知多久没洗脸的一群汉子，活像刚出土的兵马俑，灰尘满面，却掩不住激动。大部分人还是第一次进藏，迫切想去看传说中的布达拉宫。一双双熬红的眼睛里，闪烁着的期待是再过几天，那一座梦中的白色圣殿下就将人头攒动，载歌载舞，无数人将为他们隆重壮行……拉萨只是起点，这支队伍此行的雄心全印在一溜儿鲜红色的背心上，上面写着4个齐整的大字：中国雅漂（雅鲁藏布江漂流的简称）。

"太不容易，这回总算能开漂了。"这群人燃烧着热情，风尘仆仆地总算摸黑摸进夜幕中的拉萨。一行人兴奋地推开指定招待所的大门，眼看一道大幕即将拉开般，女服务员却是一脸莫名其妙："雅漂……是什么？从来没听说过呀。"正撸起袖子准备干大事，一群大老爷们儿立时傻了眼，一张张黑红的脸膛面面相觑，转身炸开了锅："组委会那帮孙子……难道咱们又被坑了？"

仿佛一脚跌进大坑，但在路的最初，这一群汉子雄赳赳气昂昂，原以为自己将走向的是人生巅峰。仅仅两个月前，洪水还未降临，世纪末中国刚迎来又一个火热夏日，重庆火车站前，一张张欢迎的笑脸如阳光般热烈。接过鲜花，他们被隆重介绍说："这可是外地来的雅漂英雄……"湖北来的记者税晓洁脚下一阵发飘，如走进一个梦中。全国300余人报名，最终38位勇士入围，此刻他们云集重庆集训，将去实现人类首次漂流西藏雅鲁藏布江——这条世界最高的大河，还有全球最深最长的大峡谷。"这可是真正的男人的事！"火车上，税晓洁就激动得一宿没睡着。抵达驻地，他翻开当地报纸头条《雅漂好大阵势，150名中外记者申请随队采访》，一看计划名单，从中央到地方各级媒体都有……

这热火朝天的态势让税晓洁几乎晕了头，记忆里，上一场有关漂流的新闻大战远在12年前。1986年秋，云南虎跳峡旁，近百家媒体盘踞山头，镜头瞄准峡谷，滔天巨浪中，仿佛一出大戏开场，就等哪个不怕死的敢进密封船，冲进这个地狱狂峡，“死也要抢在美国人前面”，一寸不落漂完长江。

那时的中国，探险还像天方夜谭。这样的生死“真人秀”，正合“为国争光”的时代情绪。随着轰炸式报道，万里长江上，一场中美竞逐的漂流如天外陨石凭空落下，一时深深冲击20世纪80年代的社会，包括后来走向雅漂的每个人。

四川成都，人头攒动的报刊亭前，那年15岁的中学生杨浪涛推着眼镜，努力挤到前排，活像一个追星男孩，对每一天的报纸都翘首以盼，迫切追看“中美对决”的新剧情，尽管他还不知道虎跳峡在哪里。

陕西周至县，黑白小电视前，一屋子人围着看虎跳峡决战，惊呼连连，其中也有刚满17岁的税晓洁。人生第一次被点燃般，这个少年脑袋一拍，裹上军绿大衣，蹬上一辆女式自行车，一溜儿烟去翻越秦岭，在1986年冬开始了第一次远行。

就连在天边西藏，长漂也是当年热点。随父母援藏的青年罗浩，这个身高1.9米的彪形瘦汉捧着内地辗转运来的报纸，几回热泪盈眶。“就好像心底的英雄主义一下被激发了。后来才听说密封船不人性，老外从没见过这玩意儿。”

▲ 1986年，长江沿岸，全民热烈迎接漂流队员

无论热血还是盲目，1986年长江漂流让现代探险一进中国，就被封为“振奋民族精神壮举”。但一叶小舟怎载得动家国大义？1987年，黄河漂流紧随而来。从长江到黄河上一连遇难17人，一纸“不提倡”禁令，让刚兴起的漂流热在中国转瞬降到了冰点，从此漂流10年沉寂。

时代向前，转眼来到12年后，被遗忘的漂流这才死灰复燃，再一次密集出现在各地报纸上。1998年2月，重庆某组织宣称：将在7月进行中国人首漂雅鲁藏布江，力争让其“壮烈场面超过长江漂流之虎跳峡，惊险程度超过柯受良之飞黄河”。

天南地北，人们在报纸上看到同一条新闻，12年前曾被长漂振奋的人，如今已从少年变青年，青年近中年。所有人的热血顿时重燃，300多封报名信从全国各地雪片般飞来，一封封热情洋溢的文字，都盼着能被选中。

一样被重新点燃的也有漂过长江的人。12年前，曾是长漂10人敢死队一员的冯春，当年一回到攀枝花原单位，就被当成英雄。在一片鲜花与掌声的簇拥中，他闯过大江大河的这颗心再难安分。“就像和平年代的一场战争，一个男人的英雄主义甚至虚荣心一下就被满足了。”那段搏命浪尖的时光实在太过瘾，他一直渴望再有这样的漂流，如今又冒出这等机会，怎能错过？只是时光流转，当年坐在船尾掌舵，被称“老幺”的冯春转眼成了“幺哥”。如枯树逢春，人到中年的幺哥再操起船桨，迎面而来的这支新队伍已截然不同。

好汉聚义

12年一轮回。重庆铜锣滩集训地，锣鼓喧天的新闻发布会上，又一群人面泛红光，豪壮如好汉聚义。还没开漂，一些队员已经胸戴红花，被家乡单位、媒体如英雄般欢送，尽管多数人从来没有碰过漂流。带着再一次万众瞩目的预期，有人期待将来“捞”个“杰出青年”“红旗手”等称号，有人盘算着回来多个光鲜的履历……而12年前，迎向一无所知的长江，幺哥被当不务正业，父亲气到差点儿断绝父子关系，出发时工厂没一个人来送。一腔爱国热情下，他个人唯一的小心思也就是逃避失恋的痛苦和单位的管束，完全没想到后来长漂会那么轰动。

上一代热潮退去，在1998年的中国大地上，正赚足全民欢呼热泪的早不再是“打败外国人”，反倒是法国世界杯、美国大片《泰坦尼克号》。长漂已过12年，民族尊严不再那么敏感，但人们依然不懂探险，更关心漂流能带来的东西。

以雅鲁藏布江之名迅速聚拢的这支漂流队，老一辈看着不单纯，新一代却觉得太单纯。爱好摄影的成都警察李宏热情报名，也挤进了队伍。可一进集训队，他感觉像一脚掉进幼儿园。见多了三教九流，可他从没有一下碰见过这么多疯狂的人。这群人徒步长江、黑竹沟找野人，甚至自制滑翔机摔得鼻青脸肿……一群陌生汉子深夜围坐着，眼里放光，眉飞色舞地聊着各自的经历，李宏暗暗咂舌：全社会都在忙着赚钱，这帮人却热衷冒险，这在当年是相当另类的。因为另类，这些人往往和社会格格不入。平步青云，20岁就当上西藏摄影家协会秘书长，30岁调到成都机关的罗浩早早就开上人人艳羡的小汽车，哪怕这样，心里却是一肚子悔。成天喝茶的机关生活实在让他憋气，这个曾多年生活在西藏的外地人，一心想借着漂流重回西藏。这些人中也有些生活不如意者。集训报到时，张建旺刚从重庆地质队下岗。他是背着麻袋来的，整个人也破落如麻袋，一脸苦大仇深，被队友戏称“苦菜花”。他的想法很简单：“迟早让那些瞧不起我的人，看看老子也能成大事！”

身份迥异，但这群人在单位都待不住。社会急剧变革的大潮中，他们仿佛心里憋着一股劲，大多渴望寻找一个轰轰烈烈的出口，而非在意漂流本身。不少队员坦言，自己其实对漂流没有特别的兴趣，哪怕是被召集去登山、徒步，只要能轰轰烈烈就行。

1998年，雅漂队员会聚重庆铜锣滩集训

“尤其组委会当时提到，队伍正式出发时，成千上万人会在拉萨欢送勇士，有藏族少女跳舞，有红衣喇嘛祈福，有长号齐鸣……”当年听得飘飘然，李宏多年后再回想，摇头感叹：“那时的人太好骗了，大家都还不会用互联网，报纸上说什么就信什么，谁想得到，最后会是空前的惨状。”

不对劲的征兆，一开始就已显露。集训人群一进门，拿到手的雅漂队服红黄相间，薄得透亮，不防风更不防水，是地摊最劣质的那种。而大家每天的伙食只有馒头咸菜，人高马大的队员们根本吃不饱，一个个凌晨饿醒，忍不住去反馈，食堂管饭的人却斜眼一瞥，冷冷打发一句：“这点儿苦都吃不了，你还怎么去西藏？”

虽内心疑惑，但谁也不敢抱怨，此时大家都套着一个紧箍咒：集训38人，最终只入选一半，每个人都生怕被淘汰。另一个盘旋头顶的担心远在雅鲁藏布江下游，那个由冰川、泥石流、绝壁和巨浪冲撞出的世界第一大峡谷，据说比虎跳峡还凶险千百倍……

越艰险，也越能激发斗志。仿佛集体掉进一个熔炉，这群以二三十岁为主的汉子，一天天大炼钢铁似的去划船、集训，直忙活到夜里熄灯，还在兴奋地卧谈着探险、足球等一切男人感兴趣的话题。每个人都摩拳擦掌，带着上战场的豪情，谋划着如何战胜共同的假想敌——天边那一条大江。

眼看20天集训结束，好汉们已是离弦之箭，战鼓擂了一遍又一遍，可组委会却莫名熄了火，一夜间，人不见了。“好像没找到钱”“好像要取消”……小道消息像一根导火线，人人心间开始蹿火。大家议论纷纷，不知前路，一群人一时成了没头苍蝇，下一步毫无安排，就被没头没脑地推上归程列车。脾气最火暴的罗浩坐不住了，直接翻下车窗：“不行！这事难道就完了？”但凡一有人挑头，一群感觉被耍的大老爷们儿不能忍了。挥着膀子，一个个跳下车，他们得回去要个说法。

“杨队长，你给句老实话，你是不是也被坑了？”罗浩风风火火折回来，冲进一间间办公室，找不着组委会的人，他一肚子火，忍不住喷向了这群人的队长杨勇。所有人的目光跟着齐刷刷投向角落，队长正在那里，一个人闷头抽烟。

烟雾缭绕中，这个浓眉大眼的男人，一脸方正，话最少，但最服众。往前数12年，杨勇就曾站在长江漂流的潮头。队友群情激奋，唯独他痴迷地质，满心忧患着沿岸水土流失。漂进20世纪90年代，别人下海经商，他却心系江河，想去考察河流，哪怕高利贷借款5万元，被经费困扰也在所不惜。1997年底，雅漂组委会有人找来，想邀他做雅漂队队长，杨勇欣然答应。这条世上海拔最高的大河，一心想去科考的他在地图上研究很久了。

只是，上一代的理想早已落幕，世纪末的下海潮中，曾轰轰烈烈的漂流，竟也被嗅出商机，从爱国壮举演变成一场商业行为：这次雅漂实际上由一家私营公司运作。

12年一转眼，从长漂到雅漂，杨勇一眼看到了时代变迁。但他可以理解，理想离不开现实。“现在是商业社会嘛，因为各种目的聚在一起，我能接受，只要大方向能办成就行。”难以接受的是毫不知情的雅漂队队员们。“敢情我们一直被蒙在鼓里。”还没报名时税晓洁就曾担心过：“钱够吗？”当时得到的答复是：“这是由政府组织的一次严肃的、规模空前的大活动。”

如果不是官办，很多队员觉得自己压根儿不会报名。向往长漂轰轰烈烈，但时代变了：集训竟如“钓鱼”，被炒作成“勇士”的他们，只是吸引赞助的鱼饵。可集训眼看要结束，组委会多方奔走、百般努力，一笔像样的赞助都没拉来……仿佛戏台塌了，队员们这才后知后觉，活像鱼儿搁浅一般蹦作一团，一心想要讨说法。夹在中间的杨勇也很为难，烟一根根抽着，他给出自己的承诺：“不管怎么样，我用人格担保，一定不会让雅漂半途而废的。”

逼上梁山

“老幺，实在不行，就咱们集资，每人5000块。”僵局之下，杨勇揪了不知多少次乱发，拉上曾一起长漂过的冯春，最后他决定自己干。不惜自掏腰包，不甘放弃的一群人刚重拾起雅漂大旗，苦盼多日的组委会又冒了出来。经过一轮轮火药味十足的谈判，最后约定：队伍先慢慢到拉萨，组委会肯定筹得到钱。

既然上了这条船，大家只能硬着头皮再相信组委会一次。以为是一时波折，1998年7月30日，队伍终于盼来从成都出发的日子，一个个汉子披红挂彩，喜上眉梢，好了伤疤忘了疼似的，一张张脸上掩不住地兴奋。憋了两个月，他们太渴望“上战场”了。

目送队友钻进大卡车，奔向青藏线，唯独罗浩像一根光秃秃的旗杆杵在原地。最熟悉西藏的他一扭头，死活不去了。“我最讨厌钩心斗角。在西藏，人和人说不

1998年，迎向雅鲁藏布江激流

好就干一架，打完还是好朋友。这些人怎么这样？”雅漂的复杂远超预期，这群人的怒火仍然没有烧完。送行27天后，半夜铃响，罗浩接起电话，电话那头一向镇静的杨勇声调都变了：“这事可能要黄，还是去不了。”这个夏天，洪水突如其来，筹款更难了，还是没钱的组委会最终摊牌：队伍就地解散，明年再漂。

“太可气了！”一拍大腿，本已退出的罗浩决定明天就走。“他们搞不成，还不让我们去？必须争这口气。”第二天，这个“西藏通”就直飞拉萨，去帮雅漂队办理边防手续。简陋的招待所内，再重逢的队友打着地铺，东倒西歪得如一片霜打的茄子，全蔫了。一时间大家又不知何去何从，有人不甘：一路煎熬到这里，几个月的付出全白费了？有人动摇：雅漂什么也带不来，还值得冒险吗？有人憋屈：这怎么和单位、朋友交代？丢死人了。也有人愤怒：不漂就真成了棋子，就是对骗子认输……

百般情绪，七嘴八舌，十几平方米的小屋里一群人或站或坐，像抓住最后一根稻草，目光全压在队长身上。才几日，39岁的杨勇鬓角就愁白了。他早已用人格担保，如何能退……他不会退，去留全在队员自己。面对一纸“全体队员集体脱离组委会”的《联合声明》及“生死自负”的责任书，最终8人退出，20人签字。全队投票，最终由杨勇任队长，冯春、李宏、罗浩任队委。

还没开漂，就已开始了大浪淘沙。杨勇、冯春看重的“高大帅”主力，一看苗头不对，几乎都撤了。留下的，居然多是最初看不上的“老弱病残”“小人物”，包括司机张超。到拉萨还没有收到车钱，如果司机也撤了，雅漂就真完了。眼看这帮人为了尊严不惜拼命，发愁车钱的张超实在没法抛弃大家，“人总要做点儿不为钱的事”。

一个月前，在成都，张超开着拉牲口的大卡车，像奔赴战场一样拉上这支队伍。1998年8月28日，从布达拉宫广场再出发时，司机眼里的这队人马转眼如同“弃儿”。一边是冷冷清清的广场，除了几个藏族朋友，没有一家媒体捧场，没有一个路人关心……一边是一帮粗野汉子的自我陶醉，合影时眼睛直冒火。哪怕什么都没有了，一股无言的愤怒把这20个不肯退却的男人绑在一起，好像被逼上梁山要去替天行道，而非为了漂流本身。

“老子要漂啦！”卡车开动，车厢里爆发欢呼。远方波涛汹涌，奔腾着这世上最凶险的江河。而他们的全部现金已不足5万元，装备比12年前长漂还要简陋。有些人甚至还不会游泳、划船。一群老弱病残，像孤军，也像乌合之众，漂得下去吗？快颠散架的车厢里，不知谁喊了一句："管他娘的！先干了再说。"

拉萨只是起点，穿过海拔5000多米的高原，颠簸西行又10日，一片银色冰川在荒野尽头涌出，那就是雅鲁藏布江的源头杰马央宗冰川。冰川融水前，一个个奔跑上前的汉子灰头土脸，喘息环顾着，一下子爆发欢呼，流着热泪拥抱彼此。从1998年6月集训至今，整整3个月，会聚到雅漂旗帜下的这群人没想到会一路与人"斗"，但好歹"斗"上来了。

1998年9月8日，当雅漂旗帜扬起，4条红色橡皮艇横列冰川，仲巴县普琼书记热情欢送，队员们正热火朝天准备开漂，不料一辆警车"杀"到——县里接到电话，说雅漂是非法的，沿江各县城不予接待，"99雅漂"才是真正的队伍……藏族干部们一时蒙了，争抢上船的队伍也遭到当头一棒："什么99雅漂？他们还想明年首漂，那我们算什么呢？"

愤怒也是动力。12年前，上一代长漂大汉们拼命不让美国人首漂。1998年雅鲁藏布江迎来的首漂者，最激起斗志的居然是"决不能让组委会抢先"。同样是为尊严而战，只是12年前是民族尊严，现在成了自己的尊严。

迎着迷宫般的水网，4条船载着队员，在兴奋与怒火交织中，他们开始漫长漂流。高原天河，终于向他们拉开帷幕。人间舞台，也在身后骤然落幕——当他们挥桨江上，实际已撤销的组委会向全国媒体发去传真，说这支漂流队被杨勇"煽动"，希望新闻单位"慎重报道"……一纸堪比"封杀令"的传真，让这支才上路的漂流队，在公众视野近乎消失。

生死峡谷

苍茫荒原，眺望队员消失远去的开阔江面，一天天等不着人，岸上接应的司机张超快等疯了。原定4天的水路，苦守7天后，他才盼来江面冒出的一个个小黑点。"快，快给老子拿点儿吃的。"仿佛一群水鸟苦苦挣脱出水网，队员们扑腾着上岸，一股脑儿扑到大锅前，一顿狼吞虎咽。船上食物早已耗尽，他们32小时没吃一口饭了。

饥饿从一开始就折磨着这支队伍。为了省钱，雅漂队伍一路上的伙食只有早晚两顿。雅鲁藏布江源区远比想象的更加考验耐力。几乎静止的水面上，经常是他们往前划100米，风一吹就倒退50米。一天12小时划桨2万余次，快划疯饿疯的队员们只能疯狂幻想美食，放言回家头4天要“大吃大喝”。

严酷环境逼得这帮男人愈发粗野，也格外脆弱。当普琼书记赶来，望见这一张张高原曝晒过的脏脸，黑黄红白，活像唱大戏的丑角们，他不禁举起酒杯：“不管雅漂怎么回事，我看到的各位是一群能吃苦、能战斗的汉子。”话没说完，书记哭了，幺哥也哭了，“一路坎坷，总算有人给点儿温暖，一下像在乌云缝隙中见到太阳一样”。

遥想12年前，爱国旗帜下的长漂，一路鲜花掌声。雅漂队队员也曾被媒体称作勇士，怎么转眼成了盲流？“这好歹是件好事，怎么会这么多阻挠……一切就因为‘利’。”悲愤交加，幺哥一把抹去热泪，嗓门提高八度：“告诉你们，这事黄不了。”

组委会不再支持，危险的暗影也正逼近。划出平水区，水流“哗哗”加速，雅鲁藏布江开始显出狰狞。举起望远镜，杨勇一遍遍眺望水情，最让他不安的是从萨嘎到拉孜的抗耐峡谷。围绕这座峡谷，一份资料说落差30米，另一份却说落差150米，且两岸陡峭，无法接应……如果后者属实，那其凶险程度不输长江虎跳峡。

“但愿资料印错了……”队里资历最老的杨勇、幺哥，曾亲历长漂10人遇难的惨烈，不敢掉以轻心，他们谨慎决定：这一段缩减成12人两条船。幺哥生怕出事，甚至找来两根大木棍，准备把两条船绑在一起，冲击险滩。新一代队员却是无知无畏，为了争抢上船，有人还想拿两包烟“贿赂”杨勇。漂在风平浪静的水上，眼看两位前辈沉着脸，他们也犯起了嘀咕：“不就是划船嘛，有这么严重吗？”

还没上过网的年代，这群人虽漂在江上，却都没认清这条大江，他们大多从没想到过死。“就知道上游特别高，没想过啥子危险。”直到即将下水，税晓洁举着相机冲上来，要给每个人拍张特写，气氛一下凝重了。“你拍好看点儿，万一挂了，这照片可就值钱了。”面对镜头，队员一个个牵强地笑着，有人心里发毛：“感觉这小子在拍遗像……”

前路难卜，载着12人的两只船像断线风筝般消失在峡谷。原定7天的水路又一次严重超时。一天天没等到人，税晓洁蹲守在江边，望向滚滚奔来的雅鲁藏布江江水，又想队友赶紧漂下来，又怕漂下来的是什么遗物……不禁想到曾唤起年少热血的长漂：“明知道可能会死，他们为什么非要去呢？”他没有答案，更不知峡谷深处，那“12人敢死队”正面临怎样的生死抉择。

“到底漂不漂？”仿佛乘着巨龙，两只小船奔腾向前，忽遇两座大山如巨门耸峙，雅鲁藏布江猛然收窄，龙头一下扎进幽深山缝，再看不见前路。传说中的抗耐峡谷到了？正冲滩冲得来劲，杨勇回头高喊了一句：“冯老幺，干脆冲进去算了！”坐镇船尾的幺哥伸长脖子，连连摆手：“不行，冲不得，咱们还是先看一下再说。”

几小时后，几个队委爬上岸边峭壁，隔着丛林断崖，终于窥见峡谷深处。两山夹峙中，一条大江白浪翻滚，险滩密布，四级、五级、六级滩一个接一个……幺哥背脊发凉，万分庆幸，“还好刚才一句阻止。真冲进这个鬼门关，雅漂队就全军覆没了”。

“真悬啊，真是又一个虎跳峡。”杨勇也倒抽一口冷气，继而矛盾起来：雅漂装备太简陋，全程漂下去，肯定会死人。按国际惯例，遇险滩可以抬船而过；但以雅漂的处境，抬船过滩，搞不好会被当作负面教材。“对于某些人，似乎只有死了人才能证实其难度，才足够刺激，才能证明什么……”

这矛盾，一如12年前长漂虎跳峡，“明知要死，为什么送死？”看客眼里最热血的决战，曾身在其中的勇士们却最煎熬。“一寸不落，是中国人给自己绑的枷锁。一堆记者镜头对着你，不漂怎么向全国人民交代？实际上，真正的漂流不是这样的……”一想到为此牺牲的队友，幺哥就莫名心痛：“老外漂不过去就不漂，不丢人。时至今日，我绝对不能用队员的生命去换取外界的鲜花和喝彩。”

“幺哥怕死，他不漂，我们漂。”个别队员却不领情，吵得最激烈的是重庆队员聂丹陵。习惯性两手叉腰，身材敦实得像尊门神，被戏称“老英雄”的老聂，英雄情结最重。12年前，电视上围观长漂，一看虎跳峡有人遇难，他热血上头，曾一心想追去报名，“觉得那才是英雄，宁可战死，决不后退一步”。

究竟有多险？不亲眼看看，一些人没法死心。第二天，不信邪的“老英雄”拉上几个队员，自己去看水了。他四肢并用，爬上悬崖，探头一望脚下大江，江水竟像一锅锅煮沸的白水翻滚，掉下去，只怕魂都搅没了。“抗耐是个转折点。”涛声如雷中，同行的成都队员张涛这才第一次真正认识这条大江。“之前完全不知道多险，因为‘雅’字，总觉得它很安详。这回上山一看，简直是一条暴龙……”一行人面面相觑，转头揶揄“老英雄”：“咱还漂不漂？”“这个……”

弹尽粮绝

“到底漂不漂？”在困守4天后，这个矛盾再一次悬在12人心头。善心的村民不惜耽误秋收，护送雅漂队把几吨物资打出抗耐峡谷，又一条特级险滩再一次横亘眼前，白花花的巨浪翻滚如索命白练。杨勇忧心地来回踱着步，幺哥一遍遍看水，感觉似乎可行。最激进的是“老英雄”和廖中行，年近50岁的他们开始一个劲儿怂恿：“如果50%危险都不愿闯，还探什么险，岂不是沽名钓誉？来了，就豁出去了。”

江边围观的藏民黑压压一片，村民无比好奇，全睁着亮闪闪的眼睛，打量外星人般直瞅着这一群江上来客。这群来客却是面色复杂，刚见识过抗耐的凶险，眼前这条波拉滩又会有多凶呢？年轻队员们一个个低垂着头，不表态，不说话，但也没人敢说一个“怕”字。

“第一次被这么多老百姓盯着，我没法𡱁。”李宏负责队伍思想工作，这一次自己却想不开了。众人围观的压力空前，他感觉不能不漂，而且要做好最坏的打算，他和队员反复强调：“如果有人落水，为了集体安全，决不能施救。如果翻船，那就大家各奔前程，全靠自救。”

整整研究了三四个小时，杨勇一遍遍强调各种“必须”。犹如战士冲向沙场，12条汉子握紧船桨，屏住呼吸，冲向了第一个生死攸关的险滩。漂流没有刹车，一冲进大滩，整条船就成了一片树叶，仿佛被丢进一锅翻腾的沸水，飞旋着，撕扯着。猛一个巨浪扑来，小船瞬间没影了，浪花占满整个镜头。“完了，全完了……”岸上的摄像师林波手一抖，心一凉，还好下一个瞬间，一叶小舟又奇迹般冒出水面。

江上一船的人正骑虎难下，活像骑着一只猛兽，一会儿被高高抛起，一会儿被砸进水中。白花花的大浪打得人都蒙了，看不见前方，挥不动船桨，耳边全是江水咆哮，还有杨勇、幺哥的嘶吼：“不要停桨。小心礁石。快抢！”

屏住呼吸，才钻出一个大浪，一面四五米高的水墙又迎面劈来。船被掀得几乎直立之际，张涛感觉自己快掉进水里了。“翻了！完了！”他发自本能地挥桨，哪怕船桨像插在水泥里一样挥不动，也只能拼死抓紧这最后的稻草……所有人咬紧牙关，也不知撑了多久，终于爬上岸，他们一个个像搁浅的鱼儿，浑身湿透，冻得瑟瑟发抖，谁都记不清是怎样冲出这个滩的。连最冲动的“老英雄”也心有

▲ 雅漂队队员闯滩瞬间

余悸，瘫倒在岸边，直摸胸口："排山倒海，老天保佑，就差那么一点点……"

"真正认识漂流，就在波拉滩。"迎向滔滔大江，"老英雄"原本有点儿征服心态，但一过波拉滩，他终于知道在大自然里自己是多么渺小。"不是我们胜了，只是老天侥幸放过我们。"

在水里，他们没空恐惧。再上岸，内心冲击开始弥漫。不少人如今才肯坦言："漂过波拉滩，再冲滩时，心里很怕。"但无论出于面子还是士气，当日身处绝境时，没有一个人敢说害怕。

水中艰险，上岸则面临更大危机：因为被困峡谷，漂流严重超时，他们的粮食就快耗尽了，现在一天只能吃一顿稀饭、两块压缩饼干。水里搏命如斗士，上岸落魄如难民，一群人冲击着一个个险滩，完全不知何时才走得出峡谷，会不会丢命……

更煎熬的，是内心茫然。此时正值国庆，江边燃起篝火，队员们颇具仪式感地齐声唱起《歌唱祖国》，可冷冷清清之中，祖国却似乎把他们忘记了。“咋就没有人给远在天涯的我们点一首歌呢？”大家躺在帐篷里，唯一的收音机里传来远方人们为亲友点播的节日歌曲，幺哥幽幽一声叹息。没有人吭声，黑暗中，一片沉寂。

“为什么要这样漂下去？有什么意义呢？”睡不着的张涛钻出帐篷，独自在江边发愣。28岁的他只是天真地向往西藏，没想到被组委会闹到最后，雅漂的目的成了“和兄弟们一块儿争口气”。可当愤怒、兴奋退去，身处严酷的自然里，他开始怀疑此行的意义。

谁都不吭声，但一片阴云笼罩中，队伍心态在悄悄分化。年长的较死硬，51岁的廖中行是成都教师，把雅漂当作人生最后的疯狂。除了杨勇，他在船上时间最长。

曾因一腔怒火重回雅漂，罗浩却每一天都暗暗矛盾。自己觉得无比光荣的事，为什么会如此被冷落？闯过险滩，几回出生入死之际，他不禁想起家里患有心脏病的女儿，“干吗来冒这个险，好好活着不好吗？”转而埋头叹气，“这件事就做了。不被认可，就认了。”

和罗浩一样也在努力“勉强自己”的，还有27岁的成都青年杨浪涛。怀着年少长漂梦而来，现实却完全不同，一天天机械式地挥桨，被江水推涌着向前，他感觉心中对手已不再是组委会，而成了自己。“就像一场没有目的的漂流，只能硬漂，只知道不坚持到底，这件事就永远是个耻辱。”

可现实是，没人关心他们的尊严或耻辱，这支队伍就像从世上消失了，独自挣扎在这一条大江深处。但最艰难的路，往往最团结，当冰雹劈头砸来，一起躲在大石头底下的十几个大老爷们儿像挤在沙丁鱼罐头里，瑟瑟发抖，抱成一团……摄像师林波默默拍着这一幕，感觉自己也正在“被同化”成这支队伍的一分子，而不仅是影视公司派来拍纪录片的。“大家在一条船上，命也绑在一起。不抱成一团，你活不下去。”

原定7天的水路，划到第12天，10月江水已近0℃，队员们脸色铁青，冻得牙齿直打战，还得硬着头皮往下划。他们已经彻底断粮，更糟的是船里漏满了冰水。张涛冻得快感觉不到双脚的存在，操着越来越沉的船桨，他感觉全队人的精神都快垮了，可不划下去更没有活路。

“事已至此，哪怕不行，你也得行。”廖中行是冬泳健将，也扛不住这钻心的冷。冻得几乎要一头栽倒。每个人都在咬牙忍着，直划到夜色降临。一片漆黑中，有人再也忍不住，近乎呼救地喊道："队长，我不行了……"

眼看就快绝望，一点灯光如闪电，蓦然划破夜幕，他们终于重返人间。冲到岸边，苦等12天的税晓洁拥抱住一个个摇摇晃晃的队友，顿时热泪盈眶。"还好，12个兄弟一个也没少。"上岸的人脸色已近死灰，一句话都挤不出来。罗浩浑身颤抖，手抖得捏不住递上来的烟，赤身裸体被塞进睡袋，他无意识地呻吟着："冷，冷……"

穿过地狱般的峡谷，他们总算活了回来，岸上迎来的却是又一重击——曾答应资助的影视公司决定撤出。这是雅漂唯一的资金希望，但阴影早已笼罩。早在一个多月前，去雅鲁藏布江源头的路上，影视公司派来的代表唐小姐才到萨嘎，就突然要走。要是这时送她回拉萨，往返上千公里荒原，再耽误一周，雅漂就更悬了……无奈之下，一群汉子里三层外三层地围着这唯一的姑娘，低声下气劝了半天，换来的却是一句："我随时可以让公司撤出。"一听这话，一脸斯文的张涛一口唾沫吐地上，撸起袖子恨不得冲上去。队友赶忙拦腰抱住，一把捂住他想大骂的嘴，一个劲劝："为了雅漂，千万不要因小失大……"

"一群大老爷们儿居然被一个小姑娘以钱威胁，任意侮辱。"张涛再也忍不住一路的心酸，眼泪止不住地往下掉。所有人都很憋屈，一路都很压抑。那一晚，一群汉子别过脸去，一个个都红了眼眶。

闯过生死激流，资金的阴影再一次压了上来。这群大老爷们儿已是弹尽粮绝，队伍只剩4300元，而行程还未过半。愁云惨淡中，一路被大家当笑料的"苦菜花"半夜偷偷拖着船，准备一个人下水。罗浩听到动静，冲出帐篷赶忙喝止："你疯了吗？""我死了，不就有20万元保险？你们拿着，继续漂……"

最后的希望

开漂近两个月，这群"弃儿"沿着这条西藏母亲河漂回拉萨，再一次不知何去何从。上一回从拉萨出发，生怕组委会搞破坏，幺哥一度把橡皮艇的气门芯揣在怀里。中途归来，没想到又遇新的对手。为了防备影视公司临阵脱逃，他们把唯一的一台摄像机也藏起来，无奈雅漂压力最大的，竟不是漂流本身，而是不得不和人斗。

几乎是举债漂流，杨勇一心指望能拍一部纪录片将来还钱用。一路好似提着脑袋的队员们，更把纪录片当作“唯一的证明”——无人关注之下，他们还奢望着有朝一日在影像中重新证明自己。雅漂漂到这里，杨浪涛觉得大家已经没有任何利益驱动，队员唯一的指望也就这么一点儿名分。“谁拿命搏一件事，不渴望被认可、被尊重呢？”

长途电话里，杨勇百般游说，影视公司铁了心要撤，给出看似合理的理由：有几段不漂，怎么算漂流？新闻不力，有分量的报道至今没有一条……拥挤的房间里，打着地铺的队员们轮番游说林波：一定要有影像记录，摄像机就当借用，咱可是生死兄弟。

一时间，林波成了最尴尬的人，夹在兄弟与公司之间，谁也不能背叛……最终他只能选择中立，不走，但也不拍了。苦苦相劝的队友，却不能体谅彼此的处境。李宏一拍桌子，气得想制造一场翻船事故，让林波“消失”。一夜之间被孤立的林波也有些失望，在他眼里，这些队友变成了“疯子”，不管不顾，完全陷进这件事里。“一群老实人，一步步被逼得像亡命之徒，恨不得谁挡路谁死。”

已近走投无路，又被烈火浇油般，凌晨2点，警察竟然上门，有人报警说他们抢了摄像机。如果不是李宏也亮出警官证，及时平息怒火，差点儿就有人拔刀了。“什么都快没有了，总得给我们留下点儿东西吧。”愤怒之下，摄像机成了一个底线，成了最后的希望，哪怕没有人拍摄，他们也一定要守住。

软硬兼施下，雅漂队最终留住了摄像机，一些重要队员却留不住了。当单位领导电话追来，要李宏回去参加全国公安大考，不参加就下岗，他也犹豫了……一样为难的还有罗浩，女儿要做心脏病复查，他也要回去。但女儿的病不是全部理由，决意离去的罗浩觉得心太累了。

两员大将要撤，“军心”怎能不动摇？陷在两难里的李宏想给大家打打气，一开口却成了骂队员，也像痛骂自己。“你们吃了这么多苦，如果不漂下来，简直不是爹妈生的，也对不起自己……”他骂得越凶，队员们头低得越低，每个人都心事重重。

有关去留，一时间队伍出现两种倾向。一直找不到意义感的杨浪涛也很矛盾，漂到拉萨似乎也算漂过雅鲁藏布江了？“如果杨勇那时候说一句‘解散’，也许大家就散了。”

前路茫茫，拥挤的小屋里，杨勇如困兽般来回踱步，他感到每个人的眼睛都在追他。私底下，他一天天掰着指头算钱，要完成雅漂，至少要负债十几万元。一向不求人的他，连长漂兄弟都找了。老友们只给撤退路费，并传回劝告："不是不帮，是怕你们出事。没条件就别漂了，没有人逼你。何苦来哉？"

头顶着所有人的目光，掐灭兜里最后一根烟，一向抠门的杨勇咬咬牙："接下来一切债务我个人承担，就是大家要有吃人间最大苦的准备。"面临快解散的摊子，队长再一次扛了下来，转机也似乎来了。一个激动人心的消息传来，1998年10月底，中国科学院将带队首次穿越雅鲁藏布大峡谷，媒体一夜聚焦，雅鲁藏布江顿时"热"起来了。

从冰川汇聚成河，如一条巨龙奔腾上千公里，雅鲁藏布江裹挟着这一群汉子，从喜马拉雅山西端直奔东端最后的冲撞点——那是世界最深、最高、最长的大峡谷，仅213公里长的江段，落差竟达2000多米。狂涛怒浪，足以将人粉身碎骨。曾有美国探险家断言，这里"永远无法漂流"。1993年日本人一度尝试，才从支流帕隆藏布离岸，几秒就被卷入江心，队员武井义隆从此失踪。

以雅漂队的简陋条件，再漂下去无疑是送死。将漂流改为徒步考察大峡谷，杨勇觉得是"没有选择的选择"。一想到即将同行的科学考察队，仿佛即将看到曙光，自封游击队的他们，就盼着"见到八路军吃顿好的"。更有人打起小算盘："还有那么多记者，肯定也会报道一下我们的，让全国人民知道还有这支民间漂流探险队！"

穿过50天激流，一叶孤舟终于迎向水上终点派乡（西藏林芝地区往墨脱县城运送物资的中转站），一身破烂的他们在船上手舞足蹈，扯着嗓子喊："你们好！"岸上人却指指点点，如看笑话："这帮人是杂牌军……"随行央视记者马挥一听火了，他曾在10多年前参加黄河漂流，深知漂流不易，"不管别人是什么队伍，一个人用生命在做事，就值得尊重。"

一上岸，雅漂队的万分期待落了空，只有马挥等3人迎上来，悄悄塞了800块钱就转身走了。当晚，拎着仅有的几包榨菜，杨勇前去还礼，还没聊几句，马挥就被叫了出去。听着门外声响，仿佛穷亲戚坐着冷板凳，杨勇不禁挺直腰板："咱也不能跌份儿了。"一回去，杨勇连夜开会，交代队员要注意形象，不要和科学考察队起冲突。那边，科学考察队也连夜开会，强调对雅漂队"不接触、不宣传、不援助”……背夫转眼被科学考察。

又一次，他们低估了人心，也低估了大峡谷。峡谷入口派乡从不曾有的热闹中，科考队转眼把背夫抢光了——他们的背夫费就有45万元，足足雇了160多人。雅漂全部公款不足2万元，勉强找到8个背夫，才到加拉村，就有4个人嫌太苦，转身不干了。群山夹峙中的加拉村，再往前，就是最神秘的核心无人区。走到这儿，他们才知无人区至少有20天路程，而全队只剩80斤口粮，集体闯进去肯定饿死……再一次，雅漂队进退两难，只能兵分两路：一分队8人进无人区，二分队返回派乡去走墨脱。一路拼到最后一关了，哪怕凶险，也没有人肯退。所有目光再一次压在队长身上，杨勇不忍心，但必须狠心。前路难卜，他只能选择更身强力壮、更可能活下来的。

▲ 沉思中的杨勇

宣布名单时，所有人都眼巴巴地望着队长。杨勇深吸一口气，才念完，上一刻还鸦雀无声的一帮人，顿时就炸锅了。有人嚷嚷着退队，有人要和他绝交，“苦菜花”一把拔出匕首，眼睁睁要往自己胸口捅……“你们再这样，我就解散雅漂队了。”杨勇急得第一次大吼，队员们像被一盆冷水浇下来，一个个垂下头，甚至有人开始哭了。

吹胡子瞪眼完，杨勇转身就变成“老妈子”，端着碗，一晚上蹲在帐篷外，苦劝“苦菜花”吃一口饭。第二天出发时，“苦菜花”还苦着脸，却掏出全部的压缩饼干塞给了杨勇。前路凶险万分，虽万分不甘，但他们都怕有些兄弟再也见不到了。

地狱峡谷

从未有人走通的无人区，果真如地狱般严酷。从加拉村走出一小时，他们就已无路可走。仿佛一头扎进植物编织的绿色巨网，所谓路，全靠刀劈、搭桥和放绳。所谓走，他们经常像猴子攀岩，山的坡度几乎都超过70℃。一路数不清的垂直岩壁，高达一二十米，全靠一根绳子挂住3个队伍：最上面是武装到牙齿的科学考察队，每人由6个背夫前呼后拥。中间是偶然同行的西班牙登山队。最下面是雅漂队，一个个破衣烂衫，全队8人仅有4个背夫，还得自己负重40多斤，他们相互约定：自己靠自己，谁要是出事，没法救。

路异常艰难，但雅漂队员的心底，已是万分庆幸。如果不是科学考察队特聘的西藏登山队开路，准备不足的他们就如没头苍蝇，也许很快被吞没在原始丛林深处。为了抵达核心区白马狗熊，一行人如一群蜗牛，6天只拱出8公里的直线距离，登山队队员也不禁感叹："这条路，简直比登珠峰还难。"

但这样的同行，也让他们感到一路心寒。莽莽丛林，无形隔阂笼罩，一起深入的两支队伍，俨然两个世界。一夜夜，雅漂队员们饿着肚子，像破落户躺在帐篷里，冷冷清清，听着不远处的科学考察队正热火朝天地在和中央电视台卫星连线。外面的世界里，亿万观众正围坐电视机前，观看《新闻联播》中"人类首次穿越世界第一大峡谷"的实况。可没有人知道，离国家队近在咫尺的地方，还有另一支被遗忘的队伍。

虽矛盾重重，但穿越第11天过河时，当科学考察队爆发惊呼，有人失足落水，眼看就要被冲向激流，杨勇和几个雅漂队队员想也没想，一股脑儿跳进刺骨的冰水，他们手牵着手，围着人墙一起拖住了一条命。这个救人的画面被当作感人事迹，很快在央视新闻中反复播放，但没有说救人的是谁……在这一场"首穿壮举"中，在当时媒体的镜头里，这支民间队伍仿佛不存在，始终没有姓名。

一路心寒，更难忍的还有饥饿。缺粮威胁下，他们每天只能吃两顿稀饭加海带汤。没几天，队粮索性"共产"，全部上交给背夫保管，因为有人饿到失控，把自己背的偷吃完了。

饿，从早到晚就这一个字。还有爬不完的大山、钻不尽的密林，一天天汗水从头到脚，掏空身体，更榨干了胃……“老天爷，当年长漂也没饿成这样。”活到快40岁，幺哥从没有受过这么大的罪，饥饿感一路鞭打着身体，撑到目的地吃一口饭，成了他每天唯一的指望。

每到开饭，一条条汉子如同饿狼，守着一锅“共产主义海带汤”，饿得眼睛里都快伸出手来。“杨队长，好了没？”“急啥子嘛。”掌勺的杨勇酷似神父，大家双手捧碗，像领救济物资的难民，一人只有3勺汤，都怕队长勺子抖一下。走到第12天，最后的大米耗尽，他们连稀饭也喝不上了，每顿只能领到两坨鸡蛋大的糌粑……磨人的无人区却还是没完没了。再这么饿下去，人就快顾不上尊严了。跋涉山间，眼看一个队员竟捡起地上的一张纸一阵猛舔，杨勇吓了一跳，转而心酸：“他竟然饿到了这个地步。”那是科考队丢下的食品包装袋，队里还有至少3人也干过这事。

再走不出峡谷，人都快认不得自己了。教师出身的杨浪涛忍不住又摸刀默念：“真快饿死的时候，老子就去科考队抢粮。”一天天饿得眼冒金星，他感觉自己快变成土匪了，一颗心变得又冷又硬。唯有深夜睡前，杨浪涛摸出偷藏的月饼，像宝贝一样咬一小口，这是他一整天最幸福的时刻。同睡一个帐篷的张涛此时却最煎熬，听着队友啃月饼的窸窸窣窣声，他的肚子饿得咕咕响。可他一直没吭声，杨浪涛也一直没给过月饼。“在无人区，没有外面的道德道义，本能就是活着。”不怨队友吝惜，张涛也藏着20颗巧克力，不准备分给谁。不到最后关头，他自己都不舍得吃上一颗，“巧克力成了最后的寄托，只要它还在，我就不会饿死。”

而当被困危崖，风吹雨浇，手脚发麻，几乎快冻死之际，张涛脑海里一瞬间闪过温暖的家，终于忍不住后悔，不知道自己为什么要在这里。“每往上一步，就离家近一步。”一股就快回家的渴望，最终支撑住快崩溃的他一步步翻过最险峻的西兴拉山。

站在西兴拉山山口，即将重返人间的队员们激动得如获重生，唯独杨勇乐不起来。奔腾的雅鲁藏布江犹如神龙摆尾，即将在这里展开神奇的马蹄形大拐弯，狂奔向它的最高潮——一连4级跳跃，飞流直下，倾泻成一系列神秘的瀑布群……寻找大瀑布，是科考队此行的重点。而已近断粮的他们，却只能望江兴叹，被迫放弃了。

直到路上忽遇一个熟悉的身影，杨勇眼里一下重放光芒：听说科考队发现瀑布，被留在二分队的税晓洁正独自上路，也想去看看。“那太好了，这样就能给雅漂画上一个完整句号了。”杨勇欣慰得直拍队友肩膀，忽而又有几分担忧：税晓洁瘦如麻秆，就带着一个背夫，能行吗？

活像一群饿死鬼，其他队友此时再也顾不上瀑布，正忙着瓜分税晓洁的压缩饼干。一群人一阵狼吞虎咽，只给他剩了4块饼干。税晓洁独自前行，跋涉又7天后，峡谷最深处的藏布巴东大瀑布气势如虹，万马奔腾般狂泻于眼前，他此时已经摔得一瘸一拐。涛声隆隆，水雾蒸腾中，渺小的他既惊叹也想哭，这一晚只剩最后一袋方便面了。死亡笼罩，饿得气短的他有些懊恼：“我之前把压缩饼干全分给大家，是不是太大方了？”转而平静下来：“都是好兄弟，我应该这样。”而他的好兄弟们，赶在大雪封山前，正火速走出墨脱秘境。凌晨4点，在林芝八一镇，阔别33天的两分队再一次会合。暗夜街头，一群汉子终于历劫重逢，他们洒泪拥抱着，互相笑骂着，一个个形同乞丐，头发胡子糊成一片。只剩税晓洁一个人还深陷峡谷，挣扎在寻找瀑布的路上。

几乎同时，只剩半条命的税晓洁死里逃生，一度离川藏公路只差4公里了，他忽然改变主意，决定去找另一座绒扎大瀑布。“你爸妈有，我爸妈有，我们俩这样‘劈叉’（藏语：死了）了，不行！为什么非要去？”20岁出头的背夫更桑连连摆手，拼命相劝。

“没有人逼我，为什么非要继续走？”又陷险境时，税晓洁也不止一次自问。几天前，才跋涉过地狱和人间的门槛，在饥渴挣扎中，他在扎曲一度偶遇过科考队。欣喜若狂地迎上去，他以为遇见了最渴望的水源与朋友，一遍遍恳切地问，没想到得到一句回应：“不卖！我们的东西都不卖……”他愣了，心冷了。意想不到的冷漠，仿佛又一道底线。当时，科考队刚发现绒扎大瀑布。“雅漂队怎么能不清楚雅鲁藏布江主干水情？第二个瀑布，咱也不能少了。”就为了给雅漂队争上最后一口气，才爬出鬼门关，他再一次转身，投向那地狱般的峡谷。

无人喝彩

爬出拉牲口的大卡车，这群男人第三次抵达拉萨，比初来时还要激动。一个个野人似的，他们高呼乱叫着，终于要回家了，尽管雅漂队一分钱都没有了，家还不知怎么回，更不知怎么面对：一直失联的税晓洁，会不会永远留在峡谷深处……

“看到公路那一眼，‘哗’一下，我的精神就垮了。”几百公里外，快走疯了的税晓洁终于找到第二个大瀑布。再到看见人烟那刻，他几乎再也走不动一步。比大家迟了4天，在深夜的拉萨，税晓洁最后一个搭车归队，此时他已经人不像人，鬼不像鬼，但好歹活着回来了。

紧接着第二天，1998年12月9日清晨，这群归来的“弃儿”在布达拉宫广场前再合影时，就像一组落难者群雕。他们一个个衣衫褴褛，乱发如蓬，有人拄着拐棍，拉开自制横幅，上书“雅漂胜利了”。最后大家一道起哄，一起抱起杨勇，把队长一次次抛向空中。

最后的激情在宣泄，但更多的是心酸。成天笑眯眯的“老英雄”，望着这场狂欢默默流泪，他感到有些悲凉：“我们付出太多了，不指望被历史记住，但按理最后总该给我们一点儿掌声吧。”然而，冷冷清清的广场上只有偶尔几个看热闹的路人，斜着眼像看一群疯子。从起点到终点，只有他们自己沉浸其中，最后为自己喝彩。

戏剧性的是，仅15分钟后，科考队也来了。警车开道，车队披红挂彩，胸佩礼花的科学家们一个个面泛红光，如英雄般接受着鲜花和掌声，也在布达拉宫前隆重庆祝。才结束雅漂的队员们默默仰望着，麻木地随人头攒动，被淹没进围观人潮中。同一时空下，无形的隔阂、不同的名分，再一次将两支队伍分成两个世界。

“这是民间探险的宿命。”可是12年前的情况，却远远不是这样。那时幺哥在长漂船上，漂抵河流终点上海吴淞口，那时的他们有军舰威武护航，岸上上万人为他们兴奋欢呼。那是漂流在中国的起点，也是最高光的时刻，但那时的人只是狂热爱国，不懂漂流。12年后，世纪末的社会依然不懂，却不再单纯。无人喝彩之下，雅漂成了绝响。此后十几年，中国再没有过这样的大型漂流。

“就像在错误的时间里干了一件不能不干完的事。”但终于干完时，杨浪涛也回不去了。出发已5个多月，他和许多队友的工作早就丢了。江上漂流结束，更未知的人生漂流开始了。

“我们的任务完成了。”拄着木棍，和杨勇一起送走最后一个队员，幺哥这才长舒一口气。曾亲历长漂生死，他最怕不能把这些新人都活着送回去。头脑中的弦一松，第二天起床时，他的右小腿竟中毒似的一下全黑了——在大峡谷，右脚被竹签扎到，他一路踮着右脚掌，忍痛走过18天山路。幺哥一直以为没事，可回程走到格尔木，当地医生一看，脸瞬间黑了：“腿保不住了，要截肢。”“所有人都走了，就剩我在大西北。难免要有牺牲，可这个代价……”病床上，他一个人孤零零地躺着，回想一路风浪，这条硬汉的泪再也忍不住。

最终，在长漂兄弟的帮助下，火车、飞机一番辗转，幺哥被火速送往四川的医院抢救。留下兜里最后1000元交住院费，写下给司机的欠条，杨勇一个人驱车开回成都。在最后的路上，这个一脸胡渣的队长两天没吃上饭，买不起一块钱的面包，肩上独自背着雅漂16万元债务……

摸黑到家时，已是同年12月19日的凌晨，杨勇望着黑洞洞的窗户，里面睡着妻子和11岁的儿子。为了不让家人担忧，他一直谎称自己在拉萨的高级宾馆指挥。“现在这副鬼样子，恐怕会吓坏他们吧？”蜷缩在车里，他累得再也支撑不住，闭眼睡在自家楼下。历时近半年，雅漂终于结束，天快亮了。

“人真是潜力无穷。”幺哥最终保住了右腿，再一次健步如飞的他总也想不明白，扎在脚里将近一个月的竹签，怎么偏偏等到送走最后一个雅漂队队员，才把他放倒。“当时精神是绷着的，这些人就像一群疯子。”张涛也觉得不可思议。回想雅漂，不少人都感到那时是被裹挟进一种集体情绪里。生活中，他们多是中规中矩的职工，回望来路都难以置信：“这真是自己干过的事？”

3个多月，风里浪里，跋山涉水，形同乞丐的他们，竟没有一个人生病，也不敢生病。可一结束，许多人瞬间崩溃了。才到家，有人直接晕倒在餐馆，有人进医院输液……税晓洁冒了两个月虚汗，每天梦醒时，被子都是湿的。黑暗中抱着头，他忍不住一遍遍自问：“真不用再挨饿？不用再提心吊胆？这梦一般美好又恐怖的日子，真结束了？”

更大的后遗症是内心的冲击，归来好几年，税晓洁变得沉默寡言。回忆弥漫中，他有些悲哀地写道：“我被雅漂击倒了，这种击倒和以往都不同。”以往的探险只是折磨肉体，可雅漂一路吃了太多“苍蝇”，世界观都不禁动摇：相信组委会，结果被利用；指望影视公司，结果被撤资；崇拜老前辈，结果被歧视。还有那么多记者同行，面对雅漂竟统统失语……

“这世界怎么会这样？”一切都和想象不一样，一股愤怒伴他完成雅漂。一种

▲ 1998年，布达拉宫前，孤独的雅漂结束仪式

无力感紧随而至，笼罩在他重回社会的日子里。曾经骄傲于自己是个记者，可从此税晓洁再不愿写新闻，转而研究地理：“还是大自然比较单纯。”

有人避世，也有人更加入世。大院里长大的张涛，一回成都就辞职离开单位，开始去北京做“北漂”。回望雅漂，他第一次尝到了死的滋味，“不能再混下去了，对生命太不负责任。”

被改变的，还有许多同生共死过的人。最初20人的队伍，最终只有5人重回单位，其他人都开始四方漂流。恰逢1998年，那也是一个新时代的起点，体制改革，大刀阔斧，千万人的人生改变，离开体制，下海下岗，追向股票房产……一起漂过大江，曾绑在一条船上的男人们，不觉被卷入新的社会洪流，各谋生路，各自浮沉。闯荡四方，无论吃多大苦，他们都觉得没一个苦得过雅漂。“一想到那么苦都过来了，还有什么不能克服？在精神上，你已经不怕了。”

难再聚

人世几番变迁，大江依旧奔流。不变的大峡谷，幺哥带着新漂流队下漂，已经是13年后。站在岸上，白浪滔滔，时空交错，他忽然想起一首歌《最遥远的路》。

雅漂之后，漂流在中国更"沉"下去。再没有人把尊严与之捆绑，2002年美国人斯科特·林德兰格带着多国漂流队，以单艇成功漂过大峡谷核心段，在欧美国家引起轰动，但在中国几乎没人知道。

转眼到了2011年秋，昔日雅漂水上终点派乡，幺哥和罗浩想继续13年前的路，向着玉松滩再推进10公里。队员是清一色的藏族青年，他们将被培养成漂流服务人员。此时，漂流已成为一种旅游项目，在中国遍地开花。琳琅满目的各种先进设备，让罗浩感叹大开眼界，他转而想起当年的辛酸，"那时若有这么好的条件，雅漂又会是怎样？"

当漂流艇载着新的年轻人卷入波涛，载浮载沉间，终于靠岸，罗浩举起船桨，忍不住大吼一声，紧接着泪流满面。再次同船的幺哥默默看着，"我理解他的眼泪。这种复杂感情，只有雅漂的人才知道。"

带着这份共同记忆，这么多年来，雅漂队却没有全队再聚过。当时间流经2008年，他们想过重温10年旧梦，一场大地震却震断所有。2018年，想过20年再聚雅鲁藏布江，最后又不了了之。"时代变了，人心散了，队伍不好带了。"税晓洁半开着玩笑，难免失望，"当年一个个拿钱拿命，都能把人凑起来，为什么现在反而凑不起来了？"忙事业、忙家人、忙各种事务……每个人的理由各有不同，但归根到底，不少人承认：当时拧成一股绳的队伍，许多原本并不是一个世界的人。

"雅漂就像一个熔炉，各种各样的人被逼着熔成了一块钢。"张涛怀念那时的空前团结。可一出"熔炉"，回归到本来的生活，各自漂过中国社会最剧烈变动的20多年，有人一直往前走，有人还活在旧梦里……岁月长河，大浪淘沙，不少人已去往不同世界。

哪怕难再聚，写下雅漂回忆录的税晓洁总相信，大家心底都当彼此是过命兄弟。"雅漂就像一块水晶压在每个人心里，这事儿只有我们自己知道。"但拿命干完的事，却没有多少人知道，又是怎样的滋味？每次出门在外，张涛最怕朋友介绍他时，加上一句"去过雅漂的"。大多数人眼神懵懂，回问："雅漂？这是什么？"他只能尴尬地笑："没，没什么……"尽管在他心里，那是地核的熔浆，也是生命的烛花，只是"噗啦啦"一下，却照耀一生，不后悔也不会忘。

"往前看，才是人生常态。"2019年底，又一次回到雅鲁藏布大峡谷时，杨勇已是头发花白，却还在进行"自杀式民间科考"。当年雅漂的16万元债务，他7年才勉强还完，紧接着在2006年，他又发起"为中国找水"，河源考察10万余公里，又一次次濒临绝境，绝处逢生……

哪怕时代剧变，曾与世隔绝的大峡谷也在开发旅游项目，已60岁的杨勇，还在一根筋地做一件事，他想在老去之前，整理出一部《中国西部河流断代史》。望向地图，30多年走过的路，密密麻麻如水网交错中，雅漂在他心底就像其中一朵雨花，溅起来，又平静了。

“20多年过去，大家都老了。但没老的，都还有一股疯劲。”近年，想重做纪录片的林波重访了一个个队友。再见到幺哥，这个60多岁的大老爷们儿依然单身，可一说起漂流，他又是两眼发光，嗓门提高八度。林波看在眼里，感叹他“真不像同龄人的样子”。

“当年怕他们出事，我总是骂骂咧咧。现在回想，多少有点儿对不起他们，其实还挺想念他们的。”冬日的成都，烟气袅袅的火锅店里，当我和幺哥喝上酒，一番回忆后，他忽然声音压低，低得快听不见他的思念。长漂、雅漂至今二三十年，队友各奔东西，只有幺哥一个人还在漂，也见证着漂流在中国的巨变……

得知我们在喝酒，千里外的税晓洁也打来了电话，他们是雅漂最好的酒友。而最忘情的，莫过于奔赴源头时为了送回唐小姐被迫滞留那晚。凌晨2点，一阵汽车喇叭声划破暗夜，罗浩等人55个小时不眠不休，一路狂奔1200多公里荒原烂路，终于杀回来了。一听到动静，杨勇光着脚就跑了出来，幺哥只穿一条三角内裤，抖着一身鸡皮疙瘩，和罗浩一遍遍进行“法式拥抱”。一个个队员全冲出来，夜色中的一张张黑脸上，映着火光，闪着灿烂的笑……

那时他们都还年轻，还是一条船上的兄弟，命绑在一起，一个个像疯子，“他们回来了，我们马上可以开漂啦。大家一起干酒！干酒……”

转眼20余年，朋友难再聚，也再回不去。那一晚，幺哥摇摇晃晃走在回家的路上，一边醉倚着我，一边接着税晓洁的电话，回忆曾一起干过的大酒，他忽然举起右手，拇指与食指环扣，像举起一个看不见的酒杯。“来，好兄弟，再干这一杯。”对着夜空，往事如酒，脚步颠颠倒倒着，他独自仰头，一饮而尽。

荒野谈

这个世界会好吗？

无论烛花还是雨花，记录雅漂的视频，在当年随队摄像师林波手里，已尘封20多年。2020年春，一场疫情席卷全国，一时禁足在家，他终于想起把纪录片做完。

时光匆匆，生死无常，雅漂队队员中有好几位已年过70岁。“再不做，怕来不及了。”除了时间的紧迫感，林波怀念那曾单纯的年代。“现在的人太现实了。但偶尔，我们也需要些疯狂。”他给片子取名《疯子》，一个个阔别的队友坐在镜头前，回忆往事，无不感叹：“再没有人会一起去做这样疯狂的事了。”

20世纪末，那是个新旧更替的门槛。

那时的人，已不单纯。利益开始渗透一切，包括曾被当作“爱国壮举”的漂流。

那时的人，还很单纯。队员像鱼饵、像棋子，被欺骗、被摆布，一步步被推到最凶险的江河，一切却和预想不同。

不单纯的环境，让雅漂一路在困境中挣扎，在无援中行进……更让一群大老爷们儿血性上头，最初怀着各自的目的，最后只剩一个单纯目标：把这事儿干完。

明知什么都没了，他们偏要干完。也正是什么都没了，还要干得“疯狂”，这让雅漂真正开始深邃。一腔愤怒下，搏击江流已不仅仅是人与自然的交手，更成了人与社会、人与自己的搏斗。

可当我问：如果重来，你们还会去吗？不少人坦言：早知道这么苦，我才不去。

没有人天生喜欢自虐，多数人只是凡夫俗子。他们怀着各自的英雄梦，期待轰轰烈烈，一路却是凄凄惨惨，这巨大的现实落差，比险滩深水更煎熬。不管不顾，坚持干完，不止一人说：“只是别无选择，仅仅因为自己是个男人。”

莽莽大江，巍巍深峡，困难步步递进。欺骗、利用、歧视、冷漠，愤怒层层加码……只是一点点陷进去，又一步步被逼出来。一个个被逼成疯子，一群人被熔成铁板一块。逼得生命之烛，“噗啦啦”一下，燃出一朵烛花，也像一朵雨花，溅起来，又消失了。

弹指20余年，大江后浪推前浪。打捞这个“前浪”的故事，“后浪”们面对的世界里，商业已成常态，利益无所不在，曾愤怒的事也早习以为常。

回望“前浪”，一场漂流阅尽人间美丑，一种愤怒贯穿始终。一片乱象中，一群人苦苦抵抗，最后像是疯子、傻子、叫花子……但哪怕无人喝彩，杨勇觉得，雅漂反而让他更爱这个民族。别看平时一盘散沙，真有难时，中国不缺好汉。

正如每一个时代巨浪之中，总有些人，血是热的。每一朵小小浪花心里，总有些什么，要守住。

1998年雅漂全体队员群像

天上之山，野蛮至爱

“

博格达峰、慕士塔格峰、狼塔古道、夏特古道……大美新疆，这些雪山、徒步线路如明珠闪烁，一年年持续吸引着一批批向往远方的人。茫茫荒野，这些人迹罕至的西域秘境，最初如何被探索？曾走来怎样一群人？走过怎样未知的路？回望这些路的开端、山峰起点，是新疆急速变迁的30多年，绕不过一位老大哥王铁男的一路见证。

仿佛活在两个世界，这个男人一辈子做着大学老师，却心向荒野，率队探索出新疆秘境的一条条新路。近乎野蛮的“天山派”，随之自成江湖。

从野蛮到折戟，从无知到理性，从功名回归到内心深处，他还经历过挚友魂断夏特的惨痛，与一位位兄弟的生离死别……从旧时代一直走向新时代，追溯一路蜕变，我看见的是一个人一生所爱，是伴侣的翘首苦盼，更是一群人的激情燃烧，一起走过的懵懂青春。

本篇供图：王铁男等

荒野的呼唤

明月才出天山，铜铃、铁掌、碎石声，踏破漆黑夜色，闯出两匹马、两个采雪莲的哈萨克族少年，其中一匹马背上趴着一个40余岁的男子。一张脸涨成黑紫色，他昏迷不醒，四肢垂落着，像个破麻袋被绑在马上，正连夜被抢救出新疆博格达山谷。

夜的另一头，黑沉沉的梦中，有人正梦见这个男人站在高高的门槛前，求救般伸着一只手，身边奔突着张牙舞爪的怪兽……“老黑！”梦见丈夫被死神拉向阴间，成湛湘在乌鲁木齐家中猛然惊醒。她一骨碌爬起来，哭着摇醒12岁的儿子。母子俩正惊慌失措时，惊魂电话响起：她那去登山的丈夫，真出事了。

这是1997年的一个夏夜，致命的高山肺水肿阻断了王铁男通往雪山的路。画面从死神掌中晃动的雪山，退回到原本安逸的生活，退回到一穷二白中，退回到对登山还一无所知的年代，定格在20世纪70年代的一篇有关博格达考察的杂志文章上，这篇文章让中学时代的王铁男看了不知多少遍。秘境深谷中，金黄色的野罂粟在风中摇曳，远处雪山如一瓣瓣莲花开满湛蓝天空……从小随父母到新疆支援边疆建设，他习惯遥望乌鲁木齐天际线。天边若隐若现的雪峰博格达，竟是这样美。

王铁男第一次走进这片山区，是在“知青下乡”的红色年代。别人最不愿干的伐木活计，从小爱爬树的王铁男偏喜欢。腰系绳子，背着斧头，17岁的男孩一个人跋涉在林海雪原。这里寂静得只听得见阵阵松涛和心跳，世界上仿佛只有山和自己……少年时这份心灵与山的碰撞，长久盘踞心头。跨入20世纪80年代，纵然结婚生子，他仍难以安于寻常生活，并近乎本能地朝着荒野迈出了第一步。

想走出第一步，却什么装备都没有。20世纪80年代的中国还没有一家户外店，这个30多岁的男人就照着画报，踩了4天4夜缝纫机，依样画葫芦，硬是做出了人生第一顶帐篷，红得好似心头跳荡的火。他骑行到乌鲁木齐郊外，试验性地搭起帐篷，一群市民“哗”一下围过来，大眼瞪小眼，稀奇得像看天外来客。

钻出红帐篷，成湛湘一袭红裙，小鸟依人地站在王铁男身边，此时还是个美丽的新嫁娘。眨着一双亮晶晶的杏眼，她骄傲瞅着丈夫的成果，尚不知这帐篷会带着他越走越远。两人相识之初，在大学运动会上，“啪”的一声比赛枪响，喇叭里传来高声播报：“200米赛跑纪录保持者王铁男向我们跑来了！”“咦，这不是学校舞会上老想找我跳舞的人吗？”才读大学一年级的成湛湘几乎惊呆了。舞会上黝黑腼腆的单眼皮男生和眼前奔跑着的人重叠在一起，黑旋风般地冲破终点线，也撞进了这位校花的心，从此成了她的“老黑”。

“他一直是运动健将，但最初哪想得到他会越玩越大。”在妻子记忆里，在走向博格达之前，她家老黑的心还算是安分的。毕业分配到新疆广播电视大学工作，他每天上班、下班，周末带儿子一起郊游，本以为平平淡淡的人生，随着这一顶火红帐篷撑起，不觉间开始逆转。

第一次近距离走到博格达脚下，在1989年夏天，王铁男自制帐篷，打着柴火，荒山野岭摸索着跋涉了3天。在一层层雪莲花的环绕中，梦中的雪山拔地而起，直刺苍穹，这比想象中更壮美的天与地，一下迷住了王铁男，尽管他压根儿还不知什么是户外探险。更让他一发不可收拾的，是1991年跟上了中日塔克拉玛干沙漠探险队。20世纪90年代初，正值新疆秘境开始向外国人开放。暑假被朋友介绍去给外国探险队做向导，懵懵懂懂的王铁男这才误打误撞真正进入了荒野。

“原来这才是真正的探险。”像是穿越到另一个世界，他看着来自日本名校的大学生，一天天开会探讨着科学规划；了解到在沙漠里抽烟，都要带上烟灰缸的环保理念；还见到了各种从没见过的先进装备——能做饭的小气罐，能防水的衣服……曾一无所有进山的王铁男伸长脖子眼馋着：“咱们要是也能有这些玩意儿，那该有多好。”

虽然眼馋国外先进的装备，但一年年陪着外国队探险的经历，让王铁男的民族自尊心渐渐压不住了：“明明是我们的大好河山，凭什么都是外国人来创造纪录，中国人自己不行吗？”在好胜心的驱使之下，他不禁把目光投向心爱的博格达——早在1981年日本人就完成了首登，至今中国尚无人实现登顶，作为天山儿女，“咱们能不能去做第一个？”

“那真是个近乎盲目甚至急功近利的开始。”多年后回想，王铁男还有点儿后怕，但当时，他真是被一腔热血冲昏头了。作为“50后”，王铁男在英雄主义教育下长大，耳闻过当年不怕死的长江漂流事迹……正值壮年，他也隐隐向往着轰轰烈烈的人生。但博格达是出了名的险峰，5445米的高度不算惊人，攀登难度却是高手级别的。中国登山协会专家一听有人想要攀登，惊得连连劝阻：“这座山，你们千万不能去，会死人的。”

“我们这代人从小被灌输的英雄形象，都是救火的被烧死，救水的被淹死，好像越是死，越光荣。”从来没登过山的王铁男此时信奉的是“人定胜天”，拉上几个更是一无所知的兄弟，一脸无知无畏地说道，“登山不就是往上爬吗？胆子大就行。”

带着这个异想天开的想法，才迈出第一步，王铁男就险些丢了命。1997年，一行人进山侦察，夜半风雨交加，冷冷的雨顺着山坡，小蛇般直钻进他那不防水的破帐篷，王铁男当晚就感冒了。紧接着第二天，他昏沉沉醒来，一阵接一阵地剧烈咳嗽，直咳出一口口猩红带血的浓痰，这条莽汉隐隐感觉不妙，却还硬挺着负重35公斤翻越了近4000米达坂。终于抵达大本营，他晃晃悠悠着，只觉得眼前一黑，紧接着一头栽倒，昏了过去。

天山野蛮派

噩梦中惊醒，成湛湘连夜赶去汽车站的路上，一颗心止不住狂跳，人生第一次，天一下塌了似的，她以为安宁的生活被生生打破了。幸运的是，在夜的另一头，与世隔绝的山谷中两个采雪莲的哈萨克族少年正巧路过，连夜护送他出山。县城医生一看，“心衰肾衰，再晚1小时就没救了。”

出发时神采奕奕的一个人，转眼躺在阴森森的医院长廊里，整个脸青黑肿胀，眼皮都抬不起来。成湛湘总算再看见她家老黑，眼泪“哗”一下流下来。从深度昏迷中醒来，王铁男上气不接下气，挤出的第一句话却是：“这次是我身体原因，等病好，明年我还得登这座山。”

他依然像头倔驴，可医生直接给他的梦想判了“死刑”：“高山病容易复发，你以后永远不能登山了。”半信半疑着，他才虚弱下地，就一头扎进高强度的训练中，从慢走，到慢跑1公里、10公里，一天天扛着50斤大米从一楼扛到十二楼，大汗淋漓，反复十几遍。

偏要硬碰硬似的，医生越说不能去，他偏要再去。“你要管住他，劝他、骂他呀……”一头是公婆念叨，一头是丈夫大难不死的执着，成湛湘又心疼又无奈，“只怕那时说离婚，着了魔似的他也会义无反顾去的。”尤其她亲眼见证着铁男版山寨装备一一出炉：亲自用缝纫机踩出的新帐篷，用钢索配上消防板斧自制的冰镐，找铁匠铺打出来的冰锥……从没见过这些玩意儿的维吾尔族老铁匠，一边抡锤，一边念叨：“你们做这东西到底干啥子用？”她在一旁，默默摸着丈夫用帆布

▲ 1998年，新疆博格达峰脚下，最初接触登山的人们

缝的安全带，细细密密的针脚，心里特别不是滋味："这可是要用来保护一个人的生命的呀，安全吗？"

一无所有的年代，懵懂无知的一群人，什么招儿都使了出来，就想着"轰轰烈烈大干一场"。为了更师出有名，业余队也得像支正规军，才病愈的王铁男拉上几位兄弟，又在1997年秋发起成立了乌鲁木齐登山探险协会（以下简称"乌登协"）。

此时，互联网正在中国兴起。王铁男完全没想到，他们草台班子的倡议在新疆当地论坛一发表，就溅起了热烈水花。最终足足100多号人报名，挤上3辆卡车，仿佛终于出笼的鸟儿，浩浩荡荡直奔天山一号冰川。

位于乌鲁木齐河源头的一号冰川，在"乌登协"成立那天，迎来亘古未闻的热闹。洁白冰舌上，横七竖八地挂着几条大红条幅。穿着五颜六色衣服的人们，蹬着时兴的旅游鞋，攀爬在冰川上，毫无技巧，全凭本能。所有人都兴高采烈，满脸都是对大自然的朦胧向往，尽管大多还不知登山到底是怎么回事，更不知就这么一起见证了新疆户外的开始。

摆开铁了心的架势，带上土得掉渣的装备，一年后，王铁男终于迎向梦了多年的博格达，却忍不住倒抽冷气。翻过刀刃般的山脊，队伍沿着一条巨大陡峭的冰瀑向上，一路冰裂缝如陷阱，犬牙交错，深不可测。对于这支从没登过山的队伍，想登顶果真太难了。

穿着军用大头鞋，绑着没有前齿的冰爪，队员们攀爬冰坡上，时常站都站不稳。才到半山腰，队友一个踉跄，眼睁睁从他眼前滑了下去，安全绳“砰”的一下绷紧，响声如琴弦，命也像琴弦，在险峻的高山上，很可能说断就断了……

继续向上是更加险要的路。迎面近90℃的冰壁，连绳子都没处系了，只能壮着胆子徒手向上。短短500米，他们足足耗时7小时。翻过一个个险关，队伍终于爬到距离顶峰200米的位置，更骇人的暴风雪来了。顷刻间，狂风夹着雪粒如子弹扫射，对讲机一遍遍传来了大本营的命令：“天气不行了，你们快下撤！”

此时下撤，一些体力将尽的队员就再也上不来了……望着近在咫尺的顶峰，谁也不想放弃。王铁男一股蛮劲上头，“啪”地关掉对讲机，弓身抵挡着风雪，带头冲到队伍最前面。8个队员在风雪中蜷缩如雪豹，又是1小时奋战。雪却越下越大，迅速没过膝盖，再难前进一步。在手套冻成冰坨的极寒中，重新打开对讲机，大本营传来一遍遍带着哭腔的请求。白茫茫天地中，他和队友彼此相望，谁都没说话，一个个哭着下撤了。

“拼了这么久，各种宣传、豪言壮语都放出去了，这可怎么有脸回去？”一夜难眠，辗转反侧的王铁男没法罢休。直等到第二天中午，雪终于停了，阳光透过浓云射向营地，不想下撤的王铁男像抓住一线希望，赶忙喊上两名队友，再次不顾一切向上爬去。

紧随其后的队友杨立志节奏却越来越慢。大雾弥漫中，王铁男回望若隐若现的身影，担心得正想回身去找，却听一声呼喊：“队长，不要下来，等着我。”只见杨立志步履蹒跚，好不容易挪上来，竟吐出来一口血。鲜血染红冰壁之际，他还不忘颤抖着把气罐交到王铁男手里。接过这滚烫的托付，望着队友云雾中下撤的背影，王铁男忍不住又眼前一热。

带着所有人的心愿，1998年8月4日，王铁男和队友张东犹如两只渺小的蚂蚁，终于一点点靠近这片雪白世界的顶点。只差最后十几米，对讲机传来大本营的欢呼：“我们看到你们了，加油啊！”那时那刻，王铁男拿着对讲机，结结巴巴竟一句话说不上来，热泪“哗”一下涌了出来。

野蛮的代价

千里之外，人头攒动的商场大屏幕前，正在外地出差的成湛湘揉着眼睛，几乎不敢相信：一连串的1998年洪水报道之后，一个勇攀高峰的身影闪进央视《新闻联播》的画面，正是她家老黑。丈夫终于圆梦了，她激动得和同事抱成一团，在异乡街头又蹦又跳。止不住的泪水中，她心底又涌起一种深深的担心，“一下获得这么大荣誉，他可别更停不下来了……”成为第一个登顶博格达的中国人，王铁男正巧赶上了时代。1998年夏，正值长江特大洪灾、体制深化改革，勇攀高峰的精神成了一种强心剂。王铁男一下山，领导接见，报道蜂拥，被当成勇士簇拥着，在新疆各大机关连作几十场报告。一片鲜花掌声中，唯独成湛湘忧心忡忡，眼看着丈夫一脸容光焕发，走路带风，一团火似乎烧得更旺了。

妻子的担心很快成真。赞誉如烈火烹油般，王铁男又一拍脑袋，紧接着就瞄准新疆最西端的慕士塔格峰（以下简称“慕峰”）。这座海拔7546米的雄伟山峰，被尊为“冰山之父”，中国还很少有民间队伍去登过。又一回冒进决定，1999年夏，王铁男带着蛮劲十足的队伍，又成了冰山上的来客。哪怕查不到资料，又一次一无所知，王铁男依旧蛮想蛮干着，“只要身体好、胆子大，就一定登得上去。”信心空前膨胀，独自下撤时，他却猛一脚踏空跌进了冰缝。而这一次，没有人能救他了。

海拔6600多米的山上，一个人跌进三四米深的冰裂缝底部，叫天天不应，叫地地不灵，就如陷在巨兽齿缝，随时都会被冷冷的冰山吞噬，只有不留一丝痕迹的残酷。那是人生最漫长的一夜，–30℃的严寒里，他拼命朝夜空挥舞头灯，一整夜没等来一丝回应。神志有些恍惚之际，他也忍不住怕了，第一次真正想到死，想到妻与子，还有特地给10岁儿子买的双份30万元保险……他是儿子的骄傲、妻子的天，他不能死。狠狠扇自己一记耳光，拼命哈着气，搓手跺脚，努力克服着致命睡意。在生与死的边缘，他足足硬撑了8小时，撑到天亮之际，浑身结冰的他终于爬出噬人的冰缝。

“一定要活着，要回家。”这个信念支撑着他爬出了生死线，可一到家，王铁男故作一脸轻松，对妻子一个字没提。直到参加电视台节目，主持人采访起慕峰那漫长一夜，就坐在身边的成湛湘眼睛瞪大，几乎惊呆了。节目一结束，她又气又怕又心疼，忍不住连哭带骂：“你为什么不说？”她的老黑淡淡一句：“说了你不是更担心吗？”

故意轻描淡写，但震动依然在王铁男心里。慕峰遇险的不止他一人，一位队友一度高原反应到神志不清。偶然路过的3个外国登山者竟放弃登顶，一起护送陌生的他们下山。在生命面前，登顶光环黯然失色。反观攀登博格达峰时的自己，和外国人争，和自己人争，争先恐后追赶着，忙于各种宣传造势，就为了争夺首登荣耀，这是否偏离了登山本身的意义？眼看外国友人的义举，一心想轰轰烈烈的王铁男，大梦初醒般惭愧："这才是更纯粹的登山者。我们就冲着峰顶去争夺，是不是太功利了？"

无论热血还是盲目，博格达峰、慕士塔格峰的连续攀登，在世纪之交拉开了新疆民间探险热的大幕。而最火热的莫过于王铁男率领的这支"天山野蛮派"队伍。犹如开路先锋一般，一到周末、寒暑假，他呼朋唤友，举着乌登协的大旗，迎向"尚在深闺"的新疆秘境。这个大学老师像重新焕发生命，于天时地利人和中，找到了自己的江湖。

这江湖，一路绝世美景，满是兄弟情义，让他如此沉醉，却不知还有更凶险的劫数。2001年夏，王铁男组织起第一支民间探险队，一行14人第一次走向天山深处的夏特古道时，他脑海里浮起了作家张承志笔下的描述："夏特一线100多公里天山北麓的蓝松白雪，确是这个地球上最美的地带……"天山下生长的他，这么美的地方怎能不去闯一闯？哪怕查不到任何资料，队伍才进山就被当地牧民连连劝告："这条道一到夏天，冰川消融，河水暴涨，万万走不得啊……"

"不就是水嘛，再难还能比博格达难？"无知无畏的他们，一次次侥幸成功，真以为可以见山开路，见水涉河，殊不知在这个最美的地方，他们却为这

一向的野蛮付出了最沉重的代价。

穿过鲜花盛开的河谷，远山如雪冠悬浮云端，这一群天山儿女一路走一路赞叹着，走进了天山最美的地方。路阻且难中，他们翻过一重重冰川达坂，湍急的水流一次次挡住前路。队里老大哥董务新最擅长冬泳，他总是二话不说，挽起裤腿第一个下水过河。可行至第五日，他又一次蹚河开路时，在离对岸还有五六米的地方，水流一下没过腰部，意识到危险已经来不及了……

只短短几秒，平缓河水突然暴涨，水流卷起一个活生生的大男人，像卷起一片枯叶，直冲向200米外的大转弯。岸上队友吓得惊呼，王铁男几乎来不及想，一个猛子扑向激流，拼了命去营救，自己却猛一下被冰冷刺骨的河水也冲下去几十米。死死抠住岸边巨石，王铁男总算挣扎上岸，百米冲刺一般直奔向董务新，老董却被

新世纪初，王铁男和队员们走向新疆秘境

冲到河中的一块沙洲上。波涛轰鸣声中，王铁男喊破了嗓子，对方却什么也听不到。两人相隔几十米，一个岸上，一个河上，竟远得像两个世界。

不断上涨的河水，揪心的分分秒秒，眼看不足20平方米的沙洲快被淹没，眼看董务新如困兽只能下水自救，踉跄着一次次逆流上行，一次次被冲回原处……简直像在被迫目睹这世上最残酷的一幕生死剧，岸边的王铁男一颗心悬在嗓子眼，只能眼睁睁看着老董一个人在水中挣扎。直到再挣扎不动，老董忽然双手抱拳，举过头顶，像是祈求上天保佑，又像对队友做最后的告别……仿佛绝望中最后的赌命，他再一次扑向河中，白花花的河水如巨蟒扑来，一眨眼，人倒了。

那一刻，完全不知所措，王铁男高喊着老友的名字，在岸上狂奔，老董的身体在滔滔河水中载浮载沉。一前一后，一生一死，任凭他拼尽全力，终究还是追不上无情激流，一个生命就这样瞬间被卷走了……

今宵别梦寒

又一次午夜电话中惊醒，成湛湘一早赶去汽车站，又一回一颗心七上八下着，万分庆幸她家老黑没事，脑海里全是他痛失好友的模样。再见丈夫第一眼，她就忍不住哭了，这还是她钢铁般的男人吗？怎么转眼就变成了小老头，原本壮实的身子佝偻着，黝黑面庞泛着铁青，眼神空洞，头发白了一半。才回家，她的老黑一句话没说，匆匆收拾几件东西又赶去搜救。

苦等近10天，再一次等回搜救无果的丈夫，一张脸灰沉得像葡萄干，皱巴巴的更不成人样了。他还是一句话不说，聋哑人似的倒头就睡，直睡到半夜，忽然一声惊呼，王铁男胳膊乱舞着，一个猛子扑到床下，满嘴胡话。吓得妻子拼命把他摇醒，好半天醒过神来，他冒出第一句话："我要去救老董。"上一刻还是兄弟并肩前行，下一刻就阴阳两界，很长时间，他没法相信老友真的走了。

隔着无情河水，眼睁睁看着最好的兄弟一点点消失。这突如其来的残酷，把王铁男卷进更漫长的内心洪流。追悼会那天，他的脑袋像被巨石压着，不敢抬头看董务新的妻儿。老董90岁的老母亲是个"老革命"，她颤颤巍巍挪上前来，硬塞上自己的5000元积蓄："孩子，拿着。登山是我儿子的梦想，也是你们共同的事业……"那一刻，男儿的泪再也止不住。

一个家从此破碎，而王铁男的一家人还在苦苦盼他归来。"等他一进门，我们一家老小就全跪下来，求他务必放弃这个爱好。”多日无眠的成湛湘，一遍遍叮嘱着公婆、儿子。可当丈夫拖着疲惫推开门，抱着头叹气，一副比他父亲还苍老的模样，一家人默默站着，在空气都快凝结的沉重里，谁也没忍心说上一句。

那是他生命最漫长的一年。瘦了，老了，沉默了，一整年再没带任何人徒步。眼看丈夫眼里再没有了往日神采，常常一个人神经质地坐在角落里，一句话也不说，成湛湘想劝的话到嘴边，只能一次次用力憋回肚里。

“老婆子，我要是在登山时死了，你千万别遗憾，能和雪山在一起，我这辈子也值了。”久久陷在悲伤里，王铁男时而和妻子交代后事般，还是放不下点燃自己内心的这件事；时而也动摇了，尤其面对白发苍苍的老父亲的叹息：“你名也出了，山也登了，收手吧，可别让我们白发人送黑发人啊！”可重翻起老董照片，在曾一起攀登的博格达峰前，那个并肩前行的兄弟，笑容比烈阳灿烂。王铁男想起老董曾和他说：“等60岁时，我们还能一起攀登该多好……”

“老董，走好，你和博格达同在……”夏特事故一周年那天，巍巍博格达峰迎来王铁男又一次艰难攀登，只因董务新曾说：将来死了，希望能把骨灰撒在博格达。踉跄着爬上雪山最高点，撒着骨灰，王铁男一遍遍念着送别，如久别重逢，与老友，与雪山。

人走了，山还在，沉寂一年后，他还是想一直走下去。2003年夏，天山深处又一处神秘古道狼塔，迎来了重整旗鼓的“天山野蛮派”。又是民间首次探索，又被当地牧民劝阻着，给多少钱都不敢租马去走。可空中栈道、冰山隘口、群狼守护的塔山……这些野性十足的词汇，始终诱惑着这群对大自然充满好奇的人。

一步一挪地穿过秘境隘口，又一条河流奔腾着横亘眼前，这一回，他们终于知道警惕了，在开路队友腰上拴上了安全绳。果不其然，队友才走到河中央，就被一股激流狠狠冲倒，岸上的人赶忙收绳。反复尝试，开路者硬抱上40多斤卵石，最终实现横渡，把绳索牢牢固定在对岸。

扶着固定两岸的绳索，第二个渡河的大姐挪到河心时，竟再一次被河流冲倒，白花花水浪瞬间淹没头顶。夏特惊魂一幕，猛地又涌上王铁男的心头。四五人拼命回拽绳索，把她硬拉回时，大姐的手心几乎脱了一层皮，万幸捡回了命……又一次步步惊心，但靠着绳索的保护，他们最终一个个安全蹚河过岸。才走出阴影的王铁男，在走过相似险境之后又一晚难眠：如果早知道水的可怕，如果当时能有根绳子、多点儿经验，老董是不是就不会被卷走了？

这是又一次异常艰险的开路，9天9夜，最后一个队员走到终点时，崩溃到拍着车盖痛哭。王铁男如释重负，更百感交集，他们又开辟出一条险峻的天山之路，但换一批新人来，悲剧会不会重演？回去后，他开始撰写狼塔古道等每一条新开辟的线路报告，供后来者借鉴。新疆之壮美，必将走来更多人，但他希望夏特古道的悲剧别再发生……

重回夏特古道，是在整整3年后。冷冷冰川还在，滔滔冰河还在，曾被老董当年信手写下“董大侠”3字的石头还在，而王铁男又穿过许多新旅程来看一别3年的故友。风景依稀中，他想起3年前，剩下的13名队友也曾一起站在这里。有人哭，有人献花，有人含泪唱起李叔同的《送别》：“天之涯，地之角，知交半零落。一壶浊酒尽余欢，今宵别梦寒……”歌声已逝，人已去，老董最后向天抱拳的告别，却始终撞击着他的心灵，这一生，他永不会忘记。

生命不仅属于自己

深入荒野的脚步停不住，户外在中国也正大跨步向前。雪山环绕的夏特、狼塔，一条条神秘古道，在这支“天山野蛮派”率先走通后，渐成中国徒步爱好者的心上明珠。眼看天山越来越热闹，最初一起玩的兄弟忙着开起商业俱乐部赚钱，资历最老的王铁男却忙着把目光转向了新疆以南——那片更神秘无人的昆仑山脉。

时代在变，他也在变，再不觉得这是“为国争光”“勇士之举”。他意识到，走向荒野，只是个人选择，只是自己离不开的生活，但渴望一如最初：去地图上没有标注的地方、没有人去过的地方，他总想去有挑战性的地方探险。而勾起他最新向往的，是穿越昆仑山脉进入藏北的克里雅古道。1950年，解放军先遣连曾沿此路进藏，终将五星红旗插上阿里，付出的代价却是136人出发，63人牺牲……从此，此路尘封。何以如此壮烈残酷，究竟难在哪儿？一切未知，反而让他心驰神往。

这是他走过最艰难的一条徒步线路。整整筹备3年，还是一路事故不断。让人绝望的高原达坂，隐约如“之”字形小径，一直延伸到云雾之中。一行人跋涉在这真正的天路上，翻上一座垭口，又是一片无尽的连绵，终于爬上最后一道海拔5400米的山梁，专程雇的一头驴竟“扑通”倒地，活活累死了。

更让他忧心的，是同伴的安危。出发没几天，一名队员就浑身浮肿、起疹，另一个高烧39℃，随行驮工也撑不住了，一阵阵头疼呕吐，再无法陪同走下去了。眼看队伍只能一拆两半，一队回撤。拥抱告别之际，年轻驮工含着泪，用生硬的汉语哽咽着：“王队长，你就像我爸爸，求你以后再也不要到这里来了。你太累了……”

站在高冈上，望着驼队渐渐远去，一种前所未有的孤独随着苍茫黄昏笼罩了下来。是的，他也有些累了。远离安逸生活，一次次苦行僧式的跋涉，把自己推向孤寒疲惫，究竟是为了什么？可穿过雪山湖水辉映的荒原，双脚终于踏在克里雅山口——新疆与西藏交界之处，犹如一扇敞开的山门，门外闪着更加苍茫未知的世界，一种人在大自然中的渺小、坚韧与皈依感，又让他觉得再艰辛的跋涉都值得。

本以为最难的路已经走

博格达峰上的王铁男

完，可更大危机陡然袭来。才跨入西藏门槛，队员杨戈的高山脑水肿复发了，几小时内不抢救，性命堪忧，而此地距离支援队却还有至少两天的路。又一次生死攸关，进退不得，万幸支援队员冒险强渡大河，连夜向他们靠拢。生怕悲剧重演，王铁男一颗心悬着，急得团团转之际，对讲机里终于传来驰援兄弟的呼喊：“老王，你们在哪儿？”

一听这声音，王铁男激动得手都颤抖了，冲向金色夕阳，看到泛着银光的汽车如救星自地平线涌出时，他的眼泪夺眶而出。终于脱险的夜里，狂风吹得帐篷哗哗作响，王铁男心里也格外不平静。多年前的夏特事故，遇难老友留下的孤儿寡母，让他第一次深深感到，生命不仅属于自己……当悲剧又差点儿重演，祈祷着队友平安，他不禁抱头纠结：“自己是不是真该好好反省，接受停下来的劝告了？”

夜的另一头，是独自等在窗前的妻子。近乎神经质般，成湛湘又一遍遍刷手机，奢望着哪怕能等来一条报平安的消息。她偶然想起年轻时，自己还众星拱月如一枝花时，就被老黑一早提醒过的命运：“嫁给我，这辈子你享受不到荣华富贵，还会为我担惊受怕，你可要想好了。”

这是一个很少顾家的丈夫。自从爱上荒野，所有周末及节假日，他都背着行囊，大步流星走在路上，几乎没在家过过一个春节。她一天天掐着指头数日子，就盼他平安归来，包一桌饺子，并默默承担了所有家事，连50斤重的煤气罐都得自己扛上扛下。

这更是一个奢侈的热爱，仅1999年攀登慕峰，王铁男就花掉近1万元积蓄，那时他的工资还不到1000元。妻子一直默默支持着，唯独一次忍不住发火。那时隆冬将至，丈夫竟把要交的1000元暖气费偷偷挪用了。一时间，多年委屈涌上心头，妻子要他立刻写一份开支清单。清单上，他的工资竟没有一分钱花在家里，全买了登山装备。为了赔罪，王铁男赶忙嬉皮笑脸递上工资存折，一迭连声说：“以后工资全部上交。”打开工资存折，她哭笑不得，存折上只剩0.96元。

让她更难承受的，还是无尽的担忧。当丈夫深入昆仑古道，她听到天气预报说昆仑山正遭遇超强暴风雪，苦苦联系不上丈夫，只能强颜欢笑哄着公婆，哄睡孩子，蒙着被子一个人哭，气自己怎么嫁了这么个人。又怕她的老黑在外冻死，越想越怕，怕到再不敢往下想……难挨的日子里，成湛湘只能一遍遍翻出丈夫所写的探险笔记。每读一遍，她就止不住落泪。丈夫走过的艰险，在文字里幻化成一个个画面，把她引向他曾一次次与风雪搏斗的瞬间；更想起文字与脚步背后，他曾承受的伤痛与复健，光两条腿就打过钢钉、钢板……“一个人要把自己喜欢的事做到极致，太不容易。”她的老黑做到了，爱他，就必须接受他的全部。

又一次荒野归来，满面风尘却故意对家人轻描淡写着，王铁男看似不管不顾，对这个家也感到深深亏欠。除了嘴上抹蜜，一个劲儿夸赞“老婆子，你就是最好的”，他还放不下儿子。为磨炼意志，他曾让儿子23岁就去攀登慕峰。冲顶那天，慕峰却天气骤变，狂风暴雪。远在乌鲁木齐的他急得像热锅上的蚂蚁般，后悔了整夜。怕海拔近7000米处的狂风会把帐篷撕碎，怕死神正在向儿子逼近……孩子最后安全下撤，但那一晚，他是真的怕极了，比自己遇过的任何危险都害怕万分，也终于体会到家人在身后是如何揪心。

2011年，当他再次探向昆仑又一条尘封百年的克里阳古道，翻过无数山沟、崖壁，距离最后一道达坂只剩7公里时，又一道暴涨河水挡住去路。“换作10年前，我估计会不顾一切往前走的。”可这一次，面对队友劝阻，考量着种种风险，王铁男沉默良久，第一个掉头回返，“回去吧，我们不能再野蛮冒险了。”

停不下的脚步

收敛起蛮劲，他越来越懂得惜命，但走向荒野的脚步始终没有停下。哪怕一起出生入死的兄弟们，或遇难，或淡出，就剩他一个人还痴恋登山。仅博格达峰，王铁男就反复登了7次。伫立雪山下，遥想当年热血，2012年夏，特地来见证王铁男第七次攀登博格达峰的挚友马玉山早已不再登山，而是转身去玩摄影了。“知道得越多，你会越恐惧。”这些年，一个个兄弟的离去，让马玉山不想再以身涉险了。

岁月不饶人，记忆最初神采飞扬的王队长，重叠成眼前拖着一身疲惫下山的老王，如风中一面褪色旧旗，被狂风撕扯着，步履蹒跚，马玉山忍不住眼含热泪，迎上去就劝：“老王，登山太多风险，没有人能永远好运。该体验的也体验了，咱换点儿别的爱好吧。”

“唉，年纪是大了，我以后也改玩点儿轻松的。”又一次爬出鬼门关，正累到极点的王铁男也不禁感叹。可回望红尘，同辈们忙完职称忙退休，忙完儿孙琐事忙老去……这一片山野却让他得以走向壮美自然，结交天下朋友，心里始终有一个可以燃烧自己的目标。平淡生活，没有平庸度过。“我怕没了它，生命会黯然失色。”

这一年，他56岁，答应妻子：这将是他最后一次攀登博格达峰。终于盼到丈夫平安出山，去接风洗尘的路上，成湛湘手捧鲜花，眼角含笑，欣喜得心花怒放。这么多年过去，他们总算都老了，从此她的老黑可以死心了，她也总算熬到头了。可没想到一见面，才缓过劲的王铁男又反悔了，蹦出一句："这哪儿到头了？我以后还想登珠峰呢！"

身为攀登者，谁不向往世界最高峰呢？20年来，随着登山大众化，被王铁男带上雪山的不少新人都登顶了珠峰。经验更丰富的自己却只能望山兴叹，只因掏不起登珠峰所需的30多万元。尤其一听他喜欢登山，不懂山的人第一句总问："那你登过珠峰吗？"哑巴吃黄连，有苦难说清，也让珠峰成了老王一个说不出的心结。

眼看丈夫被钱所困，成湛湘心里暗自窃喜："没有钱，梦想也只能是空想，但愿他这辈子都没机会去那么危险的地方。"可眼看丈夫年近60岁，反而天天跑起马拉松，她也有些不忍心，深知他还一直铆着劲，朝着不死心的珠峰。

机会终于眷顾这个追求近20年的人。2017年春，正奔跑在马拉松路上，一个惊喜电话，把珠峰直接推到了王铁男面前。曾同攀过博格达峰的一位新疆企业家，临时有事无法去登珠峰，已缴费的登山名额可以给他。"送给别人不可以，只有王先生，你可以。"

停下脚步，傻了几秒，王铁男像一下被点燃了引擎，"嗖"一下直奔终点。紧接着，飞也似的，他两天内做完所有去珠峰的准备。同时，为了获得家人"恩准"，他又连哄带骗起妻子："老婆子，这肯定是我最后一次登山了。"

对于王铁男，这是天上掉馅饼。对于成湛湘，却是天大的惊吓，也像命运使然，不同意也没用，"你天天跑步，等的不就是这一天吗？"目送着丈夫飞奔去尼泊尔珠峰南坡，身后的妻子又开启了新一轮担惊受怕。从不登山的她，一天天把珠峰的路研究得烂熟于心：出发时要穿过昆布冰川，那里破碎得处处都是陷阱，随时可能会冰崩；登顶前要翻过希拉里平台，狭窄得只能容下一人，最险峻处像刀刃一样薄……

想象着她的老黑正如何艰险地迎向世界最高山峰，在丈夫步入山巅的最后3天，成湛湘却没等到一条消息。时间漫长如停滞一般，心里却摇晃得像大厦将倾，整整3天她衣服都没脱，就靠在床边，抓着手机，像抓着一根牵住风筝的脆弱的线。直到终于盼到丈夫的消息："登到8500米下撤了，风太大。"3天没合眼的她一颗心总算落了地，紧接着心痛莫名：这短短几字交代，背后该是他怎样的挣扎与遗憾……

穿过近20年攀登生涯，距离珠峰顶就剩最后的300米了，最高处的风却如千军万马突袭，吹得人直不起腰。“呼啦啦”风声狂啸，顶峰已近在咫尺，身后有人在声嘶力竭地高喊“快停下”，走在队伍最前面的王铁男假装听不见劝阻，还想执意向上，却被攀登队长奋力追上来，一把抱住：“你有家，我也有家，我们都不想死！”

僵持在8500米，脚边就躺着一具遇难者遗体，没有一丝血色，冻得乌黑的脸，无言彰示着绝命海拔的残酷。回望身后茫茫浓雾，拉得长长的队伍，紧跟着他的一名队员，黑色氧气面罩下，眼睛已经肿成一条缝，也在眼巴巴看着他……继续上，如果有人发生意外，他会后悔终生的。

一时间，理智与冲动反复交战，作为队里最德高望重的前辈，他咬咬牙，转身下撤了。风雪中折回营地，攀登队长宣布“只能到此结束”，许多队友直接抱头痛哭。带头下撤的王铁男心里更是沉得迈不动步，作为工薪阶层，60多岁的自己或许再没机会来登昂贵的珠峰了。

“如果是20年前登博格达时，我不可能下撤，就是拼了命也要上。可现在心态不一样了，因为生命不仅属于自己……”珠峰抱憾，但王铁男没有后悔。穿过20年生生死死，他觉得自己真正成熟了：作为一个攀登者，除了勇气，更要懂得放弃。

一梦二十年

捧着鲜花，努力练习着微笑，和归来的丈夫在机场再重逢，成湛湘还是忍不住哭了。眼窝深陷，脸庞浮肿，她的老黑整个人像被扒了一层皮似的。如此艰辛，却满怀遗憾，他只是故作轻松又难掩落寞地说：“算了，以后再也不去了。”

“老王，你可别等真老了，躺床上后悔。”以为和珠峰缘尽，朋友一席话又点燃了王铁男心底难熄的火苗。珠峰只是社会认可的一个高度证明，风风雨雨20年的自己不该太执着，但顶峰下撤的遗憾、年岁将老的紧迫感，让他害怕有些事不去做，就真的再没有机会了。

“他一直是凡事都要做到底的人。”一路见证着昔日玩伴如今被推崇成“新疆户外第一人”，马玉山也觉得老王理应登上珠峰，才对得起这么多年的追求与江湖地位。他有心掏点儿钱赞助，又不敢提：万一老友在珠峰出事，自己岂不要自责一辈子？

眼看王铁男还在坚持天天长跑，一天到晚练到大汗淋漓，却不说为了什么。劝了一辈子的妻子，最终主动挑明了："老黑，我看出来了，你还是想登珠峰。本想给你买辆车，你拿这笔钱去吧……"再一次，他保证着"这一定是我最后一次登山了"。再一次，妻子感叹着"老黑，让我再相信你一次"。2018年春，目送她的老黑再赴珠峰，人来人往的机场大厅，成湛湘一直挥手，一直望到丈夫背影消失，感觉他像走向一个巨大的冰裂缝。而自己只能默默目送，因为爱是成全，是爱他的全部。

跨过一道道噬人冰缝，小心翼翼通过闪着死亡暗影的昆布冰川，他再一次攀爬在世界最高山峰上。终于冲顶那天，王铁男已经在8000米之上进行了持续30多小时没合眼的攀登。又是30多小时失联的煎熬中，成湛湘一个人独坐夜里，开着卫星电话，不时刷新他的位置，怕他高山肺水肿复发，怕他又跌进冰裂缝……怕到心跳过速，她连吞几颗救心丸，担惊受怕一辈子的一颗心都快跳不动了。

撑到迷迷糊糊睡去，电话突然响起，成湛湘抓起一听，她的老黑气喘吁吁，第一句话就是："我好累，好累……"这一次，她终于等到登顶喜讯，但也等来"差点儿死在山顶"的又一次惊魂。登顶那天，当金色朝阳镀亮世界最高的山顶，迈过上一年遗憾下撤之地，沿着陡峭山脊一步步走到珠峰顶时，王铁男一下跪倒，朝着脚下皑皑群山，深深一拜。起身准备下撤时，却是眼前一黑，踉踉跄跄，没走几步就瘫倒在地。耳畔是队友手忙脚乱的哭喊："王老师不行了！"心头一瞬间闪过仿佛必临的结局："这一回真的下不去了……"晕倒在这绝命海拔处足足五六分钟后，王铁男才清醒过来。原来是氧气不觉间耗尽，这个高度缺氧超过25分钟，人就没救了。万幸夏尔巴向导赶忙换上氧气，猛开到最大流量，才把他从鬼门关又一次拉了回来。

听着丈夫在卫星电话里的后怕，成湛湘眼泪大颗大颗地掉，心里就盘旋着两个字：回归。回归吧，珠峰也圆梦了，她只想对已经62岁的老伴说："你这辈子，荣誉至上。可我们毕竟是凡人，终归要回到凡人的世界。"

再一次捧着鲜花，成湛湘发自内心微笑着，在机场热烈拥抱住归来的丈夫，可还是忍不住心疼。一张脸曝晒成赤红，整个人瘦到脱相，她的老黑又掉了一层皮。从雪山重返凡尘，鲜花围绕中，所有人都在祝贺他圆满，王铁男心底却挺平淡。走过高度商业化的珠峰，望着一张张新鲜面孔、一顶顶豪华帐篷，他最刻骨铭心的还是博格达。

带着深深的怀念，2018年8月，从珠峰下山的他又回到了博格达——这个梦开始的地方，和1998年老队员们一起纪念首登20周年。穿过漫漫岁月，再一起遥望博格达，巨大岩石间还牢牢镶嵌着当年自制的简陋铁具，一切仿佛昨天，山下的人都已两鬓如霜，换了容颜。

为了见证这次重聚，已60岁的成湛湘也提前锻炼了3个月，气喘吁吁，累得最后一个挣扎着走到大本营。走在银亮雪峰前，湛蓝湖水与金黄野花交相辉映间，她试着去体会丈夫爱了一辈子的雪山。更不禁唏嘘，这么多年，当年的兄弟全回归寻常生活，就她家老黑还痴迷在路上。哪怕转眼已是白发小老头，哪怕一次次许诺“最后一次”，此刻他又在台上慷慨陈词了，未来还要继续新的开路，而她注定还得继续担忧。

巍巍雪山下，临时搭起的纪念舞台上，带头发言的王铁男又一次回忆起1998年博格达峰攀登的一幕幕。除了峰顶的泪水，最让他难忘的是最后一夜，艰难下撤到凌晨2点，夜深得像窥不见底的深渊，几乎迷失方向之际，远处亮起一点星星般光亮，紧接着两点、三点，照红一小片天……那是大本营，在发电机都没有的年代，所有人点着柴火在等他们归来。

那一晚，博格达峰下，茫茫黑暗中，循着一点点光亮，他燃着一腔热情，一直走啊走。走过漫漫20年，再回望最初那支穿着大头鞋，扛着大铁锅，连专业冰爪都没有的队伍，土得掉渣……究竟是凭着信念、野蛮、铁血意志，还是性命相托的信任，才完成一次次艰难攀登？那么一无所有又激情燃烧，又究竟是为了什么？

回忆的目光，从云端雪山转回眼前的纪念音乐会，一阵阵乐曲飘扬中，又响起那首熟悉的《送别》：长亭外，古道边，芳草碧连天……心有所念的王铁男，默默走出人群，走向大本营不远处的一块遇难者纪念石碑前，仿佛老友重逢，再一次望着碑上“董务新”的名字。

想起老董遇难那年，一位同攀过博格达峰的日本登山家，曾发来的唁电，“总有一天，我们都会在天堂再相遇的”；想起一条条路上，曾留下的宝贵生命，那一张张意气风发的脸；想起曾相约60岁还要一起登山，现在他真的60多岁了，曾生死与共的兄弟，有的却已消失在大山的怀抱中。久久望向眼前山川，这一生全部激情所在，一个个名字在心头闪现，又仿佛还并肩而立，和他一起仰望着，继续对天上之山的攀登……直到总有一天，天堂再见。

荒野谈

一生所爱，脚下长路

最近一次见到王铁男，是不远万里，他被邀请到杭州参加一场徒步大会。上千人齐聚的会场，这位老大哥两鬓斑白，望着台下一张张年轻的脸，转身和我感慨："真想不到，当年被当作不务正业的爱好，现在会这么大场面。"

一无所知的30多年前，只因对"山"的向往，他背着柴火，生命本能般，走向天山深处。一无所有的年代里，家国情结、热血好胜，又让他和兄弟们勇攀险峰，更无意触动了新疆户外起步的齿轮……一生追随的爱好，也让他有幸见证了历史。那些生死交织的记忆，不仅是他一个人的成长，也折射着一个群体走过的漫漫长路。

路的开始，是一群对大自然充满好奇的人，不甘于平凡生活，被荒野冥冥吸

引，一起走向山野林海、奔腾江河。明知无路，这群人却以披荆斩棘为乐，以栉风沐雨当歌。一次次出发，攀登，向上，回归，再出发……用一双脚在山路、险路、没有路的荒野，不觉开辟出了一条条新路。新的道路，必然充满未知的摸索。也曾无知、鲁莽，跌跌撞撞，付出了鲜血的代价。也曾沉痛、反省，从玩命到惜命，从野蛮到理性，从功利盲目回归到一种内心追求……从青丝到白头，换了时代，换了心态，一路蜕变，但始终没变的是对山的深情，对荒野的探寻。

回首往事，他笑谈中不时有泪。最念念难忘的，是那些逝去的伙伴。但为什么有人逝去，还有人愿意继续去走？与其说，这是一生所爱，不如说，所爱照亮了一生。生活中，他们如你如我。但心中所爱，会打开另一个世界。在美景和幻境里，在人生难求的体验和收获中，一个人得以点燃自己。一步一步艰难迈向的，不仅是广阔天地，更是不一样的自己，以及一个个生命的闪光时刻。

这光芒，还正吸引着一代代更新的人，走出生活，走向荒野，去感受生命蓬勃，去领受大自然的赠予。当山风回荡于峡谷，人与山，山与天，天与地，地与脚下的路，一次次交会时，回望来路，他们曾这样走过。眺望远方，还有无数新的路，新的脚步正走来。

博格达峰的日落

生死回响，八千米级雪山梦

雪山脚下，子夜枪响，来自多国的10名登山者同时遇难……2013年夏，南迦帕尔巴特峰惨案（以下简称“南迦峰惨案”）震惊世界，也成了中国登山史上的沉痛一页。当时最优秀的多名民间攀登者就此离世，其中一人是杨春风。

为了不应忘却的纪念，我寻访了杨春风生前挚友、亲人，以及南迦峰惨案唯一幸存者张京川，更有幸打开随死亡尘封的登山日记。

穿过有关老杨的追忆，穿过他生前11座8000米级雪山的攀登历程……这位草根登山者，一路走来，究竟需要闯过多少艰难险阻，持有怎样的热爱与追求?

时间冲淡鲜血，记忆还存活在许多人心里。枪声之后，8000米雪山之上，逝者灵魂，还活在生者继续追求的脚步之中。

本篇供图：王铁男、麦子等

师从天山派

“老杨可能不行了，在大本营遇到袭击……”2013年6月23日6点30分，一阵急促的铃声之后，紧随而来的是电话那头杨春风助理麦子的哭声，犹如兜头冷水，猛地惊醒了还没起床的王铁男。

在新疆荒野驰骋20余年，王铁男算是历尽生死。可那时那刻，快60岁的他，拿电话的手不禁颤抖，半天说不出话来。就在那天凌晨，异国枪响划破夜幕，中国登山界失去了一位顶尖的民间登山者，王铁男失去了令他最骄傲的小兄弟。

陷在悲痛里，王铁男的记忆如开闸洪流，奔涌向15年前那一场影响两人乃至新疆户外的雪山攀登——1998年8月，当王铁男作为第一个中国人登顶险峰博格达的画面出现在《新闻联播》上，被振奋的无数观众中，就有彼时30岁的中医杨春风。

“有个叫杨春风的还没来。”两个月后，王铁男组织车师古道探路活动，第一次听到这个姓名。这人却迟到了半小时，一直不见人影，气得老王火冒三丈，当场撂下狠话：“这样不守时的人，我们不能吸纳进来！”

没想到大队伍已经上路了，小伙子却打着车硬追了上来。瘦弱斯文，架着一副眼镜，才跳上车，他就开始到处找人：“谁是登上博格达峰的那个老王？”冒失又真诚的热情，让王铁男多少消了点儿火。更令他刮目相看的是，这年轻人个头虽小，却表现出惊人的潜力，一路上，他背得最多，步伐最大，没人赶得上他。

博格达峰首登，在世纪之交，掀起新疆探险热，也让“天山野蛮派”迅速成为中国户外的一个独特分支。被吸引来的杨春风，自然也无比向往雪山。从此，“天山派”的大小活动，他总是积极参与，累活苦活抢在前头。大伙围坐畅谈登山往事，他的兴致总是最浓。可一年后，当王铁男组织起首支民间队伍去登慕士塔格峰，每人需交的2000元活动费，却硬是挡住了杨春风。一向“穷大方”的他，个人诊所那一点儿收入全用来请大家吃饭了，自己却连买装备的钱都没有，只能望山兴叹。

为了帮帮这个渴望却登不起山的年轻人，王铁男格外热心肠。2000年夏，恰逢北大山鹰社走出来的登山者曹峻等4人来登博格达峰，需要一个当地人协作背物资、带路。老大哥赶紧抓住“免费机会”，大力举荐：“带上我的小兄弟吧，他绝对没问题。”

因为王铁男的担保，一贯谨慎的曹峻才勉强带上了杨春风。但其实老王自己心里也没底，博格达峰以险峻著称，那时的杨春风压根儿还没真正登过山。他只能郑重地把乌登协唯一一双专业登山鞋——还是一件塑料壳的20世纪60年代老古董，交付兄弟手中，并相信这双鞋一定会带给他好运。

“一进山，就感觉小伙特兴奋。”只是初识，曹峻也明显感觉到这个年轻人对攀登的渴望。本是安排他背着物资在后面跟着就好，他却跃跃欲试，动不动就提出：“能不能由我来领攀一段？”这是杨春风宝贵的第一次，因技术不成熟，竟一度滑坠10余米。他还一路念叨着听说外国队在“5080营地”遗弃了一顶名牌帐篷，千方百计想找到甚至捡回去用。这也让曹峻不禁为新疆登山者的“穷酸”，倍感心酸。

凑来的装备，甘愿做背夫协作换来的机会，终于让杨春风踏上梦想的雪山。2001年，又在王铁男引荐之下，他获得了去登慕峰的宝贵机会。没想到的是，那次攀登，大部队才勉强建好2号营地，他却一马当先，自个儿先抵达了山顶。一心向上的劲头，让他忘了自己只是个协作，任务是要陪人登山。

1998年，跟随王铁男，杨春风开始走向新疆荒野

为此，王铁男第一次劈头盖脸地痛批了这个小兄弟的失职，却又偶然得知他为了这次登山，每天坚持长跑10公里，穷得肉都吃不上，午饭只吃一碗凉面，一度饿晕在操场……再想起那时杨春风挨批时的沉默，王铁男也莫名有些心酸："他也许有不成熟的地方，只是太想登山了。"

弃医从山

太想登山的杨春风，经济始终拮据。尤其爱上户外后，个人诊所更是经常关门。几次以协作身份登山，他见识到另一个世界，也终于决定改行——从事商业户外服务，同时满足自己的登山渴望。

"我们都不知道他怎么忽然就踏上这条路了。"在杨春风妹妹杨春亚眼里，那些年哥哥虽成天呼朋唤友，烟一根接一根，却有说不出的落寞。虽开了个小诊所，但他不喜欢每天被拴在这狭小的几平方米空间，一辈子过一成不变的日子。再加上1997年离婚，他的家庭、事业都很迷茫。直到遇见了户外，"光看照片都觉得他整个人的气质变从容了。"但一家人最初并不理解他的追求。对于寻常家庭，玩户外像是不务正业，更别提以此为生。

家人不支持，杨春风却没有动摇。2002年冬，当王铁男又给了他去世界第二高峰乔戈里峰做协作的机会时，他立马欣然赴会。冬季近100天，无数次背送物资往返于海拔5000多米的营地间，他却连徒步鞋都没有，穿着王铁男送的塑料高山靴，把卡槽硬生生磨平了。如此清苦，但杨春风甘之如饴，只因乔戈里峰是世界攀登高手的舞台。那是他第一次学到国际全新登山理念，跃跃欲试，只可惜连1号营地还没到就止步了。

8000米山峰如此遥远，但第一次亲密接触之后，一颗种子默默种下。2003年，企业家王石等人组成的首支民间登山队登顶珠峰，掀开民间攀登的全新一页。远在新疆的杨春风也恰逢其时，开起了一家户外店，名字就用乔戈里峰的英文简称——"K2"。

只是杨春风一贯大手大脚，开店也被朋友戏称是"秀才搬砖"。大家都在计算他的店铺倒闭时间，他却在2005年进一步和朋友开起了高山探险公司，真正投入慕峰、博格达峰刚兴起的商业带队项目。逐渐展露的攀登天赋，让他获得山友首肯。几年间，称谓也从“小杨”慢慢变成“老杨”。一副文弱书生模样，“那么瘦，能行吗”是许多山友对老杨的第一印象，一登山，却无不被他的慷慨和幽默所打动。

每次带着山友拉练，他总是一边捡着别人丢弃的烟头再抽两口，一边却自掏腰包买烤羊。只顾让大家吃好喝好，自己最后却囊中空空，连回程票都买不起了。除了请客吃饭，他还要抚养父母代养的幼子，捉襟见肘之下，不得不在办公室里打地铺住了两年。在当时共事的回族姑娘麦子眼里，他这样既拮据又慷慨，真是压根儿没把自己当商人，完全就是在享受攀登。

终于可以以山为家，但在享受登山的老杨心里，依然有着一种漂泊感。一年年在慕士塔格带队，他永远对山友挂着笑脸，但也和朋友说起，感觉自己是飘零的，不知未来会飘去何方。“那时登山终究不成气候，我们也总劝他，这实在不是个谋生饭碗。”回顾最初岁月，杨春亚觉得，哥哥真正开始有人生目标感，是在2007年登顶珠峰时。

每个登山者都有珠峰梦，杨春风也不例外。然而几十万元经费，像是比珠峰更高的高山。经费始终没有着落，他却没放弃努力，并在2007年终获新疆啤酒赞助，也终于打开高高在上的8000米大门。

“如果不是2007年珠峰打开的窗口，他可能一辈子也只是在新疆带带队。”见证杨春风成长的王铁男坦言，为他出发送行时，感觉喝高的他特别兴奋，简直志在必得。杨春风也不负众望，在那一年5月16日清晨，仅用7小时冲顶，作为第一个新疆人站上了珠峰。接到哥哥登顶成功的电话，杨春亚在向祈祷多日的母亲转达时，一度哽咽得说不出话来。一家人以为珠峰也登上了，他该收收心了吧。却没想到，这才是真正的开始。

“我还想不断登山，珠峰虽高，但只是一个门槛，还有太多的山在前面等我。”新疆人首登珠峰的荣誉，让杨春风终于名声大振。他却并不满足，登山者的崇高理想——K2，一直都在心中。2009年夏，总算又拉到赞助的他再赴K2，连续两次攀登到7400米的3号营地，却都因天气原因不得不下撤。K2再次折戟，但那时杨春风的眼界不一样了。2009年，在山友投资下，他迈出人生重要一步，前往成都创办个人高山探险公司，并给自己的山友QQ群起了个意味深长的名字——群山沸腾。

2012年，杨春风登顶最凶险的乔戈里峰

见识过珠峰、K2之上的群山沸腾，新疆的小圈子已经留不住一颗向往更多8000米的心。只是攀登一座8000米级雪山，一般需2万到3万美元，资金问题始终是民间登山者的难题。如何平衡理想与现实，他能想到的是“以山养山”——通过商业带队，自己不就能跟着共同攀登了？

“2009年是重要分水岭。”基于欣赏，曾经的同事麦子亦前往四川，从此成为老杨的助理，负责公司后勤。在她看来，那一年重要的不仅是老杨走出新疆，更是他带着民间登山队伍第一次走出了国门。

8000米级雪山的魅力，吸引着每个登山者。可国内可供攀登的8000米级雪山只有珠峰、卓奥友峰等几座。对于如何去境外登山，当时国人还是一头雾水。一样没去境外登过山的杨春风，其实并不了解得更多：山峰情况，只能参考欧美的零星资料；面对尼泊尔上千家夏尔巴服务公司，更不知和谁合作。更大短板是，老杨英语不行，足足用了一年，才总算把成句的英文磕磕绊绊说出来。

“一开始，所有事都是两眼一抹黑。可他最推崇勇敢精神——敢去、敢尝试。”麦子眼里，老杨的勇敢并不仅体现在雪山之上，也在于山下“吃螃蟹”的探索。

靠着自己摸索，2009年秋，杨春风选中8000米级雪山中最适合入门的马纳斯鲁峰，率领首支民间队伍走向尼泊尔。王石、张梁、王静等知名登山者作为队员，共同见证了历史一刻。马纳斯鲁峰最终全员登顶，也激励了他继续开拓，很快把人生第四座8000米级雪山瞄准了世界第七高峰道拉吉里峰（以下简称“道峰”）。依旧是首次民间组队，也沿袭着他希望“以山养山”的思路：每人收取1.3万美元——这仅够交纳当地夏尔巴公司的服务费，老杨的公司其实没有盈利，他所占的便宜就是可以一起免费参加攀登。然而，站在时代前端的境外摸索，却在这一次付出了惨烈代价。

走出最低谷

2010年5月13日下午1点，当全员登顶道拉吉里峰，一个可怕的问题陡然降临：合作的夏尔巴向导经验不足，始终没找到正确的下撤路线，接应的人也没上来。直走到天黑，队员还在绝命海拔上打转，体力越来越不支，风雪也即将来临。

绝望感笼罩下，晚上7点天黑之际，来自深圳的山友李斌再也走不动了：“你们走吧，不要再拖……”当真实的山难在眼前爆发，没有人知道老杨经过怎样的挣扎，在海拔7600米之上放弃了奄奄一息的挚友李斌。

“那时候我要是不率先去找下山的路，可能所有人都完了。”在友情、团队和自己的生命之间，他第一次感到那么深的无能为力，恐惧着大家可能都走不下去了。紧接着第二个队员体力衰竭，瞬间滑坠。更大的恐慌弥漫，杨春风自己第三个滑坠。深夜10点，他们还困在7500米处。走在最前头的老杨竟透支到开始产生幻觉，恍恍惚惚以为到帐篷了，本能往前钻，结果眨眼就滑了下去，直撞到一个大雪包上。醒过来已是凌晨5点，把老杨硬背回的夏尔巴向导救了他的命。而那一夜，却有3名山友永远留在了道拉吉里峰。

境外雪山上，第一次发生如此惨烈的山难。这震动了国内户外圈，也把作为组织者的老杨推到舆论风口浪尖。仅一家户外论坛的相关讨论就达上百页，诸如“干掉杨春风”“把他清出登山界”的言论，让麦子等人只能劝老杨尽量别上网。而无论理性分析，还是激愤指责，几乎所有人都给他才起飞的事业判了“死刑”：杨春风不可能再带队了。

那是杨春风最难挨的一年。舆论压力还是其次，情感折磨更让他陷入持久痛苦，因为逝去的3位山友都是至交。队友死了，他还活着，曾一起登山的点点滴滴时不时涌上心头。他开始成天闭门不出，却在电话里和王铁男回忆兄弟情谊，提及李斌曾说“老杨你过得太差了，回头我帮你买房子吧”，一度失控，痛哭得像个孩子。

“以前觉得我们是山友的圆梦人，现在怎么觉得这样不积德啊？以后不要再劝人登山了。”沉痛之下，老杨对事业和人生也产生了怀疑。一次喝醉，他站在15楼阳台，摇摇晃晃着迈开腿，看起来像要跳楼。这一举动，吓得麦子等人赶忙把他架走，从此更换成没阳台的房间，避免他再出现酒后自残。

远在新疆的家人也倍感担心，可每次联系，他总说不需要钱。故作轻松的背后，却是越来越沉重的现实压力：投资人就此撤资，公司一年多再无活动收入，办公室只能搬去乡下朋友的别墅，一度靠压缩开支、借钱度日。好在他的两个助理不离不弃。麦子在网上卖装备，张伟垫付过开销，眼看大家一起吃苦，老杨也曾焦虑想过放弃。“他让我做好随时回新疆的准备。”麦子回忆起那段艰难时光，最欣慰的是痛定思痛之后，老杨还能继续坚持这条路。

哪怕很难再申请国内8000米级高山，哪怕再没人敢跟他的队，甚至被嘲讽“珍惜生命，远离老杨”，他还是想登山。也仿佛只有心爱的雪山，才有可能带他走出这人生最低谷。

“如果现在止步了，心里永远有未完成的事。”攀登精神是永远向上，人生亦然。所有人都以为老杨再也爬不起来了，他却真正明确了攀登全球14座8000米级雪山的目标，并行动起来。他的执着，打动了一家户外品牌提供赞助。深圳登山者饶剑峰，也在这时声援了老杨。不惜淡出地产事业追求着登山热爱的老饶，一样有着“14座”的梦想。他也是道峰山难亲历者，付出冻伤代价，却公开表态：“我相信老杨，我会继续跟。”

因为这份共同执着，2011年5月，杨春风和饶剑峰低调踏上海拔8586米干城章嘉峰的新征程。时隔一年，重回8000米级雪山攀登的杨春风万般感慨，试着去抱营地前方的巨石，一度觉得自己老了，力量、协调性都在下降。但没老的，是一颗依然勇敢的心。面对莫测天气，顶部时速可达50～60公里的狂风，外国登山者觉得“这时还上的人，都是疯子”。杨春风却在登山日记里自问：“敢不敢行动？”“一点不敢去拼，是更大的失败。”

敢拼的老杨，最终把握住了稍纵即逝的时间窗口，站上了世界第五高峰。他终于再次看见了心中的“群山沸腾”，并在紧接着的8月，用不到20天连登了迦舒布鲁姆I峰、Ⅱ峰。

“没被逼到极限，你都不知道自己可以多强大。”山难一年后，杨春风就这样爆发式跃升，一举成为当时登顶最多8000米山峰的中国民间登山者，并斩获当年中国户外金犀牛奖的年度突破奖。但他最终没去现场领奖，代为领奖的王铁男，欣慰着小兄弟的触底反弹，也有些感慨：“道峰山难之后，他变了很多，很低调，甚至有些孤僻了。”

十年圆梦 K2

个人成绩获得业界肯定，公司也迎来转机。时隔一年，杨春风在2011年秋季重开的马纳斯鲁峰活动，终于有人报名了。第一个报名的，是云南登山者张京川。他在2005年攀登慕峰初识老杨，更在2007年攀登珠峰加入老杨队伍，彼此结下过命之交。登顶珠峰之后，张京川本没有再登其他8000米的想法，可眼看兄弟坠入低谷，一度动摇“这事做不下去了”，他忍不住相劝，并用实际行动支持，“别人不跟你，我跟。”

时隔4年，再次和杨春风并肩攀登，张京川也明显感到老杨成熟了，再不是慕峰上那个内心飘零的向导，有了明确的人生目标和登山理念。更让他跟着自豪的是，老杨越来越丰富的实战经验，正在赢得国际登山界对中国人的认可。在第二年安纳布尔纳峰攀登中，面对深达胸部的雪，夏尔巴向导表示没法再上了。不肯放弃的杨春风硬是“游”了过去，并准确判断了第二次冲顶窗口，成为2012年喜马拉雅登山季第一个登顶8000米级山峰的登山者。

下山后的大本营庆功宴，老杨更被当作带领大家登顶的核心攀登者，主刀切分了庆功蛋糕。在张京川印象里，最初去境外登山，老外看到中国面孔，总是很诧异，甚至轻视。“现在能获得这样的认可，甚至主动到他帐篷来请教，真的很给中国登山者长脸。”

声名在上升，围绕杨春风的争议也始终存在。张京川却欣赏他抓住机会果断

攀登的"狠劲"，并在2012年7月和老杨、饶剑峰3人踏上了K2征途。"老杨特推崇这座山，他总说如果'14座'是登山者的皇冠，K2就是皇冠上最大的明珠。"明知异常凶险，杨春风对K2的多年热情还是感染了张京川。

K2也果真是变化莫测，他们在大本营苦等了一个月，也没找到最佳登顶时机。当后方气象分析专家终于传来两个登顶时机的消息，分歧出现了：夏尔巴向导认为第二次机会更大，杨春风却倾向更早一个。"赌不赌，信我就跟上！"当张京川跟老杨都到了1号营地，却发觉居然只有他们两个人，再没人敢跟上来。毕竟在和死亡相伴的K2，一点儿误判，后果致命。

那一天，老杨只能在对讲机里一遍遍喊着，喊到自己都想放弃时，二十几个国外登山者竟然跟了上来。最终，所有人选择了相信杨春风。无比艰险中，他们穿过最危险的冰崩雪崩区，总算接近海拔7500米的3号营地。正率队前行的杨春风却一下蒙了：再往前竟然没路了。连夏尔巴向导都不看好这次攀登，已经放弃修路。面对垂直200米的高度，老杨心一横，由张京川做保护，他来打通道路。

力排万难，终于抵达8100米，新的意外出现——修路的路绳全部用完。再向上，最后500多米将没有安全保护。是进是退？老杨也一度纠结，时间却容不得犹豫。最终所有人无保护继续前行，老杨第一个站上了K2顶峰，张京川紧随其后。从2002年作为协作第一次仰望K2，到2012年成为核心攀登者站在顶峰，杨春风用了10年。

然而，来不及为登顶喜悦，因为还有更惊险的下撤路。一位夏尔巴向导发生滑坠，竟把结组在一起的张京川等3人带倒。4个活生生的生命，瞬间就翻滚而下，整整滑坠出400米，眼看必死，竟被一道冰缝卡住，而10米之外就是悬崖。当惊

▲ 关闭了中医诊所，他成了“以山为家”的登山向导

魂未定的张京川回到大本营，这才知情的杨春风忍不住和他抱头痛哭：“你要是‘挂’了，我可怎么和你妈妈交代？”哪怕10年终圆K2梦，道峰阴影依然还像巨石压在杨春风心头。他不畏险峰，最怕的却是面对遇难者家人。

“回来之后，感觉他整个人都‘轻’了。”穿过惊心动魄，老杨对张京川无不欣慰地说过：“登顶K2，14座已是坦途。”而山下等待他们的，是名动江湖的盛赞。作为首支登顶K2的中国民间登山队伍，这一场里程碑式的攀登，把杨春风的声名一时推向了更高潮。数以百计的山友络绎来访，麦子都快成了能做各种菜系的大厨。但她眼里的老杨却越来越沉默了。“他从前是舍命陪君子，后来渐渐推说‘不在家’，其实成天躲屋里不出来，并爱上了烟斗。”麦子觉得，这大概就是“高处不胜寒”吧。

仅仅两年时间，从道峰的千夫所指，到K2的潮水盛赞，穿过沉重生死，重上一座座8000米巅峰，没有人能真正体会杨春风所经历的人生起落，“他的心思只有烟斗知道”。内心越来越孤独，但好客的老杨依然习惯对来访的山友说，这是“家里”，尽管他其实是没有家的人。两次婚姻失败，虽也有过痴心等他的姑娘，但老杨始终没有再婚，常年攀行在生死雪线，他已自认“给不了别人幸福”，也信奉“了无牵挂，才能无所畏惧”。

但割舍不掉的，还有亲人。自从到成都发展，每逢换季，杨春风都会给多病的父母寄去自己配的中药，聊表亏欠。远在新疆的儿子不那么亲近了，他也有些失落，只能自我安慰着“我没有财产留给他，能给的是精神财富，相信儿子将来会理解我的”，并在每次登山时购买100万元的高额保险，受益人写上儿子的名字。

“登山家”的梦

“完成14座，你真可以称得上登山家了。”最后一次见到回新疆的杨春风，王铁男拍着小兄弟的肩膀，感叹他的今非昔比。老杨却连连摆手：“中国现在还没有登山家吧，我也担当不起。但成为登山家，肯定是每个登山者的梦。”

而在麦子眼里，没有家的老杨，随着一次次突破，尤其登顶K2之后，也在梦想成为一个真正的登山家。“登山者满足的是个人，登山家的视野却是行业发展。老杨最推崇的，其实是罗塞尔那样的世界级登山指挥。这些年，他一直在让我做山峰各种资料整理，就是想摸索出中国自己的商业登山规律。除了‘14座’，他想做的还有很多很多……”

2013年6月，曾名动江湖的“K2三人”再次踏上南迦帕尔巴特峰的征程，张京川也明显感到杨春风已经“志不在14座”。最后一晚，南迦峰登山大本营，围绕“14座”暗暗竞争的杨春风与饶剑峰，曾开诚布公谈到夜深。此时老杨已登顶11座8000米级雪山，老饶已登顶10座，各自都已胜利在望。老杨却在张京川面前这样说过：“我和老饶谁先完成14座，已经不重要了。重要的是若能带动更多人不断攀登，那才是更大的能量。”

正当这两位遥遥领先的登山者还在深夜倾谈，意想不到的悲剧却突如其来。巴基斯坦时间2013年6月23日凌晨0点30分，张京川从睡梦中惊醒，被硬生生拖出帐篷，跪在还穿着羽绒服未眠的老杨身边。塔利班一柄柄枪杆，冰冷地顶在了

11位来自不同国家的登山者头顶上。

“别担心，这些人只是为了劫财。”这是杨春风最后安慰张京川的话。劫财之后，却是无情枪响。唯有暗中挣脱绳索的张京川，本能撂倒身后的武装人员，玩命般狂奔了出去。沉沉黑夜，密集枪声中，他跳下几十米山崖，连滚带爬，在冰缝里不知躲了多久，才斗胆匍匐回去。他试图拿到救命的卫星电话，更一度爬到倒下的杨春风身边，期待还有奇迹，却不得不面对无比残酷的现实：10名登山者同时遇难，老杨、老饶没能幸免，自己是唯一幸存的人。

几个小时后，麦子接到张京川从南迦峰打来的紧急求救电话。惊慌断续中，听到一句“老杨不行了”，麦子心一下抖了。头脑空白了不知多久，她颤抖着手，给王铁男等人一一拨去了电话。

震惊与悲痛，在6月23日，沿着电话和网络扩散，深深冲击了每一颗向往雪山的心。“这是中国登山界最灰暗的一天，我们失去了两位至为优秀的民间登山者。”而让所有人难以置信并无法接受的是，他们竟是以这样一种方式离世……

“老杨其实早已做好‘牺牲’准备。”当接到杨春风死讯，麦子潜意识里仿佛是迎接一个必临的结局。道峰山难之后，“假如我挂了……”就已经是老杨的口头禅了。“他也会怕死，但更怕没真正活过。希望趁还活着，拿出一些值得留下的东西。”可让她一想就痛的是，这样一个爱山的人，竟没有留在一生心爱的雪山，没能完成终于看清的理想。

潮水般的哀叹中，最痛心的终究是家人。6月25日，归国的张京川带着老杨最喜欢的帽子、烟斗等遗物，跪在杨春风父母面前。70多岁的老妈妈一声“儿啊”，震得张京川无法承受地痛。

“大家怀念的那个妙语连珠的杨春风，和我哥哥是一个人吗？”杨春亚长久心痛，成长于彼此都不善表达的家庭中，她竟从没有真正理解过他的追求。但即便不懂，她也知道哥哥的生命更应属于雪山。

时间冲淡鲜血，真情却还流淌在许多人心里。一年后，带着杨春风部分骨灰，杨春亚和张京川、张伟，一起踏上了前往尼泊尔珠峰大本营的路。这是杨春亚第一次出国，也是第一次徒步，只为哥哥生前曾提起的“若有一天我死了，希望把骨灰撒在珠峰”。

她一直遗憾，在哥哥生前，没能太理解他。现在了解越多，越觉得一个人能一生忠于热爱，是多么可贵。可是，作为亲人，她终究更希望他还好好活着，哪怕没有那么高的成就。“这是很矛盾的心情，但也更真实。”

忍着高原反应，翻山越岭，终于走到第六天。视野里忽然涌出一片雪山深谷，一簇簇鲜艳的帐篷在远处晃动。“原来那就是哥哥一直工作的地方。”那一刻，杨春亚热泪奔涌而出，“就觉得，我终于走进哥哥的‘地界’了……”

然而，这穿过千山万水的还愿，没能如愿。2014年4月，珠峰昆布冰川冰崩，16名夏尔巴人遇难，迫使那一年所有珠峰攀登活动取消。2015年4月，8.1级大地震，震碎尼泊尔，再次震碎了登山者的梦——这其中就有一年又一年到来的张京川。2016年春，张京川第三次奔赴珠峰，直登到海拔7900米4号营地。面对难以登顶的大风，他心一横，默念着杨春风和饶剑峰的名字，一个人继续向上，几乎豁出性命，最终把杨春风的部分骨灰撒在了珠峰。

“老杨，你在那边好好的，等着我。”站在珠峰顶，张京川和逝去的兄弟说了会儿悄悄话。这是离天堂最近的地方，他觉得，老杨会听见的。而他自己，3年后，也以这样一种方式终于走出了南迦峰惨案的阴影。

死亡带不走的记忆，还在雪山继续回荡。一年之后，海拔4900米的珠峰墓地，第一座纪念中国境外登山遇难者的墓碑悄然落成。纪念碑四面镶嵌着9位已故登山者的照片，望着其中杨春风、饶剑峰等一个个熟悉的面容，主导立碑的张京川眼中有泪，仿佛再一次与老友重逢。

“希望每一个路过的人能记得他们，希望激励也警醒更多后来人。更希望他们还飘荡在高山上的灵魂能安放在这里，真正安息。”这已是张京川连续4年来到珠峰脚下，他还想着过两年带杨春风的儿子一起来这里，看看父亲和他曾走过的路。

几天后，墓碑前思绪万千的，是正前往珠峰攀登的王铁男。异国他乡，珠峰脚下，再次面对曾经被他引向雪山的小兄弟，无数记忆，忍不住在他心头翻涌。那个一无所有、地地道道的草根登山者，奇迹般创造了那么高的攀登成就，怎么比他还早就离开了呢……王铁男想起的，还有近30年一个个长眠雪山的山友。他们走了，他还活着，还将带着登山人才懂的追求走向雪山，并谨记着一定要平安归来，只因生命不仅属于自己。

“老杨，我又来看你了。”久久伫立碑前的，还曾有正在珠峰大本营工作的麦子。她还继续着老杨的遗志，哪怕2015年尼泊尔地震4条肋骨骨折、脾肾大出血的重伤，也没击溃这个弱女子。她在2016年终于登上珠峰，从后勤人员蜕变成了团队主帅。

“一想到他落到最低谷依然向上的样子，我又怎么能放弃？”尽管杨春风走了4年，可对于曾朝夕共事的这个女人，却仿佛从不曾离去。而此刻，麦子更想和老杨汇报的，是她正在筹建的民间登山历史馆。这些曾为登山做出贡献的人，那些用生命、泪水换来的珍贵资料、数据……不应被遗忘，理应被铭记。

墓碑上，照片中的人，永远定格。走过墓碑的人，迎着浩荡春风，拉开喜马拉雅又一年登山季大幕。如杨春风所愿，更多人正在走向更多山峰。或许，生者和逝者还将一次次会聚，在继续向上的脚步里，在山那里。

位于珠峰墓地的纪念碑，墓志铭上写着：他们摆脱了尘世的枷索，触及了上帝的脸庞

荒野谈

念念不忘，春风回响

春风已故，阴阳两隔。我只能顺着见证他人生的挚友、亲人的记忆，试图接近他的灵魂。多年过去，文中每个人回忆起老杨时，记忆还新鲜得仿佛他还活着，情感更亲切得仿佛他还在身旁、在雪山上，面容含笑，眼中有光。

为什么有一些人，死亡也带不走他的存在？

无疑，杨春风是一个至为优秀的攀登者。短暂一生，在中国民间登山的风起云涌中，以11座8000米级雪山领攀，摸索出境外登山之路，带动了许多人走向雪山。

让老杨依然活在许多人心中、持续发光的，更是他在人生这座山峰的执着向上。

一介草根，怀着登山梦，不惜“弃医从山”。

也曾飘零茫然，却坚持着攀上了世界最高峰，从此打开8000米大门。

也曾坠落深渊，却能在最低谷触底反弹，走向更波澜壮阔的“14座”征程。

即便面对潮水般盛赞，依然有着更高理想。却最终令人无限唏嘘，倒在了追求的路上……

而灵魂回荡在雪山的，还不仅是老杨。

就像张京川所说，在珠峰下立下的墓碑，不仅是对一个人的怀念，更是对一群人的纪念。

哪怕雪山之上，生命渺小得如蚁如尘。

可这世上，总有这样一群人，听从内心召唤，走向雪山，走向了世界之外的荒野。也许不被理解，他们却一次次出发，攀登，向上。

这其中，有人虽永远留了下来。但对生的追求，还活在一串串脚步里，在山上，也在山下。不会死，也不会忘。

三・重塑信仰

万千浮华中

我们究竟为什么而活？

走向荒野，他们燃起生命之火

寻找精神家园

曾经的苦痛都随风而去，可我感觉却是那么悲伤，岁月留给我更深的迷惘。

——汪峰《春天里》，2009年

人的视野如大幕拉开，在日新月异的新世纪。

经济开始腾飞，无数高楼拔地而起，人们的物欲狂飙，也在追逐中日渐迷失。最初多为职业白领，目光越过房子股票，又一代人成长于户外运动在互联网的初兴，走出都市生活，回归纯净自然。或逃离，或放飞，或追寻，他们想要换一种活法。

万里黄河上，独闯生死激流，距离上一代黄漂近30年，闪米特划着孤舟，再不为和外国人争先。穿过环境污染的雾霾，以身融入水的视角，他更渴望重新认识母亲河，呈现两岸变迁中的中国。

14座8000米级雪山上，一个女人爬出命运谷底，闯过重重难关，被最雄伟雪峰重塑着生命。

珠峰大本营，一场雪崩重创后，一群都市来客在一次次重攀中，褪去幻想，重识着自然伟力、人的渺小，以及商业登山的名利荣辱……

融入全球化的这代人，更接轨国际，也更渴望回归内心深处。万千浮华中，人的一生，究竟该追求什么？犹如回归精神家园，大自然的艰辛跋涉中，他们体验着生之热烈，也在近乎本能地寻找着生之意义。

独闯黄河，奇幻漂流

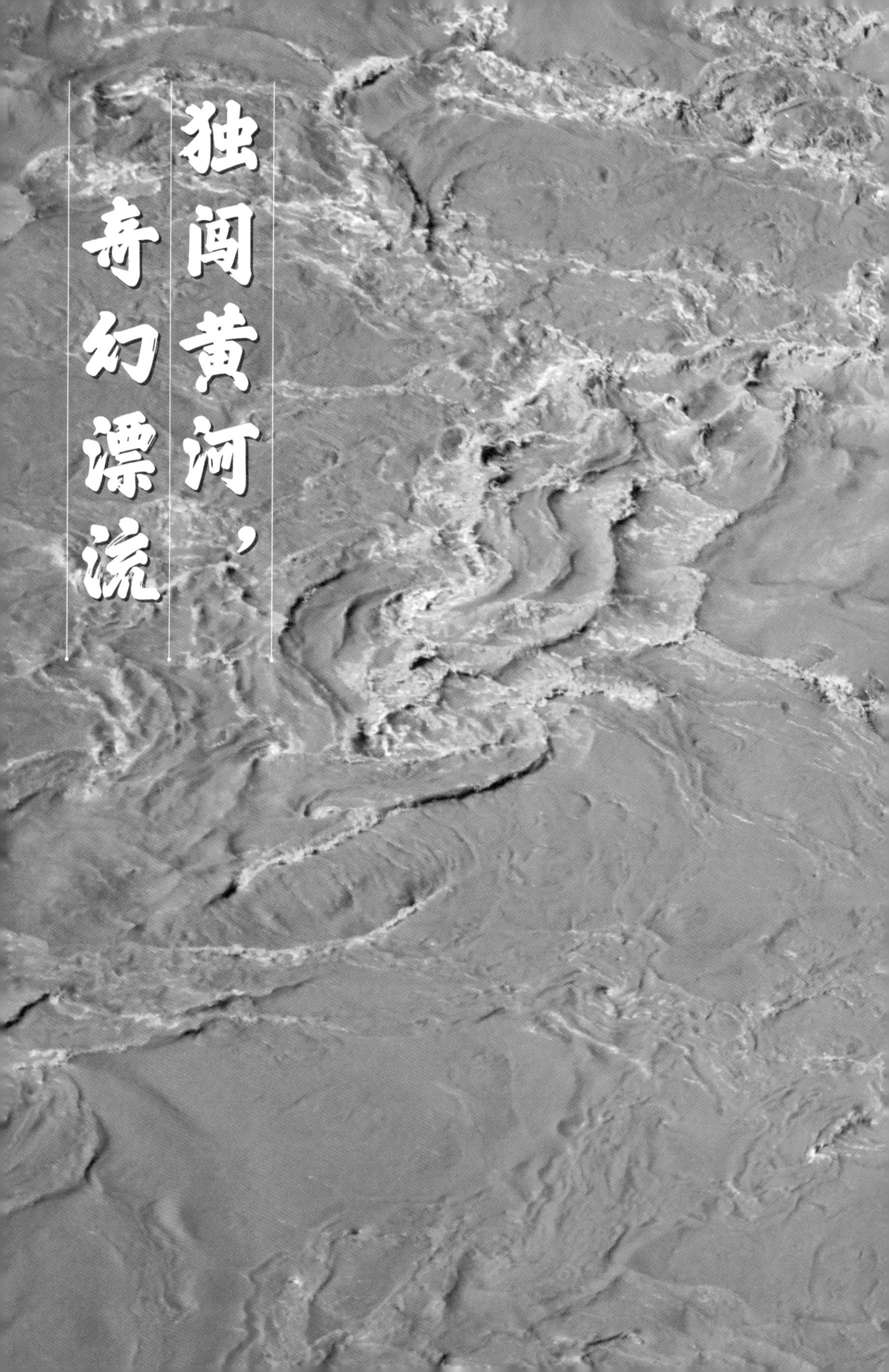

茫茫江海，一只小舟，叶片般划过万里黄河，起伏于环中国的海面……载着一个名叫“闪米特”的男子，以纯人力划行，闯过一段段生死激流。

风雨岸边，更有一个女人，驱车万里，在每一段漂流终点，一次次翘首期盼他的归来。

漂流多年，两个都市白领选择以舟为剑，四海为家……这对平民夫妻，为什么会舍下安稳生活，携手迎向动荡人生？水上岸上，荒野红尘，他们究竟在追求什么？

穿过探险与爱情，激荡人心的，不仅是一段段惊涛骇浪的旅程，更是从相濡以沫到相互成就，两个人的人间漂流。

本篇供图：闪米特

遇见独木舟

一路颠簸到青海麻多乡，荒原深处，就藏着万里黄河的源头。茫茫冰雪中，闯过一群20世纪80年代的青年，也留下悼念铁碑——就为“不让外国人抢在前头”，他们热血又荒诞地完成了人类首次黄河漂流，也留下7人遇难的沉痛。

时间冲淡鲜血，大河依旧奔流。2015年5月，当又一个漂流者伫立碑前，望向铁锈斑驳的碑文，已是28年之后。28年，时代沧桑剧变。不同于“为国争光”的前人，今天的人甘愿押上身家性命，再次走向这条大河，是为了什么？相比28年前近百人的集团军，这样一个人，竟想独漂黄河，又如何闯得过滚滚惊涛？

“这不可能”“你这是去送死”……一片质疑声中，来自珠海的闪米特站在黄河源，遥想昔日英魂，也不禁自问：“他们当年有没有想过，黄河可能会吞噬生命？我，想过吗？”

关于死，闪米特当然想过，并深深怕过。早在2010年的南海，漂流就曾第一次向他拷问生死。狂风海上，近5米高的巨浪，11艘独木舟，枯叶般在波涛中起伏。目光所及，一个个队友连人带舟被卷翻。对讲机里，一声声声嘶力竭的呼救，却是救一个，翻一个。一次次奋力施救，被大浪兜头打成泡影。拼了命挥桨，却被洋流越推越远。眼看一条条生命，就要被推向死神怀中……在这样的噩梦中惊醒，总会让闪米特一身冷汗。那是他召集的中国首次横渡琼州海峡活动，队员水平参差不齐，险酿大祸。最终专业救援船出动，惊魂6小时，才侥幸救回队员。

此后半年，他再没碰过独木舟，更不敢上网看那些对自己的谩骂与诅咒。退回现实的壳里，他是名叫李华灿的电气工程师，供职日企，斯文体面，本该过着另一种生活。生活平顺，他却莫名焦虑：像个流水线螺丝钉的自己，有什么价值呢？

“我其实是个自卑的人，又最怕平庸。”闪米特自幼家教严厉，唯有拼命做到最好，才可能换来父亲一句肯定。这种心理惯性，一度让刚毕业的他像个工作狂，两三年夜夜熬到凌晨。工作终于有点儿信心，不到30岁的身体，却大病一场。试着登山锻炼康复，没想到，正赶上21世纪初户外运动在中国兴起。

山风、林海、怪石、云霭……犹如万花筒的大自然，顿时打开职场外另一片天地。很快，这个腼腆的年轻人就成了朋友眼中的“疯子”。越难走的路，他越要去闯，甚至给自己起了个网名“闪米特”——这个擅长跋山涉水的古西亚民族，寄托着他对荒野的惊喜与热情。但结婚、工作、升职加薪，终究才是一个男人的

“正确道路”。直到2007年一次偶然，33岁的他遇见独木舟，人生河流这才改道。

置身宽不足1米的小舟，一桨一桨，穿行在水松之间……无意间参加独木舟厂家的活动带来的梦幻体验，瞬间俘获了闪米特的心。“从山上到水上，感觉整个世界一下变大。这太酷了。”当即，他花3000元买了人生第一条独木舟。10多年前，漂流还是很小众的运动，玩者寥寥，闪米特却上瘾了。疯狂自学后，散落珠海的岛屿，成了他热衷探秘的新世界。

一次次，一舟一桨，迎向无边大海，一种不同于陆地的开阔，总会让他想起少年时，为了向父亲证明自己能行，10岁孩子壮着胆子，跑出生活的农场，游过5条小河，穿过大片甘蔗林，大海突然撞进视野的震撼。那是他第一次看见真正辽阔的世界。再回想，那时大海或也在血液里埋下了种子，穿过20余年寻常人生，才会让他一接触独木舟，就仿佛一把握住了通向远方的钥匙。越划越顺，闪米特内心前所未有地躁动，忽然觉得自己的人生应该是不平凡的，不应局限在小小的珠海。

放眼海域地图，横渡中国3大海峡，甚至环西太平洋的计划，大胆浮出水面。那时狂妄的他，甚至幻想横渡3大海峡后，自己是不是就是“中国海洋独木舟领域一哥”了？相比波澜不惊的生活，他其实一直隐隐期待，惊天动地的事有一天能降临在自己身上。但没想到，迈向全国的第一步——航程最短的琼州海峡，就惊天动地，险些有人丧命。

“我是不是太自大了？到底是在享受独木舟的乐趣，还是出于虚荣，贪图征服快感？”南海惊魂的记忆，第一次让闪米特深深反省。才膨胀的自信，跟着一败涂地。他几乎不想再漂流了。

一个女人的矛盾

面对黄河，她可曾想过丈夫的生死？视线拉回黄河源，风雪中，还伫立着一个女人——羚羊。这个眉眼伶俐的女强人，本该一身职业装，出入跨国公司，平步青云。她自己都想不到，有一天竟会丢下工作，陪丈夫一起疯。

原以为丈夫玩玩而已的漂流，第一次让她深深恐惧，是闪米特在东南亚的海上失联。说好8小时至少通一次的电话，始终没响起。想到茫茫深海不知所踪的丈夫，不知求救哪里，她的心都空了，走路时腿都是软的，生怕下一脚就会跌进深渊。熬过人生最漫长的44小时，当闪米特终于找到通信信号，电话里，她简直是哭着爆发："你快回来，永远不要划了！"

可当琼州海峡惨败，他真不再漂流，回归正轨，羚羊又成了将闪米特重新推向大海的人。"那段日子，他成天忙工作，但整个人一下没了神采。"眼看着打蔫儿的丈夫，她不忍了，还是更想看到他为热爱努力。那样光芒万丈，才是她爱的男人该有的模样。

一次台风过境后，在羚羊怂恿下，闪米特终于回到海边。许久未碰的独木舟，废弃在沙滩，其中一艘竟已断成两截，残破一如曾经的梦。"这件事如果不再做，也许就这样断了。"百感交集之际，羚羊推了他一把："再试试吧。"荒废半年的独木舟，这才载着闪米特，在妻子的鼓励下，再一次划向大海。

"大海仁慈放我一马，一定不是为了让我因恐惧而放弃的。"2011年5月，闪米特终于雪耻，成功横渡琼州海峡，更迅速把目标指向了更让人望而生畏的渤海海峡。"我那时迫切想挑战一个个里程碑式的活动，这种冲动源于失败阴影，源于一些网友的尖锐嘲讽，也源于内心深处的自卑和由来已久的英雄梦想，总想证明自己的价值。"

无情大海，终于肯定了他的努力。渤海海峡、环海南岛、马六甲海峡……重新振作的闪米特，势如破竹，短短3年创造了一个个探险纪录。不断升级的难度，也让同伴一一退场，最终只剩他一人，更难兼顾工作与探险的平衡。

连续3次为了长距离漂流而辞职，他被人事圈拉进了黑名单。靠着接外包项目，做了三四年自由职业者，他也不禁陷入新的焦虑。放弃这种探险，好好上下班，看着存折上数字增加，似乎也不错。可一想到成天家、公司、菜场三点一线的生活，他又极度抗拒。

固定程序般的人生，和横渡琼州海峡的惨败一样，让他害怕。"如果这样老去，临死时，我肯定会因那些想做却没去做的事后悔。但，或许这是借口。也许，内心还是想逃离自己不擅长的东西。只有在大海里划行时，我才能真正充满自信。"

闪米特一度茫然，羚羊也曾纠结。她也不满生活现状，但和多数人一样，目标是赚更多钱。男人应该有个爱好，但不能影响生活。闪米特却越来越离经叛道，导致她都没法和同事攀比房子、车子和老公了……

▲ 黄河峡谷中，闯过激流瞬间

忍无可忍之下，羚羊一度给远方漂流的丈夫写去长信："我们俩生活理念已经背道而驰。你再这样漂下去，我们离婚！"一时气话，终抵不过夫妻情深。闪米特继续默默坚持，羚羊则从纠结到无奈放任……直到2014年，一场珠江漂流不经意间改变了两个人。

"珠江漂流，和我过往所有的探险都不同。"最初只是想感受珠江风光，可到了源头，闪米特却顿时傻眼：珠江源竟然没水。几近干涸的河道，满是垃圾，越往前，越触目惊心。两岸村民把厕所、垃圾置于河边，冒着浓烟的工厂肆意排污，河里甚至漂过5头死猪……难以想象，这就是广东的饮水之源，沿岸的人却浑然不觉。

忍着恶臭，闪米特第一次漂得万分不开心。更抓狂的是，没划多远就会碰见水坝。一度20公里遇见3个水坝，他不得不背着30多公斤行李和船，翻山越岭寻找下一个下水点，却被村民告知，往下25公里都不会有水……"这哪是漂流，简直是遭罪。"闯过怒海惊涛的闪米特，简直要败给一路乱象。心灰意冷间，他几乎想放弃，但戏剧性转折却来了。他在微博上曝光的5头死猪，竟得到云南沾益县环保局回复，允诺将全面清理河道。

本是无心之举，没想到竟能推动环保，他顿时有了漂下去的动力，同时多了一件更重要的事：以独特的水上视角，一路记录两岸境况。两个月后，当闪米特终抵珠江入海口，完成的不仅是又一次漂流，还有沉甸甸的10万字记录。

无人的海上，他看见的只有自己和天地。珠江却让他无意瞥见了众生一角。这冲击，比海浪更让人心潮澎湃。原本单纯的户外运动，不小心成了一场环保式探险，也意外收获众多社会关注。巨大成就感之下，羚羊不禁第一次为丈夫自豪："没想到漂流不仅是在实现个人梦想，还有撬动社会的可能。"闪米特也忽然有了新的思考：相比美景、挑战，以漂流为媒介，去了解江河命运，并呈现给更多人，探险价值是否会更大呢？

当珠江划到尽头，真正的大幕这才拉起。仿佛冥冥中一双手，将他和中国的江河摁到一起。他暂停了正进行的环西太平洋计划，把目光转向计划外的黄河——这条母亲河，对于生活在这片土地的人们，无疑最休戚与共。

闯过黄河

灰霾天空，滚滚浓烟弥漫中国……2015年春，当柴静的雾霾纪录片《穹顶之下》，向无数人发出空气污染警示，闪米特旨在"重新认识母亲河"的黄河漂流也正式启程。这世上从不曾有人独漂过黄河，相比28年前浩浩荡荡出发的大部队，这个独自上路的新一代漂流者，最先要顶住的是所有人的不看好。

爱国激发的江河探险热早已淡去，漂流在今天的大众眼里，更像"玩命""有钱人的游戏"。没有任何机构肯赞助，唯一跟来的记者挺不住艰苦，没几天就撤了。其他媒体非但不来，就差宣判死刑："不知道这人还能活多久，有什么好报道的？"

"只要咬紧牙关，就没有过不去的坎。"最后回望一眼7位遇难者的纪念碑，闪米特深吸一口气，一个人，弓身拖起独木舟，迎向了这一条5464公里长的黄色巨龙。第一天，黄河就直接给了他一个下马威。5月的高原，还是冰雪皑皑，源头河水冻得严严实实，好不容易找到一处漂满浮冰的水面，左突右撞，到处是冰，他只好用桨奋力敲冰开路。这起航，成了名副其实的"破冰之旅"。

稀薄的空气，冷得张狂的风，让每一次奋力挥桨，都异常僵硬沉重，他只能大口呼吸。不知道万里长的跌宕黄河上，迎接自己的会是什么，只知道每前进一点儿，海拔会低一点儿，氧气会多一点儿，自己会更顽强一点儿。而每一个终点，她一定都在等他。

茫茫荒原，一辆小破车孤独穿行过冰雪。车上装着的6个睡袋、2顶帐篷、2条皮划艇、常备药品和1000块压缩饼干，就是这次漂流的后勤物资。紧握方向盘的羚羊，一颗心一路悬着，这辈子还没开过这样荒凉无人的路。半个月前，一封辞职信在手里捂了好久，脑子里盘旋着父母、闺密的劝阻："丢掉这么好的工作，你脑子也跟着烧坏了？"

"他们的不理解，就像我当初一样。"曾经她满脑子房子、车子、股票，是珠江漂流的社会反响，终于让羚羊觉得，闪米特的追求是更有价值的。可这是黄河啊，更加凶险漫长，甚至无情卷走过7条生命……"所以我更必须跟上，不然怎么放心？"越是研究黄漂，越惊叹它的跨度之大。上游多是无人区，几百斤补给若没人运送，他一条船根本走不了。最终，只能靠她这个蹩脚司机，一路追随。倘若发生意外，她更是唯一支援。

相比花费2万元的珠江，黄河更像是个无底洞。别人说，黄漂跟踪拍摄需要上千万元。她能做的，只是拿出家里仅剩的34万元积蓄。漫长生活的琐碎，一度让羚羊快忘了最初相恋时，闪米特不惜借钱，支持家境不好的她远赴他乡去进修外语。那时他一脸认真地说过："你的梦想就是我的梦想。"经过10余年同甘共苦，这一次，该换她对他说："你的梦也成了我的梦。"

然而，从职场一下切换到荒原，无论看到人还是没看到人，都让她害怕。虽不信神佛，但一看到经幡，也忍不住去拜，希望神能保佑。不靠谱的破车，刹车时灵时不灵，一个急转弯，硬生生撞上土坡时，她终于忍不住一个人在荒野里哭。可哭完，还得继续赶路。

第一次重逢，她更忍不住鼻酸。闪米特嘴唇发紫，冻得脸都僵了，一双手红彤彤的，鼻炎导致呼吸都困难。"这样折腾，值得吗？"羚羊不敢露出一丝怀疑，生怕泄了他的气，能做的，只是挤出笑脸，递上热茶，拥抱她的爱人。那是黄河第一座水电站，前方等待他们的，是更加汹涌的波涛。

"你确定真有信心？"青海唐乃亥乡，当他们终于站在黄漂最危险的河段，羚羊忍不住第十几遍问丈夫。已是6月，闪米特终于扛过高原严寒，漂流一个月，进入真正危机四伏的峡谷地貌。从这里直至龙羊峡，首漂7人均殒命于此。眼前长达20多公里的险滩，28年再没人敢尝试……“无论如何都不要漂这段，就算跳过这里，也没人会怪你。”一个来自北京的神秘电话反复响起，那是1987年黄漂的前辈，极力劝阻，生怕悲剧重演。

“80%可能闯关失败，但我相信能自救。”说不害怕是假的。装好艇后，他反复去了4趟厕所，手心止不住冒汗。可当皮划艇被推下水，再没有回头路了。举起船桨，河面陡然收窄，闪米特努力定住心神，才深呼吸了一半，就几乎被一股强劲水流猛吸进去。搏击开始了。

曲折峡谷，激流轰鸣，左冲右撞间，小船很快失去控制，整个人像置身滚筒洗衣机里。一个又一个激流翻滚，以为挺过来了，忽又一个巨浪，墙一样倒下来。以为快到终点，却是更猛烈的水流，像练就“吸星大法”，吸着艇直接往礁石上

撞。眼看就要撞向礁石，28年前前辈遇难的情景，瞬间与眼前重叠。倒抽一口冷气，他几乎是拼上全部力气，猛一桨掉转艇头。和礁石擦身那刻，闪米特感觉，终于逃出鬼门关了……几小时的漂流，长得仿佛几个世纪。他精疲力竭爬上岸，倒下那一刻，大脑一片空白。良久，他摸出手机，几乎是声音颤抖着告诉正开车的羚羊，他成功了。“从没有一刻，感到亲人是如此珍贵。”倒在岸边水葬台，再没有一丝气力的闪米特，顾不上尸臭，直接昏睡过去。唯一念想是，马上可以看见羚羊了，想给她做一顿饭。

为什么要如此玩命？一个人坐在独木舟中，闪米特也时常问自己。每一个兜头而下的巨浪，都在警告自己，生死之外无大事。那么，生与死之间，还能做些什么？

曾几何时，漂流成了他阅读世界的方式。一桨一桨打破的，是自己能力的边界；一步一步靠近的，又是不是自己真正想要的人生呢？而现在，他正挥舞船桨，

▼ 闪米特说，漂流只是探索生命的工具之一，更重要的是每向前一步，能突破自我

历时又一月，穿过幽长峡谷，漂到了青海、甘肃交界处。大河奔流近2000公里，即将进入汉族人聚集的区域。他却是从源头，一个人划着独木舟，一桨一桨划过来的。

那是闪米特最开心的时刻——眼看黄河终于从青藏高原流向黄土高原，荒凉的无人区、致命河段就将一一过去。清风水上，他忍不住摸出随身口琴，吹起歌谣。闯过生死激流，琴声幽幽中，奋不顾身投奔的这条大河，终于接纳他了。

重新认识母亲河

但万里黄河路，比波涛更冲击心灵的，其实是两岸生活——这也是闪米特的黄河计划中，最着重想去了解的。除了"很黄、多沙"，我们对母亲河究竟了解多少呢？划着小舟，他试着一点点揭开面纱，现实却远比想象残酷。

第一次透心凉，在青海医院。医生看完15岁少女桑吉，对着闪米特和羚羊，悄声说了一句："救不了。"那时的他们，正带着对上游藏区包虫病肆虐的震惊，专门沿岸做着深入调研。这种寄生虫传染病，仅青海特合土乡发病率就高达12.69%，有些家庭几乎绝户，却始终没被重视。

15岁少女，一双因病变黄的眼睛苦苦闪烁着对生的渴望。闪米特以为自己可以只是看看，却不能不满心悲凉。漂流黄河上，浪涛再怎样湍急，只要拼命向前，终会到达彼岸，但桑吉永远没有了明天。他们的悲惨命运，让他无法释然。他开始担心，当地还有多少孩子，血肉在被包虫侵蚀？还有多少无知的人，在和没有防疫的狗、牛、羊接触？更难以接受的是在继续前行17天后，他收到消息：桑吉已被天葬……

另一个超出想象的，是沙化与污染的严重。光秃秃的黄沙，竟是黄河源头的绵延风景。终于划入人烟繁盛地带，顺水漂来的却是越来越多的垃圾。他特地做了统计，一分钟竟漂过118个塑料瓶、86块泡沫塑料和43只鞋子。那么一小时会不会是14820件？

万里漂流中，他们只在两个城市放弃喝自来水。一处是包虫病高发的达日县，另一处就是兰州。兰州滨河路上耸立着6米长的石雕，一个男婴正匍匐在"黄河母亲"怀中，生生不息。讽刺的是，沿河漂来的闪米特才接近这座城，就被熏到流泪。

"兰州段黄河，是我见过污染最严重的河段。"升腾的浓烟，弥漫的化工气味，两岸大型工厂，污水堪比一条条支流……近似魔幻，却才是更真实的母亲河现状。紧接着，漂入能源大省山西，一座座煤场，无数细小黑色支流，伴着独木舟顺流而下。他不能不忧心忡忡，再往下，黄河不会变成黑色的吧？

这并非只有“诗与远方”的旅程，恰恰在一路刺破幻想。长达8个月的黄河行，近一半时间，押上积蓄的这对夫妻都在做探险之外的社会考察。一停两周，深入藏区调研包虫病，招待所老板都忍不住问：“我是为了赚钱不得已来这里，你们图啥呢？”

“闪米特原本活得特别自我。”在羚羊看来，是珠江、黄河的两岸众生相，让丈夫不再个人主义至上，眼里终于有了他人。结婚多年，沉醉于大自然的丈夫，甚至不关心她爱吃什么。但一路看过的人间，千疮百孔，连她也没法置身事外，“否则你过不了自己良心那一关。”一个个精疲力尽的夜晚，上岸的闪米特还要不停写文章，羚羊则代为网络发布。他们希望把这些疮疤暴露于阳光下，引起更多人关注。但这也引来一些网友非议：“好好漂你的河，操那么多闲心干吗？”“你是被境外势力利用，专门揭家丑的吗？”

“那些弱势群体，被病痛折磨的孩子，被污染的河水……都是家丑、阴暗面？都不该见光吗？”相比为国漂流的前辈，闪米特并不愿标榜爱国，甚至想过移民，但自认确实爱这片广袤土地上的山川江河。

土地广袤，生命渺小。沿着孕育文明的母亲河，顺流而下，河水时而清澈，时而浑浊，犹如一面社会放大镜，有人幸福活着，有人卑微死去……除了探险本身，他的更大野心，其实是通过这条母亲河，向更多人呈现更真实的中国。

河流奔腾，终于逼近壶口瀑布时，闪米特也再次陷入纠结。面对这一黄河最险关隘，落差近40米的雄浑瀑布，坚持“一寸不落”的1987年前辈，硬是动用了密封船——中国人的“独家发明”；外国人却说这不是漂流。28年过去，换他一个人，一叶孤舟，是该更理性探险，还是不顾一切去“玩命”？“人在大自然面前，真的太渺小。”距离壶口2公里处，他被景区保安强拉上岸，自己心底其实也选择了“顺应自然”。

万里黄河，至此飞奔向终点，时间也已是严冬。漂满浮冰的河水中，奋力戳冰时，闪米特总会想起相似的起漂。只是一整轮四季流转，已经不知不觉改变了他们，并沉淀下近40万字的考察文字。

最后露宿的夜晚，河旁小树林，星空很美，鸟啼轻悄，他们一夜难眠。对于闪米特，走到这里，原本陌生的黄河，已是融入血液的记忆。对于羚羊，一路山路、土路、石路、沙路……除了发动机，她开的小破车，零部件全换过一次，自己也像是脱胎换骨了。只是，他们这样倾其所有地漂流，究竟是否值得？

2015年12月20日下午，山东东营。历时234天，经过水上航程5464公里、陆地车程18000公里的闪米特和羚羊，终于抵达黄河入海口。迎面闪光灯晃得他们一阵眼花。“独漂黄河第一人来了”，迎接他们的是红色横幅，还有两碗鲜鱼汤，热气腾腾。那一刻，一种自豪感涌上羚羊心头。寻常如她，这辈子陪丈夫做过这样一件骄傲的事，值了。

不能停下的脚步

“黄河让你最难忘的是什么？”4个月后，清华大学报告厅里掌声雷动。劈波斩浪的漂流者站在讲台上，架着一副黑框眼镜，却是格外羞涩。面对热烈提问，操着不太标准的普通话，闪米特时而紧张到语塞。

他记不清这是黄漂后的第几场分享会。从黄河湿漉漉上岸，这对生死相随的夫妻，又走向了更未知的人间漂流。回到曾眷恋的珠海小家，生活重归平淡，他们却再难找回归属感。面对新工作机会，一直忧心着黄漂后生活的羚羊，没想到自己竟会轻易拒绝。

相比闪米特，羚羊自认曾是活得很传统的女人——热衷攀比，追求安稳，恨不得把人生妥善安排到退休、养老，最好连墓地都选好……黄河一路风尘，却深深冲击了她的人生观。生命真可以有无数种可能，而非一眼看到终点的乏味。那么，走过黄河的他们，是否还可以过得更不一样？

黄河之上，他们通过一路走访，看到了两岸众生。离开黄河，这对夫妻又不禁渴望，带着一路故事和自己，去往更开阔的世界。在羚羊的组织推动下，闪米特再次走出珠海，前往北上广深。来听讲的人们，惊叹这九死一生的漂流见闻。遇见的不同价值观，也如一朵朵浪花持续冲刷着他们。

人头攒动中，他们遇见过理想主义者的激赏：“这种探险太酷了！”“母亲河到底怎么了？”“我们能为水污染做些什么呢？”也遇见过现实功利者的质疑：“不过是有钱。”“黄河能让你赚多少钱？”“要是出事出动救援，是自费还是浪费纳税人的钱？”……

网上更持续有人嘲讽：“迟早死在路上。”“搞不好尸体喂鱼。”……闪米特至今无法理解，为什么许多人羡慕国外玩极限的自由人生，却对中国自己的探险者，如此充满恶意？那些祝他“早死早超生”的言论，透过网络如同飞刀。从前，他也曾难过到落泪。而现在，终于习惯了。

但欣慰的是，闯过黄河，也为他赢得一批铁杆粉丝。默默漂流近10年，终于收获众多关注，甚至被视为偶像、孤胆英雄，这让闪米特既感荣耀，也有些局促。“我没大家想的那么强大，甚至有些自卑。”许多人只看见所谓壮举，他看见的自己，却是一个笨拙又不甘平庸的灵魂，只是在一次次咬紧牙关。

而所有热心留言中，最让他难忘的是有人说：“看见你不断追逐那些我无法实现的梦，就像看着另一个自己在路上。”另一个自己——穿过茫茫人海，闪米特觉得，这是他听过最有分量的鼓励。

“以前最眷恋珠海，黄河一路漂流，却让我觉得处处可以是家。”一路分享之后，花光积蓄的夫妻俩，选择暂居上海，重新赚钱，着手下一段探险。

“钱可以再赚，唯有经历才是无价之宝。”黄河改变了生活轨迹，但闪米特更大的雄心并没改变。他一直梦想，能走完西太平洋全线海域，打破日本探险家八幡晓在亚洲的1万公里独木舟探险纪录。这个2012年就盘踞心头的计划，因为黄漂一度中断。走过黄河，它再次浮出水面，却更遥不可及。

环西太平洋，涉及多国及区域。仅台湾海峡的横渡许可，就像一条无法逾越的鸿沟。反复申请，被各个部门踢来踢去，犹如石沉大海。更别提中国台湾到日本、俄罗斯到美国的跨国海域……大自然的波涛，他有信心泅渡，但政治性障碍，岂是一己之力能左右的？眼看新计划遥遥无期，闪米特不禁又深深焦虑：“我这个人一旦停太久，就容易对自己、对前行渐渐失去信心。”

“漂流遇到障碍，但探险不能停，必须动起来。”焦虑之下，闪米特一度把目光转移向雪山，开始魔鬼训练。从2016年6月登顶5396米的哈巴雪山，7月登顶6168米的雀儿山，再到9月登顶8163米的马纳斯鲁峰……短短4个月，他竟就从入门级雪山一跃到了8000米高山。

从漂流忽然转向登山，看似不务正业，但站在8000米之上，以新视角俯瞰着此前不曾见识的风景，总算给闪米特带来新的自信。“大家以为漂流是我的生命。其实漂流只是探索生命的工具之一，登山也可以是。更重要的是，每向前一步，能突破自我。”

惊人速度，也引来太冒进的非议。闪米特却觉得：“这无关野心，我只是很着急。”不过42岁，他却总担心，剩下的探险生命还有多长？“时间有限，多活一天就离死亡更近一天。大概越热爱生命的人，越会有一种倒计时般的紧迫感。”

刻录活过的痕迹

闪米特闲不住，暂居上海的羚羊也没闲着。作为妻子，她一手包揽了闪米特所有社会事务。在许多记者印象里，这对神奇夫妻总是形影不离。写作时犀利幽默的闪米特，生活中却是腼腆寡言。陪坐一旁的羚羊反倒落落大方，能言快语，时不时抢了锋芒。

“哪怕被人钦佩，他也总觉得自己不够好，总怕交际，在大自然里才特有光芒。我更入世，更喜欢人群的热闹，正好互补。”今天的羚羊，不再是公司高管，却成了闪米特从自然走向社会的桥梁。在她的积极申报下，2016年底，凭着世界首例独漂黄河，闪米特获选这一年的美国《国家地理》“全球十大探险人物”，这也是该奖项首次有中国人入围。

“没想到有中国人能独自完成这样的探险，并做出细致到疾病的沿岸调查。”收到美国《国家地理》总监玛丽·安妮的邮件，羚羊开心得彻夜难眠。她只愿丈夫越来越好。而这个“好”，她考虑得很现实，就是尽力帮他获得更多资金、社会影响力。毕竟，没有现实支撑，理想如何走远？

国际权威奖项的认可，让这个默默漂流近10年的人，真正光环加身。全国主流媒体纷至沓来，许多品牌也抛来橄榄枝……写专栏、接广告、拍视频，这对漂泊中的夫妻，摸索着新的生存之道，试图养活“烧钱的探险”。一些人也开始闲言碎语，认为“闪米特的成功，主要是因为羚羊”。闪米特对此点头称是：“他们说得对。要是没有羚羊拿出积蓄，一路追随，我连黄河漂流都完不成。”一向和善的羚羊，却是火冒三丈，甚至当场对朋友下逐客令：“谁再这样讲，以后别来我们家！”谁不乐于自己的付出被肯定？但羚羊不能忍受的是，肯定她，却抹杀掉闪米特十年如一日、九死一生的追求。

“一个人要真正被认可，只能靠实打实的成绩。我只是辅助而已。”羚羊就像保护大熊猫一样，守护着丈夫的理想，却很反感被看作“为爱牺牲”。“我其实有私心的。这不是牺牲，反而是一种捷径。我没勇气自己去探索，是通过追随他，才走进不一样的新世界。明明是我赚了。”说这话时，两个人相视一笑，默契得像是一个人。

但如此默契的夫妻俩，面对未来，也难免有分歧。越来越多的朋友在劝：别再妄想那个困难重重的环西太平洋，黄河漂流够你“混”一辈子了，何必再冒险？闪米特却不为所动。黄漂反响，极大满足了虚荣心，也成了一种无形限制。这两年，参加任何活动，他都被捆绑着黄河标签。然而，黄河已远，他迫切想用行动证明：“我是一个一直走在路上的探险者，而不是一个曾经创造过辉煌的人。”

羚羊支持丈夫，可一想到茫茫海洋，又不禁胆寒。尤其正筹备新的海洋探险时，一个海上噩耗传来：2016年10月，航海家郭川在跨太平洋航行中失联。救援飞机飞抵出事海域，帆船甲板上已没有人……同样痴心探险和远方，从职场走向大海，创造过辉煌纪录的另一个人，最终消失在茫茫海洋……这场意外，不能不冲击着闪米特和羚羊的心。

悲剧笼罩之下，许多朋友给他们发来信息。有人极力劝阻：“你赶紧放弃明年的环中国海岸线吧，环西太平洋更别想了。”也有人继续着英雄崇拜：“相信对于你们这样的人，即便死在路上，也无怨无悔吧？”

这世上真有不怕死的人吗？其实闪米特每次听到意外，心里都特别恐惧。这样的噩耗仿佛在一次次昭示：活到老，可能真是奢望。“很多人以为我不怕死，其实我很怕死。”可正因为怕死，他才想在还活着时，尽力去实现自己的梦。

“又或者，并不是为了什么梦想。我一直很拼命活着，只是害怕自己的人生变得毫无必要。”迎向广袤自然，生命渺小得近乎无意义。漂流多年，他用独木舟在地球上画出一条条轨迹，何尝不是在尽力为人生多刻录下一些活过的痕迹。

“你如果真爱他，就该阻止他。”许多人也劝起羚羊。那段日子，凡是和郭川妻子有关的报道，她一律不敢点开看。一个人的离去，对于世界只是多一座坟墓；对于相依为命的人，却是整个世界被坟墓埋葬。

仿佛刻意回避，她甚至没和丈夫交流过死亡的可能，尽管闪米特不止一次公开说：“如果有一天羚羊不让我探险，我就不做了。”对于他，探险其实不是生命里最重要的，妻子才是。

而当看到闪米特在悼念郭川的文章中，重归平静地写道："有些事仿佛命运般不可抗拒。我们选择自己的道路，我们选择自己的归宿。"羚羊也有过冲动，真想一巴掌扇醒他。可又怕把他从梦里惊醒后，他会不会不再是那个自己喜欢的闪米特了？

在每一个终点等你

"我们有必要再做这样的事吗？"2017年5月，在广西，抵达黄河源两年后，这对夫妻又站在了中国与越南的界河。闪米特将从这里，穿越8省，开始环中国海岸线的崭新探险。人才下水，岸上的羚羊已经开始矛盾。

相比黄漂，他们终于不再像逃难般落魄。再次一路做后勤的羚羊，却有些缺乏斗志。黄漂时，望着水中蚂蚁一样的闪米特，她曾觉得人好伟大，那么小一个点，既可以承载世俗重量，又可以承载内心梦想。可此刻，再望向海上远去的丈

每一个终点，她默默守望

夫，她却觉得人好渺小，是不是该适可而止了？

“闪米特，你要加油！”再次迎向大海的人，则是既紧张又亲切，心里默默为自己鼓劲。时隔3年，不想再局限在旧日成就的他，重新出发。他已不用再向世界证明实力，但需要向自己证明，自己仍能继续海上探险。

相比黄河，大海其实更加恐怖。江河激流，凶险来得快，也去得快。最多几百米宽的河面，只要水性好，至少还有爬上岸的希望。大海却是无边无际，暗流涌动，极难靠岸。一旦预判失误，持续风暴之中，一叶孤舟，任何挣扎都可能是徒劳……

起航第二天，他就在海上遭遇雷电。说变就变的天，先是“咔嚓”一道洁白闪电，紧接着，轰然炸开一声巨雷。船被震得直晃，闪米特只能一边冷静划船，一边计算闪电和雷声之间的时差。脑海里，瞬间数字飞旋，心算出结果：雷电距离自己4～5公里，就在左前方。

空旷海面，四顾茫茫，他俨然成了天地间最高的引雷针。电闪雷鸣间，一个人飘摇在墨黑色深海，一阵寒意从心脏直传到头顶。唯一自救方式是：降低高度，毫不犹豫跳进大海。深不可测的海水里，只敢露出半个脑袋的他，足足浸泡了大半个小时。疾风骤雨的海岸，爬上堤坝的羚羊，努力眺望却望不见丈夫，只能一遍遍打电话。终于接通，闪米特平静的声音传来，她快要跳不动的心这才落了地。“你放心，我在海里很安全。你到终点等我就好了……”

“我再也不想过这种生活了。”陆地上兜兜转转，海滩上一次次心焦眺望，越来越疲倦的羚羊，终于忍不住哭着发作。穿过漫长漂泊，她前所未有地想回珠海了。一路吃不好、住不好，一次次烧光积蓄，一天天精疲力尽，还要面临死亡威胁……一次黄河漂流，足够人生无憾了，为什么还要一而再，再而三呢？

“要不……你先回去。我一个人也能漂完的。”沉默良久，放下每天至少要挥6万次的桨，浑身湿透的闪米特一脸疲态，夹杂着不忍。他知道，她是咬着牙陪他来看这大千世界的。而自己能做的，只是一次次摸摸妻子的头，告诉她也告诉自己：“探险就是这样的。”

“他这个人，凡事一旦开始，千难万阻也一定要完成。”羚羊心知丈夫有多倔，她能选择的，只有跟或者不跟。两个人扶持着都如此艰难。难以想象，他一个人怎么去闯？倘若发生意外，她一辈子都没法原谅自己的……

“终点有一个人在等他，他在海上的心情一定会不一样。”发完脾气，漫漫长路，羚羊还是会不离不弃跟上。原名张海燕的她，最初网名用“羚羊”，就是因为羚羊跑得快，她一直希望自己能跟上丈夫的脚步。

就这样，海上陆上，一舟一车，一路追随着北上。划过南海、东海、黄海、渤海，穿过滩涂、渔港、峭壁、岛屿……两个人又穿过一轮四季，2017年9月28日，在辽宁鸭绿江迎来了又一个终点。

终点的风，大得人都站不稳。时间一分一秒流逝，闪米特没有按时出现，羚羊再一次皱紧眉头眺望。直到海天相接处，终于出现那个蚂蚁般的小黑点，一点点近了，全程挥了600多万次的船桨再一次举起。虽然逆着光，在羚羊眼里，丈夫却像在浑身发光。

140天，1.8万公里，闪米特创造了首个独木舟巡游中国海岸线的纪录。只是相比黄漂的满心骄傲，这一次，羚羊更大的感触是：“终于解脱了。”

静水与激流

“你看，白鹭！”顺着闪米特挥动船桨的方向，一行白鹭正飞过江南水乡的秋天。他至今记得首次独木舟出海，白鹭盘旋船头，带给他的大自然之美。

那一行远在珠海的白鹭，已飞过11年。曾梦想“以舟为剑，四海为家”的人，竟真像浪迹天涯的剑客，正暂居在朱家角古镇，继续着新的人间漂流。每次约访漂在上海的这对“神舟侠侣”，总是我和羚羊谈笑风生，闪米特闷葫芦一般默默陪着。直到我们泛舟水上，他才终于神采飞扬。果真如羚羊的又爱又恼：“一进入大自然，他就像换了个人。对着块石头，都能眉飞色舞。”

沿河各种植物、动物，穿过的桥梁构造……闪米特一边划船，一边如数家珍。距离环中国海岸线又过去一年，他却从没离开过水世界。古镇纵横水道上，每一天都会划过他的独木舟，训练、漫步，甚至遛狗、买菜。

怒海惊涛中，他也会向往这样风和日丽的日子。可长时间徜徉在静水，他又开始隐隐渴望远方的激流。“人，有时就是这样矛盾。”羚羊也不时怀念珠海的安稳，可真回去访友，陷于琐碎家常，又不禁向往更自由的人生。和他一起仰望的星空，虽然隐隐透着不安，但至少光辉灿烂。

而无论生活在哪儿，羚羊总能把日子过得热闹。不时就有邻居来找她谈天，甚至想跟着学皮划艇。望着邻居10岁女儿的娇憨，闪米特偶尔也会羡慕，因为探险的漂泊与风险，他和羚羊没生孩子。“追求自由的人生，也有它的代价。”仿佛为了弥补，他们的二人世界现在多了两只小狗。自称“老来得狗”的老闪，想以后带小闪一起漂流，但心头还是有些歉疚：倘若生命里没有他，羚羊会不会过得更好？

“也许过得更好，但那只是平庸的好。”追随闪米特，就是羚羊人生最大的冒险。偶然再翻起黄漂视频，她不禁会骄傲自己竟做了一件本不敢做的事。也恍惚如梦，一幕幕，仿佛像是别人的故事。梦醒来，她觉得自己只怕再无勇气，重复那趟旅程。

闪米特却还活在梦中。虽然，眼前的他看似更像生活家。暂居小院里，有妻子、小狗、琴声、茶香……可当我和羚羊在大快朵颐，陪坐一旁的他却没动一下筷子。为了保持海上耐饿力，闪米特一直坚持一天只吃一顿饭。

茫茫海上，他必须紧盯船头指南球，不断纠正航向，朝着目的地进发，不论顺流逆流。岁月静好，却还克制住食欲的他，看似诗意温暖，其实依旧在咬紧牙关，紧盯着探险——这颗他的人生“指南球”。

只是，环太平洋计划，依旧困难重重，缺资金，没赞助，签证难……只能是一边休整赚钱，一边摸索着希望。闪米特始终很“着急”，短短几月，又学会了古琴、吉他，甚至演话剧。

“我也不确定，未来还会漂去哪里。”羚羊依然偶尔迷茫，但终于不那么焦虑。只要两个人一直在共同成长，每年比上一年更进步一点儿，心里就会踏实一点儿。

结束一整天采访，躺在他们家客房，隔墙听着两个人嬉笑着洗漱，一如最寻常的夫妻日常。那些一起走过的路，共同拥有的漂流记忆，让他们自成一个世界，我只能静静旁观。隐隐听见，睡前的闪米特又弹起吉他，歌声幽幽传来：“还记得年少时的梦吗？像朵永远不凋零的花，陪我经过那风吹雨打，看世事无常，看沧桑变化……”

爱有代价，每一种人生都有代价。但无论顺风逆风、顺流逆流，当一个人迎向未知、奋力挥桨之时，岸上有个人会一直等他。这样的人生漂流，只要两人不散，又何惧风浪？

荒野谈

守护生命那一份真

我曾问羚羊，作为生命的另一半，最喜欢她的老闪什么？她说，天真吧。

望着40多岁的闪米特，一叶孤舟，还在水中，划向比“少年派”更真实的奇幻漂流……羚羊其实至今不能完全理解，但不能不被这份天真所打动。

相比为国漂流的上一代人，我们这一代更张扬自我。

但随着理想年代远去，功利至上的今天，我们也正人人焦虑着“中年油腻”。

时代奔腾，泥沙俱下，为什么有些人能依然活得天真？

其实，真正的天真，不是懵懂无知，而是穿过世事，还能遵从自己的天性。

最初，大自然打开一扇门，让本是都市白领的闪米特，无意间看见天地，发现了爱自然的天性。顺流而下，两岸生活，又让他看见众生，发现了自己更应去做的事。

滔滔河水托举着他，也击打、冲刷着他。一桨一桨，打破着自身极限；也一步一步，接近了更想成为的自己。

真正的天真，不只是一时热血，更是千帆过尽，仍能不忘初心。

没有人，能置身世俗洪流之外。只是有人随波逐流，也有人以梦为桨，一直逆水行舟。

黄河漂流足够一辈子荣耀，但闪米特还在迎向更激荡的海洋。顺流逆流之间，不应忘的是自己最初的追求。

而每一个能天真活着的人，身边一定有人守护。

守护着他的天真的羚羊，更像我们身边大多数人，自认缺乏勇气，又不甘平庸。

于是，或追随，或支持另一个人去实现自己的梦。

这样的爱，不是牺牲或攀附，而是两个人的相互成就。

但不要以为有人守护，就能活得天真。

想让天真存活下去，终需自身的无数付出。

为成为更好的自己，他已数千万次挥桨，划过数万公里水域，闯过一个个生死激流。还需承受的是，远离成人世界的代价与孤独。

茫茫海洋，人很渺小。但天真的人，仍会奋力前行，朝向各自的指南球。

漫漫人生，是更未知的漂流。

时间河上，无论徜徉静水，还是勇闯激流，唯愿此生不负，孤舟不孤，岸上也有人默默守护。

只因生命皆有终点，最终的获胜者，只能是爱——对生命的爱，对世界的爱，对他人的爱。

而奖品是：真正活过。

▼ 一叶孤舟，茫茫大海

未圆满的十四座山

“

全球14座8000米级雪山，一个1.63米的纤弱女子，穿过壮丽与极致凶险，历时7年跋涉，在2018年秋，攀完她的第14座……

这本是个所有人祝贺的圆梦故事。却不料，才下山，她竟摘下“14座”这顶登山者桂冠，自称仍未抵达最后一座峰顶，近乎戏剧性地，打破了这个圆满。

相比完攀“14座”的荣耀，闯过生死、情感、金钱等重重难关的这个女人，究竟一直在追求什么？绝命海拔之上，一个单亲妈妈又经历怎样的蜕变，更将被登山引向何方？

当圆满变成又一次遗憾，我和下山的罗静重逢，并寻访了见证她20余年成长的多位亲友，试图审视这个女人的成长。

从命运谷底，到世界之巅，山上山下，圆满未能圆满，但真正的攀登并未停止，她的人生还有第15座“8000米级雪山”。

本篇供图：罗静

雪山疑云

“刚刚！罗静成功登顶希夏邦马峰（以下简称“希峰”），成为首个完攀全球14座8000米级雪山的中国女性。”2018年9月29日中午，这条新闻犹如高山吹来的雪片，经由上百家中外媒体，飞传于无数向往雪山的人。7年14座8000米级雪山，这个来自中国民间的43岁女登山者，生死一线的“14座”之路，终于画上句点。

然而，掌声未落，剧情反转。仅5天后，一则《希峰，还没有结束》，平地一声惊雷，出人意料，竟刺破圆满。“有一种痛，叫‘心如刀割’。很抱歉很抱歉，告知这样的消息……”在这篇个人博客中，才归来的罗静主动公开了多方求证，以及不得不面对的结论：此次并未到达国际认可的海拔8027米希夏邦马主峰。

当夜，此次攀登组织方也发出一纸声明，认为已到达希峰的实际最高点。至于希峰最高点在2015年尼泊尔地震后是否发生变化，需测绘部门进一步论证。事实上，位于中国西藏境内的希夏邦马峰，一直存在真假顶之争。8008米中央峰与8027米主峰，由一道横切山脊相连，陡峭难行。由于视觉偏差，从北坡方向看，会觉得中央峰更高。很多商业攀登止步于中央峰，国际上却认为，登顶主峰才算完攀希峰。经多方沟通，此次攀登目标，明确为8027米主峰。

一时间，舆论哗然。面对这个反转式自陈，有人击节称赏：这剧情，简直是登山版“皇帝的新衣”。有人难以理解：不就是后面那个高十几米的小尖尖嘛，这样较真，有必要吗？有人被激起民族情绪：山是我们的，峰顶在哪儿，凭什么由外国人认证？也有人不禁追问起登山的意义：在数量？在高度？还是直面最真实的自我？究竟什么才是真正的攀登？

各执一词之际，历史一刻成了悬案。众说纷纭之间，最让人错愕的是，穿过赞誉，这个众望所归的女人，居然自己摘下已被加冕的“14座”桂冠。而她，将何去何从？

“第一反应，怕她树敌。第二反应，这一条朋友圈要损失多少钱……”2017年起，安徽登山爱好者程昕以公司名义参与赞助罗静，包括此次希峰攀登。同事推送来这条新闻，也一度让他措手不及。庆祝“14座”圆满的文章、海报，第一时间都发出去了，罗静却连赞助商也没提前告知……作为商业人士，程昕还看到了“14座”可能带给罗静的奖项与身价。撕下大众、品牌最看重的这个标签，这不也砸了自己的金饭碗吗？

当晚，程昕就第一时间赶赴成都。凌晨1点，他终于见到正处事件风暴中心的罗静。一身倦意，一张还浮肿的脸，不仅是才下山的疲惫，更有一种发自内心的无奈。她时而眉头紧锁，眼神放空，喃喃自语着：“是可以顺水推舟获益，可这不踏实……”

一对一深谈，详细翻看罗静的手机记录：向国际认证机构“8000ers”、夏尔巴向导、专业人士的一一求证，给主办方负责人的反复留言……程昕没再劝，“既然该做的沟通，她都做了，代价也都明白。只能说，在登山理念、人际关系和商业利益之间，她选了最前者。”

“说实话，换作我，可能做不到。这需要比登山更大的勇气。”虽然这样的发声，让赞助商也跟着被动，但起身告别时，程昕内心多了几分理解。“相比个人实现‘14座’，对于登山发展，我觉得这件事或许更有里程碑意义。”

“这已是今年第二次登希峰了。我们也没想到，最后一座8000米会这样曲折。”罗静大学校友张越，一直友情做着她的登山联络人。4个多月前，第一次攀登希峰，距顶峰只差77米时被迫下撤，罗静在卫星电话里的痛哭，犹在耳畔。以为这次终于圆满，“14座”庆功蛋糕都准备好了，他却在朋友圈里刷到这条惊人消息……

“没有人比她更难过，就像没人真的知道，这些年她走过怎样的路。”张越第一次见到罗静，是在2014年底一次校友聚会。那年的罗静，刚登顶K2归来。一身朴素，明眸浅笑，像个柔弱小师妹，却语出惊人——明年想一年尝试还剩的7座8000米级雪山，尽管钱还没有着落。

8000米级雪山是什么概念？忙于经商的张越，那时还不懂登山，更不知K2的极致凶险。只是莫名觉得一阵冲击：大家都在埋头赚钱，怎么有人是这样活着的？

几个月后，罗静在海拔8090米安纳布尔纳峰的攀登视频，带给了他更深的震撼。巍峨雪山，风刀霜剑，一侧近乎垂直岩壁，一侧是万丈深渊……下撤时一场雪崩，只差半米，差点儿把她连人带帐篷，一起推下悬崖。山上那个挥舞冰镐、全副武装的骁勇战士，与眼前这个弯腰给10岁儿子系扣子的单亲妈妈，简直不像同一个人。这个女人怎么就走向了8000米？

从谷底到巅峰

“20年前，罗静就挺让我出乎意料。”作为华北电力大学的同学，田雨苗始终记得大一军训那天，19岁的罗静，一条红色背带裤，长发飘飘跑来，漂亮得大家眼睛都看直了。以为是个“花瓶”，军训最后，却是她代表班级女生去踢正步。咬着牙，一脸不服输的劲儿，愣是赢过了所有人。

真正地刮目相看，直到1998年毕业时分。条件优越的男朋友，在他老家给罗静安排了好工作，她却执意漂在北京，甚至为此痛失爱情。不舍得租房，小半年蹭住在田雨苗的研究生宿舍里。宿舍不让住了，就搬到郊区农民房，起早贪黑挤公交车上班。眼看着不肯喊苦的罗静，田雨苗倍感亲近。“一直觉得，我们长相普通的女孩才需要打拼。她明明靠脸就可以养尊处优，没想到会这样要强。”

“我从小喜欢跳舞，我妈却说跳舞没前途。读了父母选的计算机专业，再直接做男朋友给的工作，这样一辈子都围绕别人活，让我特别恐惧。”也曾窝在黑暗里哭过，可罗静没后悔，毕竟人生终于是自己的了。就是从那时起，她开始想为自己而活。

熬过每个“北漂”走过的路，也走进过每个女孩憧憬的幸福。2005年，田雨苗见到的罗静刚生下儿子，话里都是丈夫孩子，一脸小女人的甜蜜。她给孩子起名“诺诺”，梦着和爱人信守一生一世的诺言，却浑然不知，自己一直生活在巨大的谎言里。直到诺诺1岁，谎言坍塌，爱人一夜失踪，却突然冒出200多万元债务。还没反应过来，命运的雪浪，把她一头打进了谷底。

▲ 眼望高处，心中那一座山

“登山再多打击，其实都不如那场家庭坍塌，瞬间冲击了人生所有。”面对一次次寻上门的债主，吓得夜不能寐，她只能拎起七零八落的行李，背上1岁多的孩子，开始两年十几次的搬家。

一边哄着孩子“爸爸出差去了”，一边还试图“捞”回丈夫，“求爷爷告奶奶”地奔走。尝尽炎凉之际，知情律师却说，怕她想不开，一直没敢说穿，除了经济，情感上她也被骗了……

“换作是我，恐怕扛不过去。”年过30岁，同学们都正在事业上升期，眼看昔日校花的日子却是一地鸡毛，田雨苗忍不住酸楚，总怕她会轻生。罗静也确实不止一次想到过死。好几次爬上天台徘徊，望着脚下深渊，真想一了百了，眼前却又浮起孩子的脸。没有了她，他该怎么办?

"我不勇敢，谁能替我坚强?"穿过长夜痛哭，一贯小女人的罗静，硬是被逼成了必须坚强的单亲母亲。"被推到那一步，就只能扛住，因为你得带着孩子活下去。"直到2008年，债务纠纷暂告一段落，终于不用再搬家，她一下轻松了。可面对破碎生活，就这么一辈子做个怨妇，伤心老去吗?她不禁又想起出事前，一直向往但还没来得及去登的雪山……

精神渴望释放的出口。2008年5月，海拔5396米的哈巴雪山，迎来了这个满心创伤的女子。穿过暴风雪，第一次登顶雪山，山顶的风猛烈吹来，积压了整整2年的抑郁，终于奔涌而出。命运无法改变，能改变的唯有自己的心。

"她特别适合登山，呼吸、步伐都非常轻盈。"2009年初，北京旅行者金毛看到第一次攀冰的罗静，就被她在冰上跳舞般的身姿吸引了。紧接着，他们一起结伴去藏地旅行。这个一路单曲循环听着《天使的翅膀》的女人，走在转山路上，面朝神山冈仁波齐，忽然泪流满面。这让旅伴隐约感觉到了她的心事。

回到北京，4岁的诺诺像只猴子，顺着金毛肩膀直骑到脖子上。孩子本能渴望父爱的样子，更让他不禁心酸，从此时不时嘘寒问暖。却没想到，这个旅途中文弱的女子，紧接着一年竟三级跳，从5355米四姑娘三峰、6168米雀儿山，一路攀向了7206米宁金抗沙峰，甚至对8000米雪山跃跃欲试。

"登山让人往高处看。我最初迷上这件事，是渴望不那么绝望。"雪山让她感到前所未有的释放，但高高在上的8000米，她最初也不敢想，直到在雀儿山遇见杨春风。眼前这位被大家尊称"大侠"的登山者，弱不禁风，竟是民间登顶最多8000米级雪山的人?才"入坑"2年的罗静，觉得自己就像个无知学生，听得一头雾水，又一心向往，并从此记住了老杨说的："或许有些人技术比我好，但你比我勇敢吗?"

"我也能有勇气去登个8000米吗?"在跨过7000米台阶之后，是到此为止，还是继续向上?2011年秋，罗静咬咬牙跟上杨春风组织的队伍，迈向了世界第八高峰马纳斯鲁峰。在36岁生日来临之际，她不惜拿出买车的10万元，只愿给自己一份重生的礼物。

最初她觉得，这辈子能体验一回就满足了。可当她调动浑身能量，终于一步步抵达人生第一座8000米顶峰，精疲力尽也酣畅淋漓之时，罗静不禁又有了新的眺望。她多想能再走向第二座、第三座。可从马纳斯鲁峰归来的她，还要独自抚养孩子，能动用的私房钱已所剩无几。现实却是，每一座8000米登山费，动辄10万元以上。

从小被姥姥养大，老人连个瓶子都不舍得扔的节俭，也深深影响着罗静。2002年开始接触户外运动，直到2011年为登8000米，她才花200元买了第一条杂牌冲锋裤，还临时借了金毛的男式安全带、冰镐，勉强凑齐装备。前往登山大本营，大家都是飞过去，唯独她为了省1000美元直升机钱，一个人徒步了8天。"家里出事，反而让我不再是守财奴心态。尽管我很需要钱，但找回内心的快乐，比钱更重要。"穿过绝望，更懂珍惜内心所向。但真正走向一个个8000米，罗静还是走过了漫长的彷徨。

2011年底，趁着帮户外朋友带队ABC[1]徒步，她终于又一次徒步亲近雪山。仰望晨曦中的安纳布尔纳峰那一点点被染红的8000米山尖……山下的她不禁有些痴了，觉得那是"触摸不到的雪山"，又不禁再次自问："还有后续吗？"

"你可以暂时不登山，但心里要有座山……"罗静在2011年底微博中，不止一次这样勉励自己。懵懂半生，命运捉弄，终于发现一件自己想干的事，她不甘心就此止步。

"到底为什么呢？你登上去又能怎样？"第一次办登山分享会，看罗静穿得实在寒碜，田雨苗临时拉她去买了条200元的粉裙子。人到中年，昔日女生个个穿金戴银，忙着买车换房。班里最漂亮的罗静，却来回挤着公交，工作都辞了，日子过得紧巴巴，还心心念念着奢侈的登山。在老同学眼里，她就像走火入魔了。

翻过现实大山

顶着亲友的不理解，2012年5月，罗静还是走向了世界第五高峰马卡鲁峰。登山需要好体能，工作以后可以再找，这样的好状态却不能再等。就把这几年当作梦想年吧，她决定能走多远就走多远。

1 ABC（Annapurna Base Camp），即安纳布尔纳峰大本营。

又一次历尽艰难的攀登，竟让罗静无意间成了登顶马卡鲁峰的第一位中国女性。一种巨大的成就感，让她像是发现了令自己都不可思议的潜能。紧接着是干城章嘉峰，迦舒布鲁姆Ⅰ峰、Ⅱ峰，道拉吉里峰，再到位于难度金字塔顶端的K2……短短3年，登顶7座8000米级雪山，势如破竹的成长，不仅让朋友出乎意料，更让她在登山圈迅速崭露头角。

人们惊叹着这个女登山者不断刷新的成绩，却不知她在一次次下山路上，最发愁的是：这次又欠登山公司不少钱，怎么还？现实是更高不可攀的大山。最初3年，7座8000米级雪山，百万余元登山费，除了朋友资助11万元，罗静基本是自掏腰包。最难时，她被逼得借钱还债，可还不肯放弃，甚至越来越认定自己选择的路。

“中国女性还没人做到过，万一我可以留下一些东西呢？”尤其登完K2，罗静已是国内最有希望完攀“14座”的女登山者。虽不知爬到哪座，会因为没钱而不得不停，她还是想尽力一试。为了凑钱，决定卖房时，金毛也曾百般劝阻：“你一个女人，好歹要给自己留个保障。”没想到，她很快就从三环换成了五环小房子，还盘算着：“万一哪天钱不够，就搬去外地。”

“换作我，肯定做不到。”自认没法放下北京房子、户口的金毛，觉得罗静真是越来越不一样了。尤其每次帮她组织分享会，当目光都聚焦到台上，讲述着一座座8000米雪山记忆的她，眼神坚定，脸上有光，已不再是最初那个忧愁的小妹。而登山，也早不再是寻找慰藉，而是让她忽然发现了自我价值，正在脱胎换骨。

现实沉重，但对于一个女登山者，最难越过的一关是孩子。每次动身去机场，热心接送的金毛，一推开罗静家门，总会撞见这样的场景：不到10岁的诺诺闷声坐一旁，沉着一张脸。忙着收拾的罗静，和孩子姥姥反复交代着儿子的学习。一背上包，诺诺就哭了，抱着妈妈，却没一句挽留的话……

那时的诺诺还不知什么是登山，就知道妈妈又要出门一个多月了。他真想快点儿长大，能像大人一样不会哭就好了。却不知，每次电梯门一关上，扮鬼脸、微笑挥别的罗静，拼命忍住的泪，这才滚落下来。

从小，她就教育诺诺，“妈妈不能陪你一辈子”。可每次卫星电话里，一声稚气的“妈妈我想你”，就快让她的心融化了。诺诺也出奇懂事，想哭就把电话故意拉远，憋着气，小声哭完，又若无其事说笑起来。电话两头，这对母子，都在努力克制情绪，摸索着各自的独立与成长。

生活中的母与子

只是，孩子的成长时光太过短暂。每年7月都是登山季，这让她连续5年错过了儿子的生日。下山之后，出现在朋友面前的罗静，总是和儿子形影不离，走哪儿带哪儿，一脸想弥补的心疼。眼看牙牙学语的诺诺，个头越蹿越高，转眼快长成叛逆少年，她只能抓住山下所有时间，尽力陪伴。

儿时懵懂的诺诺，最初并不太支持妈妈登山。他还不懂妈妈追求的成就感是什么，却记得大人们总说"登山危险"。孩子忍不住问姥姥："什么是危险呀？""就是……就是妈妈去很远的地方，可能会回不来。"这个答案，让诺诺蒙在被子里哭了好几晚。

可坐在分享会角落，看到那么多叔叔阿姨夸奖着妈妈，他也会由衷骄傲。一次无意间看见罗静电脑里的资料，他忍不住惊叹："全世界登顶这座山的女人，只有五六个，你登上去了？"一看妈妈点头，他夸张地鼓起了掌。虽然赞誉越来越多，但没有什么比儿子的肯定更让罗静甜到心里。她渐渐不那么纠结了，"让追梦精神伴他一生，或许就是我能为他做的最好的事。"

接踵而来的死亡

跨过生活的一道道难关，山上等着罗静的，还有步步惊心的恐惧。雪山第一次对罗静露出生死残酷，是在她的第三座8000米级雪山——世界第三高峰干城章嘉峰。那时的罗静，还初生牛犊不怕虎。当海拔已近7900米，她的夏尔巴向导竟然经验不足，害怕到临时下撤，顿时丢下她一个人，不知该上该下。

"前面路绳都没了，看着像乱石堆成的鬼门关，一滑可能就掉下去了……但你看，前面在爬的老头，没氧气也没协作，一条腿还是假肢。你好歹四肢健全，怕什么……"彷徨在鬼门关，罗静录视频的声音都在抖，直到望见靠假肢登山的匈牙利老人。努力平息紧张到发颤的四肢，她心一横，继续上。

那是让罗静后怕的一次攀登。最终15人登顶，她是唯一的女性。下撤时，却有5人滑坠遇难，包括曾激励她前行的独腿老人，还有一个个曾互相加油打气的山友……"我从没见罗静那么痛心过。"田雨苗记忆里，即便经历家庭变故，她也没流露太多脆弱。从干城章嘉峰归来，她整个人却像蒙了，回忆着照片上一张张黝黑笑脸，一次次忍不住泪如雨下："照片里所有人都没了，除了我……"罗静自认是个小女人，最初只是本能爱山，并没太多思考。第一次直面生死的冲击，让她真正开始陷入沉思。

那是她攀登心理的转折点。“登山是一项具有内在危险性的运动……”罗静特地找出一年前遇难登山者严冬冬的旧作《登山、死亡与生存》，穿过单纯向往，她试图进一步理解登山真相。文章才看完一天，新的噩耗竟又传来。2013年6月，南迦帕尔巴特峰大本营枪声响起，杨春风、饶剑锋等人遭遇恐怖分子袭击，不幸遇难。中国民间登山者即将实现的“14座”追求，也就此退回漫漫长夜。

在地铁收到消息的罗静，不知自己怎么哭着下车，拥挤人潮里，无头苍蝇般四处转着，就像忽然没了方向。没有杨春风做榜样，她也许没勇气登第一座8000米。没有饶剑锋的鼓励，当时快放弃的她，也许不会顺利登顶第二座的马卡鲁峰……“你们走了，山也空了。”导师、好友，当时民间登顶最多8000米级雪山的两个人，一下都走了，罗静的心也跟着彷徨。已报名2013年7月攀登的迦舒布鲁姆峰，也在恐怖分子活动地界，还能去吗？

朋友眼里，那是罗静最乱了阵脚的日子。凡事自己做主的她，反常地给朋友一一打电话。电话这头，买机票的手指，停在鼠标上，一整天没敢点“确认”，电话里一遍遍问朋友：“你说我去不去？”

可即便所有人劝她取消行程，漫长如一世纪的13天后，罗静还是独自飞往巴基斯坦，默念着一个外国登山者发来的邮件：“不要被恐惧控制了内心。”这句话，从此影响她的一生。

“你这样什么时候是个头？”从前田雨苗总想劝阻罗静，可当死亡接踵而来，她反倒不再劝了。最坏的事都闯过了，再发生任何事，她相信罗静都能承受住了。

2014年夏，罗静成为登顶K2的首位华人女性，令整个登山圈刮目相看，品牌商也投来部分赞助。一片看好之下，她有了更大胆的想法：2015年一年尝试还剩的7座8000米级雪山。

心气正盛，更大冲击却劈面而来。2015年7月，当她正行进在世界第十二高峰布洛阿特峰，猛一阵轰隆隆巨响，迅猛而下的大雪团，瞬间裹挟住她，连翻带滚，直冲出50余米。除了惊恐，那一刻，她脑子里唯一闪念是：完了，这次真完了，再见不到儿子了……

那是罗静遭遇最致命的一次雪崩。活埋雪里，即将窒息之际，有人扒拉她身上的雪，开始使劲拽她，这才把她拖出鬼门关……倒在岩石上，控制不住全身发抖，她几乎不敢相信，刹那之间，自己差点儿死了。更让所有人不敢相信的是，两天后，罗静又回到死里逃生的地方，决定继续向上。最终虽铩羽而归，但这雪崩也打不死的劲儿，把外国登山者也慑住了："你看上去很柔弱，但心脏比我们还强悍。"

"这么要命的雪崩，她在电话里几句带过，我都没察觉到严重性。"山下负责联络的张越，事后看见她伤痕累累的照片，也在刷新对她的认识。这个外表温和的女人，能登顶这么多8000米级雪山是有原因的——"骨子里比谁都犟，不尽全力就不放弃。"

恐惧中前行

然而，山上雪崩只是一时，内心风暴却持久不息。下山归来的罗静，从无所畏惧陷入了长久沉默。雪崩恐惧一次次翻涌而上，忍不住就幻想自己身处绝境，生命一点点消逝。想象自己真没了，儿子怎么办……尤其是她那不知情的小家伙，有一晚忽然醒来抱住她："妈妈，我梦见你遇到雪崩，差点儿没命。"那时那刻，她只能也抱紧这相依为命的亲人，感慨原来母子连心是真的……

2015年底聚会，面对朋友安慰，罗静忽然就哭了。年初还幻想一年尝试剩下的7座，没想到遭遇地震、雪崩各种挫败，这是唯一一年，她一座8000米也没登上去。"以前她就一门心思想登下去，那场雪崩后，谈起未来，感觉她也有点儿犹豫。"田雨苗等朋友纷纷劝她见好就收，登7座8000米级雪山已经够她骄傲一辈子了。被恐惧笼罩时，罗静也反复自问："我还要继续登下去吗？"

这时的登山，已不再是最初的新奇渴望，更像是一种活过的证明。尽管罗静自认不是想太多的人，却有一种女性天生的悲悯。早年微博里，看到昙花一现的视频，翻起去世的姥姥、姥爷的老照片，她总会一再落泪，感叹生命太短。

"许多年后，我们也会被遗忘，究竟要怎样才能让自己的生命发光？"一次次攀登，她脱胎换骨，也依稀找到了答案：登顶的8000米级雪山中，有6座她都是首位中国女性。这些年，她总想把脚印留在别人没去过的地方，是希望将来哪怕孩子都忘了她，但山不会忘记。

“山一定会记得，有一个中国女人曾经来过这里。正是这种理念支撑着我。”

“她攀登速度极快，不愧绰号‘兔子’。”2016年秋，世界第六高峰卓奥友峰上，正下山的北京登山者张大校，远远望见一身亮绿羽绒服的罗静，正在冰雪中上行，和身后队员速度差距至少40分钟。“那一刻我意识到，她能完成这么多座8000米，绝非幸运。”

雪崩一年后，罗静又像只兔子腾挪山野，继续在刃脊上起舞。这一年，她又登顶了3座8000米级雪山。一次次突破赢来新的掌声，恐惧也依旧如影随形。2016年5月重登安纳布尔纳峰，远远听到一点儿动静，她就像受惊的兔子，总担心会不会又雪崩。2017年7月攀登南迦帕尔巴特峰，圆盘大的落石，“哗啦啦”掉下来，距她脑袋不到10厘米，砸中了手臂……亲历过生死，她更谨慎了，理智选择放弃，但下山时依然笃定：“明年一定再去。”

相比登山风险，她更恐惧人生短暂，恐惧一成不变的生活。“是甘于被恐惧战胜，还是挑战自己，给自己多一个舞台？我选择后者。”

“她总是表现得很自信，从没和我们交代过‘万一’。”或许是潜意识回避，山下联络的张越从没和罗静就此交流，但每一次等电话，都会一颗心悬在嗓子眼，暗暗担心出事。尤其是2017年夏，罗静重返两年前差点儿被雪崩活埋的布洛阿特峰。约好傍晚通电话，直等到半夜还没动静，张越焦虑得彻夜难眠，还得应付朋友各种催问：“她到底怎样了？”

作为民间登山者，虽没有组织支持，但一个人的追求，却为罗静吸引了越来越多支持者。她在8000米之上跋涉，一群人围绕登山进程，在微信群讨论得热火朝天，甚至有人自费购买天气预报研究。眼看大家如此热心，张越时常会感慨。自己以前就知道赚钱，是罗静让他看到更有意义的人生，只是他没有这样的勇气。“她就像另一个自己，在实现我们不可能的梦。”

但山下再热闹，山上的路，终究只能自己去走，并一次次默默祈求山的短暂接纳。布洛阿特峰冲顶路上，突然一声巨响，眼前雪岩坍塌，刚走过的夏尔巴向导努布眨眼间竟滑下去，罗静本能一坐，死死拽住绳子，和身后夏尔巴人一起惊呼：“Stop（停下）！”

幸亏努布用冰镐拼命止住，才幸免坠崖。“如果我当时往前多走半步，第一个掉下去的就会是我。一根绳子上连着的3个人，也可能一起……"

哪怕接近终点，依然是时时可死，步步求生。双手颤抖着拍下现场，努力平息狂跳不已的心，他们还得继续向上。再一次与死神擦肩后，2017年7月，罗静终于站在尝试了3次的布洛阿特峰顶，完成了她的第13座8000米级雪山攀登。距离"14座"，只剩一步之遥。

可望不可即的终点

"预祝新年新开始。"2018年元旦，一场户外组织年会，觥筹交错中，我和罗静坐在一起。酒杯碰在一起，大家对她的祝福，已不仅是完成最后一座，而是人生新开始。布洛阿特峰归来，她多了个外号"罗十三娘"，依旧是走哪儿都带着儿子。看着妈妈上台演讲，已经13岁的诺诺既骄傲又幽默："别人拼爹，我是拼妈。"但"不想妈妈再那么辛苦了"，他最盼望罗静今年能完成"14座"，更满心期待的是，她答应带他去环球旅行。

才讲完8000米的惊心动魄，坐回席间的罗静，一会儿忙着给孩子夹菜，一会儿起身接受众人敬酒、合影。见缝插针，不忘打开读书App，给自己列着新年书单："去年计划看52本书，才看完42本，今年可都得补上。"

越是临近"14座"终点，收到越多夸赞，她越有一种新恐惧："怕被人说自己是被推到神坛上的，其实内心对外界一无所知。"登山之前，她还是个懵懂小女人，看看言情肥皂剧，偶尔伤春悲秋。登山让她蜕变式成长，看到的新世界，不仅是山上风景，更是山下百样人生。

"知道得越多越恐惧，不仅是对风险的恐惧，还有对无知的恐惧。"她不希望自己除了登山什么也不会，一直在有意识地恶补各领域知识，学习多国语言、演讲技巧、企业管理……"认识这个世界之后，以一种怎样的状态重新生活？登山的意义，对于我，更多是这个方向吧。"站在这一年开端，她也前所未有地期待，走向一个全新开始。

"最后一座，不是终点，是起点"——2018年4月，在个人博客写下这个文章标题，罗静动身前往位于西藏的希夏邦马峰。

朋友的鲜花掌声候着，抢时间的媒体稿子写好，所有人都在等她实现"14座"

雪山之巅，她和背包上的毛绒玩偶合影，玩偶代表儿子，意即两个人一起完成梦想

大满贯的那刻，等来的竟是“止步于7950米”的错愕。在距离主峰仅77米的位置，追随罗静多年的夏尔巴向导努布，已经打下最后一个冰锥，一回头，所有人却在下撤……雾气笼罩，天气不太理想，当时队伍意见出现分歧，有人认为积雪较深，担心发生雪崩。最终，下撤成了命令。

“为什么下撤？我们马上就登顶了……”“对不起，我以为还有机会……”面对努布一脸不解，罗静的眼泪忍不住落下。只是没来得及再试，被宣布攀登季结束的希夏邦马峰，就此缓缓合上大门。

当时情况下，究竟该不该下撤？面对扑朔迷离的争议，曾一起登过山的张大校，既意外又像意料之中。“对于登山进程，她一直很有独立见解。但这和商业登山，尤其体制内登山是不太相容的。”2016年同攀卓奥友峰时，面对向导安排的拉练高度，罗静觉得再往上500米左右，适应性会更好，并一心想挑战无氧攀登。尽管商议无果，她还是一次次去争取：“我想尝试无氧，我们应该……”那时，张大校等队员就曾私下感叹："这女人真敢说。"

在登山才起步的中国，缺乏自主性，几乎是商业登山常态。即便登到8000米，张大校还常觉得，向导在山上就是"半人半神"。最好一切服从商业公司安排，个人有异议，一般也会选择闭嘴。但经验丰富的罗静，早已不甘心只做"傀儡客户"。她总觉得，如果为了登顶而登顶，毫无主见与成长，登山还有什么意义呢？

"我还在等待着那种满足感，然而它一直没有来……"深夜朋友圈里，她引用过歌手朴树这样一段话。下山归来的罗静，在朋友眼里，一副无可奈何的倦怠。"14座"只差最后一程，她却突然不知是否该继续登下去。大自然的风刀霜剑，让人充满迎战激情；人世间的规则规矩，却让她没多少信心能跨过。

只是以她的性子，做一件事，就要尽力做到完结。身边所有人，也都不希望这个用命搏出来的梦，就此止步。4个月后，罗静还是再一次走向了希夏邦马峰。只是这一次，她前所未有地沉默，一路忍着牙疼，默默埋头跟上……直到2018年9月29日上午8点左右，迎着清晨第一缕朝阳，向导们放声欢呼起来："国际顶，这回到了！"梦圆时刻，摄影师特地把镜头对准了罗静，试图抓拍她终于完攀"14座"的表情，以为她肯定泪流满面。罗静却很平静，扯着嘴角，努力笑了一下。

"就这样结束了？"历时7年，倾其所有追求，九死一生跋涉，站在山顶，望向洁白群山连绵如海，她只觉得忽然轻松了，以后终于可以踏踏实实陪儿子了。

"我们都以为终于结束了。"相识快10年的金毛，年初就想着要组织老友一起去草原，把罗静"14座"照片制作成投影，大家一起把酒畅谈。同年10月3日，他却在网上看到罗静发的《希峰，还没有结束》，开篇写着："我知道，发这篇文会让好多人失望。但还是决定发了，因为事实就是如此，不随人的意志而转移……"

所有庆祝，跟着二度搁浅。议论纷纷之中，有人当罗静是"斗士"，当此事为"里程碑事件"，盼着能推动改变现状。罗静却自认没那么伟大，甚至有些茫然。"我没有改变社会的想法，我登山就是为了挑战自己，所以没法违心。现在也有些倦了，如果这件事背离初衷，或许有一天我也会放弃的……"

"毕业20年，她还是老样子，大学时就认死理。但如果像我们这么懂事，总是各种顾虑，她能成为今天的罗静吗？"希峰归来一个月，华北电力大学毕业

20周年同学聚会上，田雨苗遇见走出又一轮遗憾的罗静。

一袭红裙，肤白似雪，几乎看不出跋涉8000米的痕迹，一如当年军训时漂亮，只是青丝间多了几缕白发。可当罗静作为华电杰出校友，被老同学们环绕着合影、称赞，田雨苗又觉得罗静真的是脱胎换骨了，想起最初蹭住她宿舍的倔强姑娘，10年前婚变时的一脸绝望，还有为了登山生生死死的那些事……时光随脚印一步步向前，20年也只是一转眼，相比按部就班的老同学，她是人生轨迹最独特的人。“相信时间，终会让她完攀‘14座’的。更重要的是，今天的她，真的活成了想要的模样。”

“但我觉得，她的人生还是有很大缺憾。”一路见证罗静从一个普通爱好者，到有那么多山友、校友、跑友、粉丝支持，相比“14座”，金毛更希望她早日实现的，是情感圆满。他一直记得，好几次分享会结束，开车送罗静回家，目送她一个人上楼的背影。热闹散去，回归寂寥，家里却没有人等她……向往英语教学环境的诺诺，今年年初，已去泰国清迈读书。做了13年母子，现在换罗静要一次次含泪目送儿子，为了他也能更好地成长。而走过“14座”的她，今后何处是家？

平凡之路

“隆重介绍一下，这位是成功登顶全球14座8000米级雪山的……”

“没有，没有，我只成功登顶13座。或者说，登了13.5座……”

朋友话还没说完，就被“罗十三娘”打断，一脸笑意纠正着，尽管一个多月前，这个结论曾让她心痛不已。这是梦结束的秋天，发生在杭州如野酒馆的一幕。来筹备创业的罗静，和我又坐到一起，甚至睡在一起。从上海赶来的我，原本订了房间。罗静却拉着我，直接去她房间，拍拍唯一一张床：“别浪费钱，咱俩住一间，不就够了？”虽被推上神坛，她依然节俭随意。我有些出乎意料，人生第一次，和采访对象同床同眠了两晚。

抹上红唇，换一身白衣，眼前的罗静，更像个精致的都市女人，几乎看不出和登山有关。踏着夜色，随她一起去赴一场民谣聚会。当朋友介绍起她，每个陌生人都不禁讶异：“不可能吧，完全不像登山家啊……”“不不不，我可称不上登山家，只是登山爱好者……”“明年还会再去最后一座吗？”大家最关心这个问题。她点点头，紧接着又摇摇头。面对那些个人无法左右的事，她没有答案。

历时7年，她奋力走向一座座8000米级雪山

“那接下来做什么？”“计划可多了，时间完全不够用啊……”有关未来，她想去学新运动，想开户外探险公司，想着在登山培训、女性独立、亲子教育等领域，怎么能发挥自己更大的人生价值。可山下更漫长的路，具体怎么走，她也还没有答案。

聚会散场，夜已深沉，一身疲惫的罗静却不舍得走，继续听别人的故事，也说着自己的故事……从最初没内涵的小女人，到最有故事的人，无论登山还将引她去向何处，这都是10年前自己不敢想的丰富人生。

围炉夜话中，驻唱歌手清清嗓子，拨弄吉他，专门为罗静献上了一曲，来自

她喜欢的朴树："我曾经跨过山和大海，也穿过人山人海。我曾经拥有着的一切，转眼都飘散如烟。我曾经失落、失望、失掉所有方向，直到看见平凡才是唯一的答案……"

"所以，曾失去所有，又跨过高山，你最后看到的答案是什么呢？"我忍不住问微醺的罗静。"必须是'平凡'啊……山再高，我们终究要回来。不是吗？"跟随音乐，她忘情哼唱起来。

哪怕14座山未完结，罗静已在跋涉她的第15座"8000米"——有关一个女人下了山的崭新人生。

又一年，即将走向尾声。酒杯碰到一起，不再祝她圆满，而是保持前行的勇气。又一夜过去，她又将出发。一个人背上磨得褪色的登山包，只是这一次，不是去雪山，而是去天上——她满心期待着去西安学滑翔伞，梦想有一天能飞越雪山。

但飞再高，也一样要回来，紧接着云南、四川、浙江各地，还有各种新工作等她去开展。听着四海为家的行程，我又忍不住打断："你这样，终点在哪儿？一个女人，最好还是有个家。"

她一怔，紧接着脸上浮起一丝温暖："就想能早点儿去清迈。儿子在哪儿，家就在哪儿。"

荒野谈

眼望高处，心中那一座山

初识罗静时，她刚被布洛阿特峰雪崩打落在情绪低谷，一时不知如何继续“14座”攀登。

我也一直在等，等她圆梦，想见证一个女人的圆满。却没想到，登上最后一座8000米级雪山会如此曲折，甚至戏剧性反转……多年追寻，仍未圆满。但这，也才是更真实的人生。

罗静并非宠儿，命运对她甚至有些残酷。曾以为一生一世的婚姻坍塌，她被迫成了单亲母亲。渴望精神出口，进而遇见雪山。

跨过资金、家庭等一道道难关，终于攀上8000米，2013年接踵而来的死亡，又冲击得她一时没了方向。登顶K2，心气正盛，2015年突如其来的雪崩，再次把她冲进恐惧深渊，一整年停滞难前。

路的最后，距离“14座”，仅一步之遥，却是可望不可即，一次比一次抱憾……

每几年，每个人生转角，总会涌现新的难题。而这，正是最锤炼生命的时刻。

经受住一次次锤炼，也才有今天的罗静。

从命运谷底，攀上8000米山巅。从一个懵懂小女人，成长为独立强大的女性……雪山带给她的蜕变中，让我感触最深的，是心境的扭转。

谁的人生，不是千疮百孔——登山之前，在微博里看见这句话，罗静的触动是，“心里突然有种悲凉，情绪太容易被感染……”

现在的她，再看到这样的话，却说：“为什么把人生描述得如此悲惨？尽管免不了千疮百孔，但我更喜欢往好处看……”

雪山上，一回回倾尽全力，向高处爬过。

生死间，一次次克服恐惧，向更高处行去。

下山归来的她，面对名利纷争，坚持住了内心真实。

再面对漫漫人生，更学会的是：时时抬头，步步向上。

登再高、走多远，终要回归生活。用攀登精神照亮人生，成为更好的自己，相比登顶与否，才是更重要的登山意义。

未完的14座，有待时间，继续去求索，去完结。人生的第15座8000米，也必然布满荆棘，出现新的难关。但无论山上山下，不会永远失败，也没有最终的圆满。关键在于，身处低谷时，面对锤炼时，我们能不能眼望高处，仿佛心中也有那一座山。

走在通往雪山的路上

雪崩之后，珠峰重攀

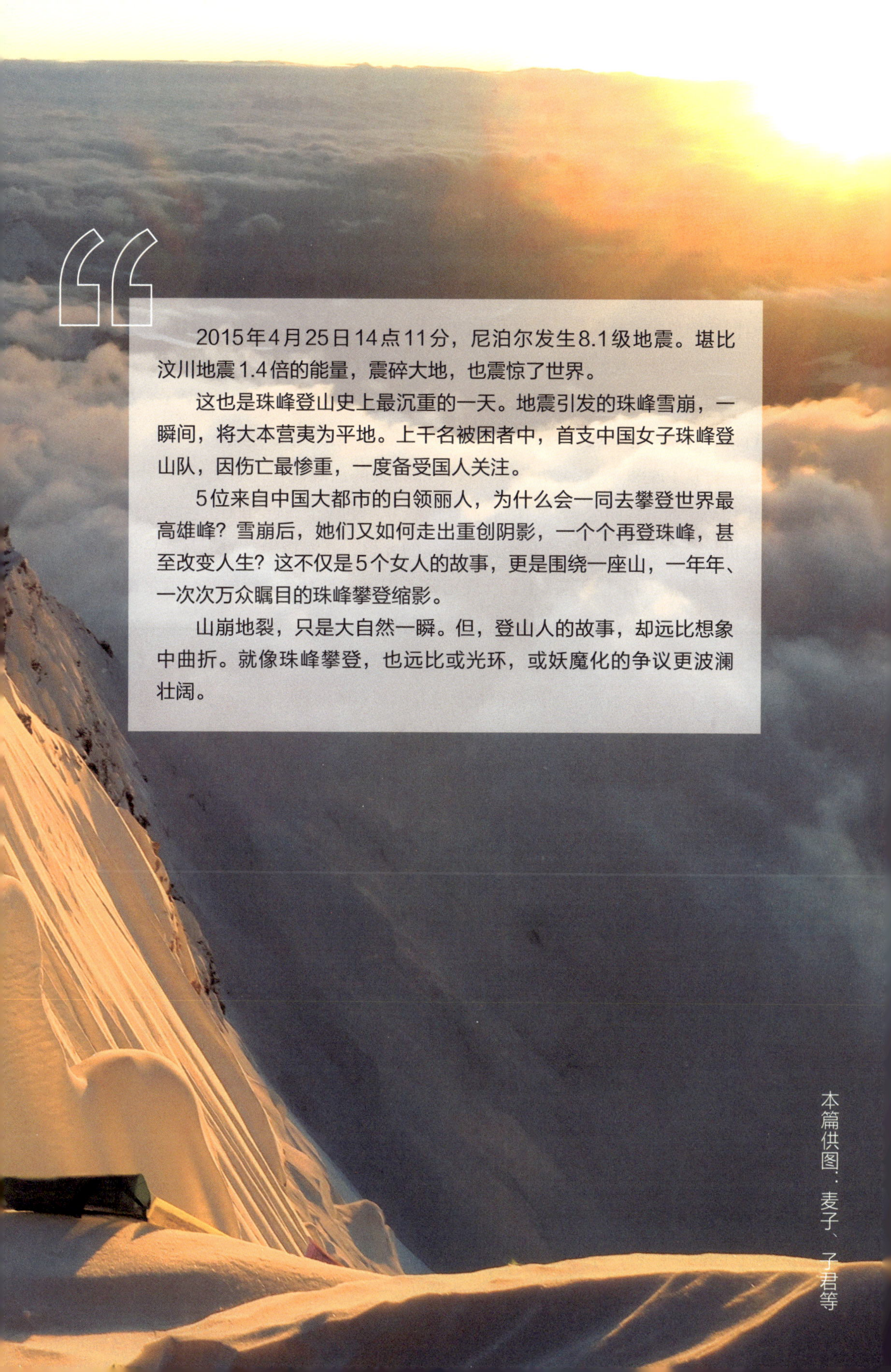

2015年4月25日14点11分，尼泊尔发生8.1级地震。堪比汶川地震1.4倍的能量，震碎大地，也震惊了世界。

这也是珠峰登山史上最沉重的一天。地震引发的珠峰雪崩，一瞬间，将大本营夷为平地。上千名被困者中，首支中国女子珠峰登山队，因伤亡最惨重，一度备受国人关注。

5位来自中国大都市的白领丽人，为什么会一同去攀登世界最高雄峰？雪崩后，她们又如何走出重创阴影，一个个再登珠峰，甚至改变人生？这不仅是5个女人的故事，更是围绕一座山，一年年、一次次万众瞩目的珠峰攀登缩影。

山崩地裂，只是大自然一瞬。但，登山人的故事，却远比想象中曲折。就像珠峰攀登，也远比或光环，或妖魔化的争议更波澜壮阔。

本篇供图：麦子、子君等

登珠峰的女人们

“嘿，欢迎来到珠峰大本营！”海拔5334米，尼泊尔珠峰南坡底，每年4月登山季开启，嘹亮人声划破荒寂峡谷，近千顶帐篷几乎同时涌现。乱石冰雪，彩旗飘扬，来自世界各地的登山客，汇成一座临时地球村。不同国籍、年龄、身份，却有着同样的热盼——抓住一年仅几天的好天气窗口，登顶这座地球上最高的山峰。

“姑娘们，我们终于到了。”2015年4月20日，徒步抵达荒凉中这一派繁荣，来自新疆的麦子深舒一口气，仿佛久别重逢。作为队长，她和另外4个女人，此行雄心勃勃，志在成为历史上首支登顶珠峰的中国民间女子队伍。

自从1953年人类成功首登，这座8848米的山峰就让无数人向往。20世纪90年代初，西方探险公司开启的商业登山服务，更让全球近5000人在向导协助下抵达世界之巅。但，这依然是个遥不可及的梦想，高海拔攀登能力、高昂登山费用等诸多门槛，挡住芸芸众生，女登山客比例更不足10%。此前的尼泊尔珠峰大本营，还很少有中国独立团队，更别提女子队。

“成立女子队，是老杨生前一个心愿。”不同于一般登山者，登珠峰对于麦子，更是为了事业。她曾是国内登山先驱杨春风多年的助理，两年前，老杨却在境外登山中遭遇恐怖分子枪杀。这突如其来的噩耗，一度让她崩溃，也把她从后勤推到了前线。命运捉弄下，她一个女人要在异国撑起一家登山公司，必须自己先把最热门的山峰摸爬一遍。4位女客户的适时报名，也让她在悲痛后，终于重新开始。

然而，开始却极不顺利。2014年4月才上路，珠峰一场冰崩，16名夏尔巴向导遇难的惨烈，迫使那一年登山终止。所有准备、期待，数十万报名费打了水漂，一年后，她和新女子队却不依不饶又来了。

“杨春风也和我提过，个人势单力薄，但组成女子队，由他去统一谈赞助，能更好推动有潜质的女登山者登珠峰。”队里最资深的四川籍登山者凌桑，也是第二年重来。早在2007年登完海拔7546米的慕士塔格峰，她就把目光投向了最高的珠峰。超过4万美元的登山费，却让她望而却步。赞助无果之下，这实在是个遥不可及的梦。

很长一段时间，凌桑和多数人一样，把精力转向了赚钱奋斗。直到7年后，面对忽然抛来的女子队邀请——这是老杨未了事业，珠峰也是自己多年心愿，只用了一天考虑，她就爽快答应了。却没想到，这个一天就敲定的事，会如此命运多舛，让她一度举债数十万元，2015年上路时，还卖掉了咖啡馆股份。“是否再来，我当时也动摇过。但最后还是一狠心，去！我怕今年不去，自己会后悔。”

5位女队员，从都市走来，都是独当一面的中产精英。从33岁到46岁，全部单身。要把这些个性十足的女强人磨合到一起，本就难度极大。而珠峰之路，远比想象的更复杂。

在男性主导的珠峰世界，这支靓丽的女性队伍，一度备受瞩目。沿途许多外国人竖起大拇指：“Well done, Chinese women！”她们也曾倍感自豪。可出发才两天，一则“某公司赞助中国民间女子队攀登珠峰”的假新闻，就给她们上了特殊的一课。只是几张合影，就会被毫无关系的人利用，甚至大肆炒作？珠峰难道真是传说中“世界海拔最高的名利场”？犹如多米诺骨牌被推倒，还没走到大本营，各种问题就开始考验这支队伍。

“平时登山就是个人爱好，很简单。可到了珠峰脚下，感觉许多事变敏感了。”复杂程度超出了一些队员的预期。或许是登珠峰掺进了太多关注，它似乎不再只是一个人的事。“我一度怀疑自己来错了地方。”来自杭州的金融投资人柳青，曾是最积极支持女子队的人。她来登珠峰，最早是因为登山的人。10多年前，因为当时男朋友爱登山，她早早接触到雪山。这一次，是因为女子队集体攀登珠峰的历史意义感，让她欣然加入。甚至在赞助还没谱的情况下，她默默多掏了不少钱支持纪录片拍摄。

“中国女性也有高于生活的追求，当时就想记录下这崭新形象，传达给世界。”这是纪录片投拍初衷。但也有队员并不认同跟拍：“登山是很自我的事，尤其登珠峰更需高度专注，若媒体介入，难免会被干扰。一路配合镜头，成了义务，但对应权益是什么？”

对纪录片的支持与反对，进而引发赞助分配分歧。是平分，还是用于纪录片拍摄等团队支出？珠峰商业攀登环境下，每个人都投入了巨大资金和精力，既是队员，更是一心登顶的付费客户。团队荣誉与个人追求，孰轻孰重？每个人有不同答案。

或许，登珠峰的队伍，一样是社会缩影。但，珠峰本身，却比想象的更冷峻庄严。近千人聚集的大本营，不过是珠峰一个脚趾。个人情绪纷争，更渺小犹如

抵达珠峰之巅

浮尘。

“你们都要轻装，轻装，再轻装！”一到大本营，麦子开始反复强调。“带着情绪上山，会有生命危险。这座山容不得任何杂念。”这些身姿柔弱的女登山者，能经得起8848米的冷酷考验吗？身为队长的她，心里隐隐有着不安。尤其是凌桑帐篷里，一夜夜传来咳嗽声。几乎咳得睡不着，凌桑也担心自己可能得肺炎了，却没敢对外多说。“攀登队长会根据情况，决定你是否能参与冲顶。这已经是第二次来，太不容易，我不想失去这个资格。”

“我都报名了5月底的珠峰马拉松，想着要从珠峰大本营一路跑下去，一定非常酷。”来自上海的韩子君，倒是初生牛犊不怕虎。“80后”的她是最年轻的队员，几年前，还蹬着高跟鞋，妆容精致，一个人扛着上亿元的销售指标，穿梭在都市楼宇。2011年的藏地之旅，却让她看到不一样的世界，而她更在2013年刚接触登

山时，就被雪山深处的静谧迷住了。

“以前成天围着工作连轴转。雪山让我关注到内心，更惊喜的是发现自己竟有这么大潜力。”5000米、6000米、7000米、8000米……短短两年，“一心想着爬更高点儿”的子君，竟一步一台阶走到了珠峰面前，还加入到中国民间首次组织的女子队伍中。虽然队伍一路摩擦，但她还是高兴能见证这一切，却没想到会被卷入另一段不可思议的历史之中。

雪崩来临

无论不安还是乐观，希望还是失望，所有人的关注点都渐渐聚焦向了山顶。山脚下，400余位各国登山客蓄势待发，连同提供向导、保障的上千人，没人想到，最安全的大本营即将迎来一场史无前例的灾难。

阴雪纷飞的4月25日，正值午饭时间，脚底忽然开始猛烈晃动。地震了？子君几乎以最快速度冲出帐篷，只听山谷里轰隆隆巨响，就在她们帐篷正前方的山上，一道道排山倒海的雪浪，竟汹涌扑来。

雪崩！几乎来不及思考，她扭头就跑。才跑出两三步，冲击波就来了。猛一下，她被打趴跪地，只能本能抱头，拼命缩紧身子，任由飞沙走石在后背“噼里啪啦”猛砸，快窒息之际，一切戛然而止。试探着抬起头，子君几乎不敢相信自己的眼睛。就像穿越到灾难片现场，天地白茫茫一片，到处是碎布断杆、惊惶呼喊。刚才还帐篷簇簇的大本营，瞬间就一片狼藉。

“My leg……（我的腿……）”一个日本女人在惨叫，左腿明显断了。凌桑站了起来，还好躲过一劫。身边的香港女队友曾燕红，却满脸是血，目光呆滞。所有人都蒙了。顾不得温热的鲜血正顺头淌下来，子君只庆幸自己还活着。却有人在顷刻间，被推到了生死边缘。当子君爬起来，迎面撞见几个夏尔巴向导正手忙脚乱。从冰湖中拖上来的人，一脸煞白，竟是柳青！

雪崩来临时，柳青还躺在帐篷里。鞋还没来得及穿，才跨出帐篷一步，她就感觉身后一个巨大的黑影猛压过来，“啪”一下，直接把自己后背和前胸拍在了一起。一秒钟，她被封住了呼吸，什么都来不及想，就知道出大事了。任凭强劲气浪碾轧着，一分多钟，长得就像是一个世纪。有一两秒，柳青以为自己已经完了，唯一的闪念是：“我不想死……”

也在生死线上挣扎的，还有队长麦子。那时那刻，她整个人被压在帐篷杆下面，正惶恐于身体像断成两截，下半身完全动不了了。身后传来的一声声呼喊，是一个个还活着的队员。她听见了子君、凌桑、曾燕红……怎么唯独没有柳青的声音？而三四米外，正趴着一个被气浪瞬间撕碎上衣的男人，脊背肌肉一阵阵抽搐——那是濒死的征兆。麦子只能眼睁睁看着，却不知这个背对着她挣扎的男人，是同行男队友戈振芳。

珠峰大本营蜿蜒在一条3公里左右的峡谷中，女子队营地处在最直接受雪崩冲击的中部，伤亡也最惨重。除了戈振芳，还有两位夏尔巴向导及一位纪录片录音师就此丧生。

一瞬间，山崩地裂，有人已经生死永别。当麦子终于被人从雪堆里挖出来时，没人敢告诉她这些噩耗。脾肾大出血的她，也正危在旦夕。而此时，3面环山的大本营，中部被夷为平地，唯一出路完全塌方。伤势最重的柳青和麦子，只能被送往临时搭建的医疗帐篷抢救。

穿过冰雪废墟，还没倒的3顶帐篷里，具有医护背景的登山者、野外急救专家，不分国籍种族，正迅速行动起来。面对史无前例的灾难，一切搁置，所有人都在疯狂自救、找人与救人。

一起被抬进重症帐篷的麦子和柳青，脚对着脚，相隔不到1米，却只能各自求生。4根肋骨骨折的麦子，无法动弹，无法起身看上同伴一眼。而柳青甚至感觉不到身体还在不在了，神志不清之际，她唯一念起的是，远在杭州的妈妈该有多伤心……怕妈妈牵挂，她甚至没让妈妈知道自己来登珠峰。

生与死的距离，如此之短。苦苦拉锯在生死线上，柳青只知道自己这一刻还活着，在真正的救援到来之前，要努力活着。每呼吸一下，她唯一的坚持是，一定要再呼吸下一次……

“真正让我害怕的，不是雪崩，而是等待救援的过程。”灾难来得太快，快得来不及怕。可当黑暗吞噬废墟，唯一道路阻断，躺在另一个伤员帐篷里的子君，开始被恐惧笼罩。

此刻的大本营，成了人人想逃离的孤岛，可谁也逃不出去。几乎每小时一次的余震像催命时钟，帐篷外轰隆隆的巨响和惊呼声，更是让她的心一次次提到嗓子眼，生怕雪崩卷土重来。只能抓住唯一一点信号，在当晚9点通过朋友圈发出了第一条求救：“地震，雪崩，大本营被埋，有受伤，请求救援。”

那是许多人生命中最漫长煎熬的一夜，直到4月26日凌晨5点50分，当直升机的声音隐隐传来，子君飞奔出帐篷，看到天外飞来的小黑点，这才长长舒一口气——马上可以安全了。

第一个被送出去的是柳青，那一夜她一度停止了呼吸。靠着人工呼吸，并及时转送，才捡回了一条命。紧接着是麦子。但，抵达尼泊尔首都，并不意味着安全。

整个加德满都，也是一片废墟。医院挤满伤员，死亡已超9000人。可怕的余震又来，大地又在颤抖，整个医院都在颤抖，到处是尖叫奔跑的人。躺在地上的麦子，只能挪动唯一能动的右臂，拼了命爬向最近的厕所，试图找块安全三角区保命。还在重症监护室的柳青，只能直挺挺躺着，眼看玻璃、尘土掉下来，恐惧着“自己又要死了”。但感动的是，所有人都在往外跑，女子队的夏尔巴向导明玛竟一个人跑了回来，一把握住了她冰冷的手：“别害怕，我还在。”

而当明玛终于告知“大本营19人没了，其中4个是我们的人”，才活过来的麦子，又一次天旋地转。从业多年，老杨的遇难，早让她了解到太多生死无常，但也从不曾亲历过如此规模的灾难。

所有一切，如噩梦一般。她只能祈祷还活着的人，都能尽快逃离这个余震不断的国度。大难之下，登顶珠峰的雄心壮志，已成梦幻泡影。安全撤离，成了所有人的燃眉之急。

5月1日，震后一周，为了得到更好的救治，闯过鬼门关的柳青终于被抬上归程。飞机起飞十几分钟后，当珠峰最高山形从喜马拉雅群山中耸然而出，她的眼泪再也忍不住了。几天前，她们还在山的怀抱里。而此刻，却已飞越它的上空，更飞越了生死。还活着，就这么走了……隔着机窗玻璃，手指抚摸着珠峰身影，千言万语也无法描述这座山带给生命的震动。她的心底只有一个声音喃喃在说："有一天，我会回来。"

穿越内心风暴

雪崩中19人遇难，这场珠峰登山史上最严重的事故，让2015年的珠峰在41年来首次无人登顶。而山下，各自归去的人，内心余震还持续不息。

"我能好起来吗？还能登山吗？"浑身疲软，走个几百米都累的子君，第一次对自己不太自信。右臂戴上固定器的她，没登上珠峰，却被朋友戏称成了"钢铁侠"。头顶缝了8针的疤痕，回国后又被查出鼻梁骨折、手臂韧带撕裂性骨折。面对镜中浮肿的脸，爱美的子君一度不敢出门，甚至忍不住去看心理医生。结果就连心理医生也不能理解，为什么明知危险，却有人执着于登山？只好说她是"和死亡跳舞的人"。

一个月后，远在香港的队友曾燕红飞来上海，带来的是更深的茫然。头部受重创的曾燕红，颅骨留下6厘米永久骨裂，甚至离奇失忆。她特地来找子君，一夜夜彻夜长谈，谈雪崩，谈未来，谈到两个人又哭又笑，却还是无法找回丧失的记忆。

曾燕红一直是学生眼里的"神奇老师"，2008年就骑行过西藏。但那时遥望珠峰，她压根儿没想到自己会去登。2010年为带动学生们定下人生目标，面对怂恿——"老师你那么厉害，不如去登珠峰呗"，当着300多名中学生，她只用了1分钟就答应了。却没想到，这个1分钟就定下的"最高目标"，会让她奋斗一年又一年，甚至导致创伤性脑损伤。

震天雪浪下，挤满伤员的帐篷里，有人一直在喊她"千万别睡着"……除了这些碎片，曾燕红竟怎么也想不起地震期间的事。多日混沌，再清醒过来，4个随行生命已逝，连续两年努力的珠峰梦，竟又戛然而止……而她想破头，也想不起究竟发生了什么。而那一座山，还回得去吗？

"我们究竟哪个环节错了？"躺在上海的一家医院里，柳青也在反复追问自己。从行程、营地选择到逃生方式，想来想去，都没有答案。面对突袭灾难，死亡就是一种随机偶然。如果地震发生在夜晚，如果晚出帐篷10秒，如果……任何一个如果，她可能都活不了了。

大难当头，能活下来，已是极小概率的万幸。她终于拼命活了下来，可这世界，也有人拼命要死。医院里不时有被抢救的自杀者。她从事的金融行业，正迎来2015年股灾，千股跌停，哀鸿遍野。那些跳动的数据、财富的增减，却再难唤起她的兴趣。

“生死之外无大事。我明白了死亡随时来临，也就明白了什么才是生命中最重要的事，什么才是更有价值的人生。”躺在重症监护室的3个月，远离金融工作的柳青，每天目睹着人间的生生死死，内心触动不亚于之前地震所带来的。

相比一个个暂别雪山的队友，凌桑的治愈方式，则是一回国就去了北美洲最高峰德纳里峰。从没有哪座山的攀登像珠峰这样命运多舛，让她几乎倾尽所有，却连续两年，一次比一次惨重。但就像希腊神话里的大力士安泰，唯有脚连大地母亲，才有源源不绝的力量。一样茫然的她，渴望重回雪山，找回内心的平静。

相比登珠峰依靠向导协作、庞大后勤保障，这一次没有专门协作，没人会替你多背哪怕一克东西，搭帐篷等所有事都要自己来。接近自由攀登，难度更高，体验却也更加深刻。“这才像真正的登山！”身在珠峰，从登山者到夏尔巴向导，所有人都被登顶的狂热包围，甚至不时有人铤而走险。在北美，她感受到的登山文化，却是安全第一，第二是体验，排在第三位的才是登顶。

回想这两年，凌桑自己的生活几乎完全围绕珠峰打转。一停下来，就忍不住想：还去不去珠峰？怎么去？还差多少钱……当试着投入另一座山峰，听山友畅谈世界各地的登山经历，凌桑忽然有些释然了：这世上有那么多雪山，真喜欢登山的话，永远都登不完。为什么非得死盯那一座，不惜搭上性命和生活？她不想再继续被珠峰绑架了。

“登山怎么会残酷到这个地步？”远在新疆病床上的麦子，则陷入人生第二次抑郁。继两年前杨春风去世后，她又开始一夜夜失眠，一度要吃百忧解。比骨折伤势更难熬的，是精神痛苦。相比一般登山者，作为组织者，她还要承受外界非议、团队分裂、一些队员的抱怨和退款纠纷……“每个人都有权利对我说——这个疯狂又倒霉的女人。质疑和不友善，一度爬满我的心和脑子。”连续两年，发生在珠峰，一次比一次惨重的死伤，也着实让麦子害怕，干这一行还要面对多少残酷？

凌桑

柳青

麦子

韩子君

曾燕红

“干哪一行不好？我还要继续登山吗？”女性本就不被认可从事这些“男人的行业”。除了父亲，她甚至一直对其他家人隐瞒职业，直到他们看见地震新闻。“可这时候退，岂不成了懦夫？会是我一辈子的阴影。”最迷茫时，她伏在父亲肩头问：“我该怎么办？”父亲没有回答，却直接回应记者：“我女儿会继续登的。这一次她到哪儿，我就跟到哪儿。如果有意外，我会第一时间处理后事，不麻烦任何人。”

2015年9月，麦子再次回到了尼泊尔。千疮百孔的古都在重建，人心也在重建。只是接二连三的重击后，她甚至都掏不起个人登山费。只能出让公司部分股份，对着明玛、普鲁巴两位资深向导，她越挫越勇地坚定表示：“请帮助我，明年我还要再登珠峰。”

迟来的“到了”

海拔5220米，西藏嘉措拉山口，当连绵的喜马拉雅群山闯入视野，子君不由得热泪盈眶，为了这百感交集的重逢。“珠峰，我又回来了！”这是2016年4月，沉寂一年的登山季再次开启，穿过内心风暴的子君，终于又回到珠峰脚下。只不过，这一次是山的另一面，中国境内的珠峰北坡。

选择北坡，是因为上一年的灾难隐患、女子队的不快与解体，也因为怕家人担心。对于子君，登珠峰最大的困难，是对家人的深深负疚感。她永远忘不了，劫后回家那天，妈妈一把抱住她，穿过日夜煎熬，说的第一句话却是哄孩子似的：“好了再去。”

母女相拥那刻，她忍不住流泪与自责：“登山的人是自私的，为了满足自己的欲望，却让家人跟着承受压力。这样，对吗？”可未了的珠峰梦，始终在心头，挥不去。“我这个人要么不做，一旦开始，就不会放弃。”

2015年10月，为打开心结，子君也重返过尼泊尔。漫长的大环线徒步，终于让她“满血复活”，找回身心自信。可面对妈妈，坦白讲再登珠峰的想法，还是忐忑不安。妈妈轻描淡写一句：“你去吧，但请一定注意安全。”她终于如释重负，却也深知这一句嘱托背后是怎样的惦记。漆黑冲顶路上，当头灯突然扫到一具红衣尸体，虽有心理准备，子君还是忍不住心头一惊，第一个反应是：我一定要活着回去，不能让妈妈伤心。那是遇难不知多少年的人，红色外套都已泛白。攀上这座山的每个人，都有各自的固执。但过分执着，也可能会死去……

失足、缺氧、失温，任何一个小错误都可能让人永远留在珠峰。这座山上尸骨遍横，累计二三百人。大部分抬不下去，成了“尸体路标”，山下却不知有多少伤心故事。她只能更加小心翼翼，提醒自己千万不能变成“其一”。

前行者的死亡让人心惊，同道者的呼应却令人振奋。凌晨2点，当横切到海拔8500米，子君一抬头看到对面南坡上，一队头灯正缓缓移动。那是来自尼泊尔一侧的攀登者，看不清身影，可黑暗中的一列微光向上，成了整个攀登中她最难忘的一刻。“没有任何自然景观比这更让我感动，来自世界不同国家的人们，为了共同目标，向着同一个地方前进……”这个地方，就是世界之巅，地球上离天最近的那一小点儿陆地。

“终于到了。”2016年5月20日8点28分，子君站在珠峰顶，环顾脚下无垠大地，用力记住每一眼的风景。风景也终于被眼泪模糊，为了这个迟来的“到了”，穿过雪崩逃生，穿过康复痛苦，穿过一路惊心的跋涉……1.63米的柔弱女子，终于站在了8848米的峰顶。“那一刻，世界最高点对于我成了8849.63米，那是属于自己的生命高度。”

没有更高的去处了，但前提是活着下山。珠峰遇难事故，约70%发生在更危险的下山路上。眼前几千米悬崖，脚下三四十厘米碎坡，最窄处仅一脚宽。整个人暴露在8000米之上，贴着岩石一点点挪过去。“怕，真的害怕……”那一刻，子君简直不知自己是怎么上来的。更让她怕的，是7028米营地背靠的冰墙。雪崩阴影还在，她总怕冰墙轰然倒塌。顶着极度疲倦，她决意一次性下撤到更安全的6500米前进营地。那一天，从凌晨1点冲顶，子君一直走到第二天凌晨，累到走路都快睡着，还得逼迫自己前行。一旦睡着，很可能会跌进密布的冰裂缝，甚至冻死。

对于每个攀登者，这都是最漫长的一天，每一分钟都至关重要。就在子君北坡登顶2小时后，10点30分左右，尼泊尔一侧，麦子正沿着南坡攀向珠峰顶。只差最后60米左右，迎面下山的人却说：“天气已经变坏，有危险。”脑子“嗡”了一下，是上是下？这个抉择，和电影《绝命海拔》中1996年曾发生的山难何其相似：最后执意登顶的登山客和向导，迷失在下山的风雪中，8人殒命。

24小时前，麦子还在连登海拔8516米的洛子峰，也是只差60米左右，眼睁睁看见一个修路的夏尔巴在固定路绳时滑坠。时间仿佛定格，大山不动声色地收走了又一条命——一个为登山者梦想铺路的生命。出于尊重，目睹这一切的40余位登山者集体放弃了洛子峰首轮攀登。而此刻，珠峰顶已如此近，她无法想象连续第三次折戟，只能乞求般望向夏尔巴向导明玛。

面对触手可及的至高点，理智与狂热并无清晰界限，每一个决定都生死攸关。好在这位无氧登顶过多座8000米级雪山的兄弟，最终给了她信心："可以，我带你。"

"如果那时我不站出来，整个团队就结束了。"登珠峰对于麦子并非梦想，只是职业选择，只是为了更了解这座山峰，并拯救登山公司。穿过连续两年毁灭性打击，这个47岁的新疆女人还是不肯信命，第三次几乎已是以命相搏。

2016年5月20日11点30分，麦子登顶珠峰。在连续3年尝试之后，她终于给自己争了一口气。浓雾弥漫的峰顶，却已容不得登顶喜悦，她和明玛两人转身迅速下撤。一路紧绷着神经，却不慎拉伤小腿。第二天，她不得不乘直升机从2号营地飞离珠峰。

穿过冰雪世界，重回人间那刻，麦子绷了几年的弦，忽然就松了。落地在大雨倾盆的机场，一直没哭过的她，泪水忽然汹涌而下。所有往事都涌了上来，老杨走时的那个清晨、地震雪崩的巨浪、队友垂死挣扎的脊背……她的梦想不是登顶珠峰，而是彻底宣泄这一年年从事登山业积累的阴影与痛苦。

那是麦子毕生难忘的一刻。她双手捂着脸，从不曾如此放肆哭过，从不曾如此渴望能有个男人的肩膀可以依靠一下，身后却是空无一人……只有一个陌生机长，礼貌地远远看着一个女人的痛哭，最后默默递来一杯热茶。

珠峰不是终点。喝完热茶，擦干眼泪，麦子独自转机回加德满都。那里云集着超过1600家探险公司，群雄纷争之下，她必须继续强悍下去。

然而，登山圈不相信眼泪。登完珠峰，外界毁誉依旧不息。面对登顶造假的质疑，麦子曾向我出示了登顶证书及喜马拉雅数据库资料——这个最权威的登山数据库，由伊丽莎白·霍利所建。这位90多岁的美国女性，曾作为《时代》杂志记者，1963年前往珠峰报道，发现这么重要的山峰却无人收集登顶历史，从此开始长达50余年的记录，涵盖喜马拉雅山脉几乎所有探险活动。

霍利一生没登过山，却因为毕生无私记录，被全世界登山者尊为"喜马拉雅女皇”。这也是麦子最尊敬的人，她越来越觉得：“中国民间登山者，何尝不需要被记录和记忆？”2017年3月，在麦子主导下，中国第一个民间登山历史馆启动建设。把一代代登山前辈积累的资料和经验收集并传递给未来登山者，在她看来，这是比登多少山都更有意义的事。

第三次握手

围绕这一座山的故事，也还在一年年继续着。2017年4月底，尼泊尔珠峰南坡又是帐篷簇簇。

又一年热闹非凡的地球村，一个集齐58位中国登山者的大聚会上，凌桑、曾燕红、子君，3个女人抱作一团。地震两年后，她们终于重聚在珠峰脚下，却已身在不同队伍，甚至再找不到当年被摧毁的营地。

前一年才从北坡登顶，今年又来珠峰？连子君都觉得自己是疯了。2015年她原计划的是珠峰和洛子峰连登，“一次攀登两座8000米级雪山，我可以吗？南坡究竟是怎样不一样的景象？”她还是渴望回到故事的开始，给自己一个真正的圆满。

因受地震影响，2015年注册费1.1万美元的登珠峰许可证，被尼泊尔政府顺延到2017年前有效。为了省点儿钱，曾燕红和凌桑踩在最后期限，都已是第三次重来。

“第一次来，身边都是鼓励。第三次还来，却被不少人说太固执任性……”第三次重来的曾燕红，依然找不回雪崩记忆，但始终没忘7年前定下的珠峰目标，哪怕被非议。学校不给假期，她一咬牙把心爱的工作辞了，但也有些难过：“最初是希望通过登珠峰，教育学生们也要为目标奋斗。现在却为了登珠峰，不得不离开教育岗位。这是我没想到的。”

距大本营30公里的山谷，一片墓地面朝珠峰，其中一座纪念中国境外登山遇难者的墓碑，也在此时刚落成。徒步路过时，凌桑给碑上的杨春风点了支烟。记忆伴着泪水，终于忍不住开闸奔流。这两年，她一直把自己沉在繁忙的工作中，再不想被珠峰绑架。可这座山和一些人，以为再不会想起，其实从不曾忘记。

这座山与她的生命纠缠，这根线依旧剪不断。当她终于踏上等了4年的珠峰路，一路顺利攀登到距峰顶只差300多米处，风力超过10级的暴风雪却来了。探

险公司误判了天气，夏尔巴领队通知全队下撤。“我一定不能下去！”凌桑顿时成了全队最坚决反对下撤的人，“这几年太难了，都到了这个位置。当时实在没法想象，还要再重来第四次……”

穿过这几年生死无常，凌桑一直觉得自己变淡然了。对生活得失异常淡漠，哪怕朋友常劝她，花钱登一次珠峰还不如买台车，她也没心疼。但此刻，面对只差300多米的珠峰顶，她却忍不住万分纠结。“只要能在4号营地再等等，天气变好就一定登得上去。”

一时间，她恨不得立生死状：自愿留下，一切后果，自己承担。可转念一想，她自己如果脱队，引起其他人效仿，甚至出事……就算自己登顶了，也会内疚一辈子的。

事实上，每一个人都在经历前所未有的心理斗争。置身8300米以上的死亡地带，整整僵持1个多小时后，队里最德高望重的登山前辈王铁男，带头做出下撤决定。61岁的王铁男也知道下撤意味着梦想破灭，包括他在内的一些人也许再没有登珠峰的机会了。“对于一个工薪阶层，登珠峰太难太奢侈，不仅需要体力和攀登技术，更需要强大财力支持。”然而亲历多次山难的他，目睹过遇难家属的悲怆，更深深知道“生命不仅仅属于自己”……

凌桑直接痛哭出声，却不得不服从团队，就此踏上了下山路。4年3次尝试，她克服了一个又一个难关，没想到最后最难的，竟是放弃。

在7200米3号营地，遇见哭着下撤的凌桑，正上山的曾燕红，也不禁揪心。能不能登顶，还有赖于天气。珠峰顶终年气旋盘踞，每年5月中旬，才有一段极短暂的好天气。在此期间，登顶可能性较大，于是世界各地探险队都瞄准5月。

2017年5月20日晚，海拔近8000米的4号营地，曾燕红终于迎来最关键的冲顶。才走出帐篷，她傻了眼：黑沉沉暗夜，星星点点的头灯犹如一条长龙，长达上百米，已经堵在最后冲顶的路上。

这是一条和时间、体能赛跑的凶险之路。一到下午，珠峰顶往往会出现高空风与暴风雪。适合登顶的时间只有上午短短几小时，并且变化无常。眼前却是“走10分钟，等半小时”的拥堵。

山下重重阻碍，没有击退曾燕红。世界之巅的寸步难行，却第一次让她差点儿绝望。为了这个目标，她已经等了7年，不能再等，只能试着赶超一个个缓慢的登山者，不惜耗费更多体力。连超上百人，在5月21日清晨，曾燕红顺利抵达珠峰顶。这个1分钟定下的“最高目标”，在7年之后，实现了。

“子君，我登顶了！”3小时后，子君和安全撤回4号营地的曾燕红紧紧相拥，欣慰于昔日队友终于圆梦。一天后，子君也又一次从南坡登顶珠峰，右手紧紧握住另一个女登山者——2015年她从雪崩中抬起头，第一眼看到的那个腿骨折的日本女人。

雪崩现场，她们曾恐慌地握住过彼此的手，本能地想从同类那里获得力量。救护车上，她们再次偶遇，再一次双手紧握，带着死里逃生的喜悦，传递着相互的鼓励。大难之下，两个陌生女子怎么也没想到，两年后，竟能紧握双手一起重新登上梦想的世界之巅。子君和珠峰的“第三次握手”，也实现了。

不想再登这座山

重回山下，遗憾下撤的人，盼着何年能重上这座山；终于登顶的人，却大多数会把这当作人生唯一一次。

“我会随缘随兴继续登山，但不想再登‘名利山’了。”曾燕红用了7年努力，去实现最初设定的“最高目标”。但珠峰一路交织的复杂，也超出了她最初设想。实现南北坡两次登顶的子君，终于圆满，但同样有些失落。海拔8600米的冲顶路上，两具靠在路边的“尸体”猛地抽搐了一下，曾让她心头一惊。还没反应过来，夏尔巴向导就把她拉走了。

“可他们还活着，还活着……”一旦意外发生在死亡地带，即便最出色的向导也无力施救，以免连累更多生命。每个人都直奔顶峰，只对自己负责，她也不能例外，但内心却忍不住挣扎：“上百人经过，没有人停下，或冷漠，或无奈。只能留下他们自己面对死亡，这太绝望了……”

欣慰的是，下撤时，那两人竟还活着。冒着独自下山的风险，子君赶紧让出她的向导，去参与救援。集体努力之下，深陷缺氧、失温的登山者和小向导，最终捡回两条命。紧接着，“男子登珠峰倒在8600米，超150人路过无人救援”的新闻，也迅速传遍世界，引发口水纷飞。网络围观者嘲讽，登珠峰也带不来精神升华。专业登山者则多数认为，在自身难保情况下，这是无知的道德绑架。诚然，8000米之上，无法苛求道德的尺码。但雪山扯去所有，人性也暴露无遗。

回到加德满都，心绪难平的子君，忍不住去探望幸存者。夏尔巴小向导多处冻伤，整整被截去8根手指，一直努力保持微笑，却也掩不住茫然。她不敢想象这个少年的未来，试图资助，更不禁感慨：一个不到19岁没经验的向导，怎会被安排带客户去冲顶？颇多事故不仅是自然严酷，更在于越来越混乱的珠峰市场。

20世纪90年代开启的商业登山服务，让珠峰从专业探险进入大众时代，攀登人数猛增。截至2017年6月，已有4833人登顶珠峰8306次。这也催生出一个庞大产业，每年总收入超过千万美元。

对此，保守主义者很恼火。1953年首登珠峰的新西兰登山家埃德蒙·希拉里公开抨击："收取费用以护送那些新手登上峰顶，是对这座山峰的大不敬。"揽来客户的探险公司则反驳："人人都有珠峰梦，都有权利抵达世界之巅。也正是商业服务，让普通人登上最高峰成为可能。"带客户上山的夏尔巴人却说："对于我们，珠峰是保护神，甚至母亲。母亲给了我生命，而珠峰给了我生活。但现在，也有些夏尔巴人把珠峰当作商品，而把客户当作上帝……"

无论支持或反对，越来越多的人在走向珠峰。虽有后勤保障，但对于多数人，登珠峰依然是一个"要钱又要命"的生死场。登山公司不得不雇用更多夏尔巴人，当地真正有资质的向导却不足百人，于是出现了经验不足的向导陪伴冲顶所带来的更多风险。

混乱还来自更多能力参差、动机复杂的人不断涌入。面对登珠峰的高门槛，很多人并无与之匹配的攀登能力或经济能力。子君、曾燕红等人在多次攀登过程中，就遇见过一些新手：冰爪都不会穿、只登过四五千米雪山便直奔珠峰而来；还有不少忙炒作、拉赞助、混圈子的"社会型登山客"。

"登珠峰不是最难的，却的确引人注目。"2016年北坡登顶后，子君也曾有段时间轻飘飘于众星捧月的赞美。但很快，她就意识到热闹只是一时。"不少人的夸大与美化，甚至会误导更多人。"2017年再登珠峰，虽然让她成了第一个实现南北坡登顶的中国女性，归来后的子君却格外沉默。她觉得自己看得更清了："这座山每年都在诞生各种'第一'及新'男神'、新'女神'。但其实每个人都只是被短暂接纳的过客。"

人生如登山

再多故事与光环，也只是过客。当时间之箭抵达2018年4月，新的登山者正徒步走向珠峰大本营。又一支由5名尼泊尔当地女性组成的队伍，一路吸引目光。这是继雪崩折戟的中国女子队后，世界第四支获许可攀登珠峰南坡的女子团队。

最先发起活动的女记者罗莎，做梦都头疼的问题是钱。但她相信，这将帮助她在个人层面实现自己的目标——例如在尼泊尔这个男女不平等的国度，在一些社会问题上能更有力地表达声音，“没有什么比攀登世界最高的山峰更合适的了。”

与之同行的，还有曾燕红的身影。2017年为登珠峰辞职的她，继续着间隔年之旅，正在为麦子公司组织的新活动友情帮忙。望着新的女子队，想起3年前走过的5个靓丽身影，如今已散落天涯。“如果能全部重聚就太好了。只可惜人与人立场不同，价值观差距太大，这或许会是比登珠峰更难的事。”

又在为新一年登山季忙碌的麦子，坐镇加德满都，她的高山沸腾公司终于渐入正轨，但她心底也时刻做好最坏的准备。“山是越登越怕，这个行业最大特点是高危。”每次登山前，她甚至要求工作人员写好遗书。

面对充满幻想的新手，麦子不想做励志偶像，也不愿美化登山来招揽客户。“极限海拔里，高贵和丑陋、喜悦和忧患是并存的。登山只是让你更看清生死、真相和自己几斤几两。”

“当爱好变成职业，往往痛苦大于快乐。”现在的她，无房无车，也没丈夫、孩子，平日里喜欢种草养花，其实已不喜欢登山。但命运驱使，尤其面对业已积累的那么多登山资料、数据——“这都是前辈用鲜血和眼泪换来的”，她不能半途而废。明年还想组织新的中国女子队，更要忙碌在建的中国民间登山历史馆——这或许才是她想要去登一辈子的山。

“双脚是否站在山顶已经不重要了，重要的是发现生命中最重要的事。”曾经伤势最重的柳青，是5个女人里唯一没再回珠峰的人，却也正在远方醉心爬着自己的“山”。3年前的珠峰遭遇，也曾让她陷于人生从不曾有的挫败中。独自前往加拿大班夫静心，没想到在这个户外胜地，反倒大开眼界。在这里，一个不起眼的老太太家里都可能有一堆滑雪板。真正成熟的户外文化，是体验生命，而非为了夸耀。

一次听课，一个美国人无意间提到自己曾扛着摄像机，5次登过珠峰，轻描淡写，却让她一惊：对于他，登顶不是目标，他的使命是记录。想起因雪崩中断的记录理想，想起国内户外纪录片领域的空白，一直觉得有什么事没完成的柳青，也不禁开始尝试。没想到，就此打开了人生另一扇窗。

从只会用手机拍照，到后来完成一段又一段顶级难度攀岩的拍摄，3年过去，柳青从一个投资人变成了专业户外摄影人。从前谈的是千万级项目，现在时常为照片多卖100块讨价还价，她却乐在其中，并把每年的4月25日，当作自己又一个生日——这一天，她差点儿失去生命，也从此改变人生。

已远去的金融圈，她也许以后会回去，但目前心不在那里。地球另一头的珠峰，肯定也会回去，柳青心里却没有急迫："因为我现在仍然和山在一起呀。"

"珠峰只是起点。"雪崩3周年之际，子君刚好完成北极点徒步。"7+2"（指攀登七大洲最高峰，且徒步到达南北两极点的极限探险活动）的目标就快完成，她又开始眺望更高的"山峰"——创办一家探险公司，把这些年学到的国外先进攀登理念带给更多人。

"这几年一直在玩，积蓄快花完了，也需要努力工作了，但希望是和爱好结合在一起的工作。"这几年，她还迷上了滑雪、攀冰、潜水，间隔年一晃成了间隔5年……一直在路上，子君也一度担心过自己是不是太不务正业。眼看朋友公司都上市了，自己会不会跟不上时代？但随着不断成长，她终于相信，只要这是一种探索世界的"玩"，只要觉得自己的人生没有虚度，就值得投入。

“登珠峰是未完成的、会去做的事，但我不希望是孤注一掷。”凌桑临时放弃了这年攀登珠峰，因为右膝韧带不慎撕裂，也因为她希望有一天，是以真正平和的心态走向珠峰。上次从珠峰遗憾下撤，回国入关时，警官看着她晒伤的脸，好奇地问了句：“那你登上去了吗？”这不经意的一问，就让她“哇”一声大哭：“就差300多米，风太大……别人都等到好天气登顶了，就我没有……”

归来后一两个月，这份遗憾一直盘踞心头。信佛的她，最终只能觉得这是上天冥冥注定，为了让她继续修行，面对得失荣辱，成为一个更有智慧的人。“现在

流行的心灵鸡汤：要么永不放弃，要么凡事随缘。但过于执着或淡漠，都是不成熟的。”3次登珠峰的曲折，至今没有画上句号，但深深影响了她的性格：“以前骨子里特别轴，登山让我学会寻找平衡：要怎样才能既不失执着与坚韧，也不失淡然与平和？”

“山一直在那里，但生活中还应有其他梦想。”终日忙出差的凌桑，现在梦想的已不是珠峰，而是有能力养一只小狗——这意味着安定和一个永远忠于自己的陪伴者。对于一个独立要强的女人，她觉得，这反而是比登珠峰更遥不可及的梦。

母亲的膝头

“嘿，欢迎来到珠峰大本营！”嘹亮的人声划破山谷，还是3年前遭遇雪崩的冰川上，近千顶帐篷又一次在4月涌现。这座曾被美国记者乔恩·克拉考尔喻为“天然圆形剧场”的大本营，3年前，在雪崩中遭遇严重坍塌。3年后，山崩地裂的记忆，还在许多人心里，转眼已被大自然一把抹去痕迹。

热闹的大本营，一如往昔，迎来又一年的新鲜面孔。地球村的格局，短短几年中，却已悄然剧变：西方探险公司和登山客开始退潮，尼泊尔本地夏尔巴公司正在崛起，现在客户人数最多的，是作为新兴经济体的印度和中国。

62名中国人，将在2018年从南坡尝试攀登珠峰，也给尼泊尔带去了2000多万人民币的生意。而在2010年，南坡还只有8人。中国的民间珠峰热开始于15年前，此前一直是为国争光的政治型登山。2003年全国抗击“非典”之际，企业家王石等中国民间爱好者登上珠峰，通过央视直播，一时间吸引无数目光；同时让这座最高峰成了“勇攀高峰”的精神象征，“人生成功”的典范追求，让其攀登这次运动和攀登者遭遇着“有钱人的游戏”“英雄”等或光环，或妖魔化的解读。

“珠峰就像世界上海拔最高的名利场，吸引的不全是山峰攀登者，更有社会攀登者。”面对客户携带的各种社会企业条幅，有人甚至背了60面旗帜，想带上山拍照。麦子公司最近发起了“抵制垃圾旗帜行动”：只允许携带国旗、赞助商旗帜和家人标贴，其他全部截留，哪怕为此得罪人。“在山下可以尽情表演。但在山上，这可是夏尔巴向导和队员用生命在搏击啊！试问，谁能赞助一个人的生命？”

“山峰是无辜的。”在珠峰虽遭遇身心重创，但柳青却不认同“名利山”的说法。“心有名利的人，到哪儿都追逐名利。心无名利的人，环境再复杂，也能保持自己。就像山，从不会因人而改变。”

“这取决于个人。”因为贫困，童年就开始做向导的夏尔巴人普鲁巴·丹增，见过太多形形色色的登山客。“对于有些人，珠峰是一个不可阻挡的梦；对有些人，是一场打破纪录的冒险；还有些人，是为了名气或通往另一个世界的门票，甚至最佳推广工具……”

每年四五月，都是普鲁巴和他的夏尔巴兄弟最忙碌的时候。其实，早在全球登山客没出发时，近千名夏尔巴协作已在布满冰裂缝的山路上，蚂蚁般运输物资、搭建金属梯和营地。每年第一个登顶珠峰的，是夏尔巴人。是他们在没有保护的情况下，架设长7000～8000米的安全绳，从大本营直连到峰顶。

没有夏尔巴人，就没有珠峰攀登。居于喜马拉雅深处的这个族群，无意间卷入人类最狂热的登山时代，构成了珠峰商业攀登的基石。光环和荣誉，却属于被他们带上山的人。大多数高山协作能获得的，是大约6000美元的收入。在人均年收入仅750美元的尼泊尔，这依然是个好职业，哪怕有着极高死亡率。

但有着天生登山才能的夏尔巴人，也一样是血肉之躯。29岁就已12次登顶珠峰的普鲁巴，虽然强悍到被称为“一个永不停止的登山机器人”，2015年雪崩，面对两位亲人遇难，也忍不住立下重誓：“以后宁可饿死，我决不会再去登山了。”可之后，普鲁巴又一次次出现在登山路上，并担任起2018年尼泊尔女子队的攀登队长。震后连续两年，他还曾带着尼泊尔政府授权的“我们将崛起”旗帜登顶珠峰。除了山，他们别无选择。

而现在，执意选择去登这座最高山峰的人，已从世界各地、各行各业、各自生活中走出，又一年会聚山脚下，即将步入空气稀薄地带。新时代的各种网络分享与直播，也将聚拢山下更多目光，共同投射向世界之巅——这一座闪着银光的“金字塔”，塔尖一小块不到1平方米的陆地，我们星球的至高点——在1852年被测定为最高峰之前，它只是喜马拉雅山脉中编号25的不起眼山峰。

在1953年实现首登之前，它让英国探险家乔治·马洛里感叹“山就在那里”，并先后折损15支西方探险队伍，为了这个“全人类共同仰望的目标”。

在20世纪90年代之前，它是勇敢者的乐园，真正涌现过许多“第一”，有16条登顶线路被开辟出来。

在2015年大地震来临前，它已历经20余年商业开发，接纳全球各色人等登上最高舞台；也用一瞬间的雪崩，将人类的一切抖落如尘土。

雪崩之后，许多人卷土重来，包括被认为是逆来顺受的中国女人们，演绎了一出出“只能被毁灭，不会被打败”的故事……

围绕这一座山，或永不言弃，或扼腕叹息的故事说不尽。这座山也像一面镜子，把人类的得失荣辱、商业的是非功过，照得清清楚楚。

翻过珠峰登山史最沉重那一天，5个女人的多年重登，只是其中一个缩影。而当时间抵达今天，又一批人砸下重金，穿过高强度考验，又将踏上曾被近5000人走过、依然被千千万人向往的道路，试图抵达巅峰。

在山下，无论是何身份，怀有怎样的目的、梦想、欲望与生命冲动。

踏上山，走向地球之巅的路，大自然都会扯去所有，只接纳极短暂停留。

就像我们与这座山纠缠的100多年，在地球恢宏的造山运动中，只是刹那。

就像1953年首登珠峰的夏尔巴人丹增·诺盖所言：“人征服不了山。人只是攀爬上山，如孩子爬上母亲的膝头。”

四·攀向自由

冲出流水线上的人生

仿佛青春必然，总有人如太阳出山

自由的代价，却如此高昂

不死的青春

我曾经跨过山和大海，也穿过人山人海，我曾经问遍整个世界，从来没得到答案。

——朴树《平凡之路》，2014年

人的命运随浪潮起落，在大开大合的近10年。

大国崛起，世界工厂创造的奇迹中，人们浮沉在繁华里，也被束缚在秩序中。不断膨胀的城市与房价，成了难以翻过的高墙，但总有人向往自由，破墙而出。不甘如巨大机器的齿轮，新一代年轻人走向荒野，渴望也追求着更真实的人生。

西部雪山上，抛下名校前程，全身心投入自然与自我极限，严冬冬和周鹏苏醒了“自由之魂”。理想与现实的夹缝中，奋力攀爬的身影，遗憾意外陨落。

大墙般岩壁上，何川、孙斌、王振等中年人，穿过各自繁华，犹如回归初心，一年年回到同一座山。他们想重返的，不仅是山川，更是为人生的“加油”。

刀刃般山脊上，一群少年如朝阳初生，如临梦幻高山。又在贫穷与残酷中，苦苦挣扎，光芒与阴影并存……

看似离经叛道，他们同是我们。从青春校园，到工厂流水线、繁忙写字楼，人人向往自由，但自由的代价太过高昂。生与死，稳定与动荡，自由与不自由，同一方大地上，每个人继续寻找各自的答案。

自由之魂，冰封裂缝

“

两个男人，在天亮之前出发。一根绳索，在两条生命之间穿过。一前一后，攀爬在幺妹峰和一座座传奇山峰上……周鹏、严冬冬这一对“自由之魂”组合横空出世，一度被视为中国新一代“登山双子星”。

然而才张开的羽翼，不到3年，却被生生折断——2012年7月9日，新疆西天山，年仅28岁的严冬冬坠入暗冰裂缝，从此长眠雪山。

理科状元、奥运火炬手、第一个登顶珠峰的清华学生……多年过去，穿过大众记忆中的模糊标签，更真实的严冬冬，他短暂的一生究竟在追求什么？何以抛却名校前程，走上一条近乎流浪的路？

为了唤回不应忘却的记忆，我寻访了周鹏及多位冬冬生前好友，却发觉真正的“自由之魂”并不仅仅是登山，更指向内心和漫漫人生。

这也并非一个人的追求，而是一群少年，朝着自由，在理想与现实夹缝中，奋力飞翔过的青春故事。有理想、有热血、有天真、有失败、有成长，也有沉重却无法回避的死亡……

本篇供图：周鹏、李兰等

当学霸遇见登山

7月炎夏，新疆西天山深谷的一夜，却正大雪笼罩。“冬冬，听得见吗……”深达20余米的冰裂缝旁，长达5个多小时的救援，任凭一遍遍呼叫，幽深冰缝却是死一般沉寂。这是2012年7月9日深夜，精疲力尽的登山者周鹏，失去了他的黄金搭档严冬冬。

“我们以后搭档的名字就叫‘自由之魂’，怎么样？”时间退回4年前，2008年北京奥运会前夕，6500米珠峰前进营地，肩负奥运火炬传递任务的两个“80后”同睡在一个帐篷里，同做着一个更自由的登山梦。

“这名字，真是越想越‘牛’啊！”彼时24岁的严冬冬，推推眼镜，还是一脸学生气，枕着自己正在翻译的《极限登山》英文版，兴奋得简直睡不着。却不知在同寝的周鹏眼里，他真正“牛”的地方，是所选择的不可思议的生活。

“那阵子，冬冬从桌缝里摸到几个遗落的硬币，就像中大奖，因为够他买几块煎饼，填饱几天肚子了。”这样捉襟见肘，让周鹏一开始非常吃惊，“他是清华毕业的，居然把自己搞那么惨，还一心想着自由自在去登山？”

“看，他就是严冬冬！”记忆继续倒退，2001年夏夜，辽宁鞍山旧书市场，同学们一吆喝，众多家长立马围堵住一个腼腆男孩，缠着他介绍经验。刚结束的高考，他以678分拿下鞍山市理科状元，名列辽宁省第二。

高考决定命运的大环境下，严冬冬本被期许的应是另一种人生。早在6岁时，他智商测试150分，被父母送进了当地“超常班”。然而，4年读完6年制小学的方式，很快被质疑是否在揠苗助长。最后严冬冬父亲等家长前往教委游说，才保住这唯一一届实验班。

“我们是一群被试验、被特殊对待的小孩。”在严冬冬小学同桌的记忆里，课堂后面旁听的大人比学生还多。前所未有的重视，超前教学的英、理、化等课程，虽带来压力，也确实让他们跑赢了起跑线。同学后来大多留学、上名校，前程似锦。但，像冬冬这样不走寻常路的，独此一人。

从小被当作学霸，可冬冬并不那么自信，“我其实做什么事都没太多天赋，全靠跟自己死磕。”大家佩服他常年第一的成绩，没看到的是他高一一学期做的练习册，堆起来有他个子高。同学惊叹他高中英文词汇量就高达2.2万个，他只是一直在“强力地背单词、强力地做题”，连梦话都常说着英语。这种死磕，尤其体现在体育上，这是学霸的短板。他还极易发胖，被戏称“熊猫”“冬瓜”。可越是不足，他越有意识地去训练。高二开始，400米操场上，严冬冬每天跑30圈，越下雨越坚持。

但即便如此刻苦，进入清华生物系后，有同学看见他报名山野协会，还是不免诧异：“这胖子也能去登山？他在我眼里实在没什么运动细胞，跑步都能把自己绊倒。”

同学的诧异，很快被热血气氛盖过。当清华登山队队歌《白鸽》响起，迎新视频里那一句“人年轻的时候，应该去登一座雪山”，深深触动每一个年轻人，其中也有才大一的严冬冬。

“Brave heart（勇敢的心）进入我的生活，真是一个奇迹。”哪个少年不渴望拥有一颗“勇敢的心”？尽管据同学回忆，冬冬是个听见狗叫都会被吓跑的斯文小胖子。清华山野协会，校园论坛版面名称“Brave heart”——因为这个名字，严冬冬几乎是误打误撞进了清华登山队。“第一次训练的感觉，几乎要死掉。第一次听学长的登山报告会如听天书，觉得离自己十万八千里……”但一个不同以往的新世界，也就此打开了。

“雪山！这不就是雪山吗！平生第一次见雪山，只觉得庄严与神圣。”2002年暑假，这个少年忐忑交上登山申请表。有幸18岁就接触到登山，冬冬在日记里这样描述和玉珠峰的初见。除了雪山壮美，更让他难忘的，是“20多个人一起流汗、手把手走过来的路”。

同学少年，青春热血，母校、集体与理想高于一切，这是清华、北大等校园登山队远不同于社会组织的精神气质。“相比登山，我最初喜欢的是组织登山这件事。”从中国农业大学登山社团中走出来的周鹏，回忆起最初，也有相似感受。“一群人朝着一个圣洁的方向努力，那感觉既热血又投入，就像一起干革命。”

每年暑假一座雪山的成长，让严冬冬发现了真正的热爱。但大学4次登山，居然从未登顶。尤其2005年毕业去登念青唐古拉山，终于距离顶峰不到100米，新队员何浪却高原反应到剧烈呕吐。“4年了，第一次，这么近……”已是攀登队长的冬冬万分纠结，最终拍板：“我们放弃！这个决定我负责。”

“所有人都明白4次都没到顶是什么滋味。我敬重他，是从那时开始的。”后

攀登中的严冬冬

来成长为清华登山队队长的何浪，对冬冬怀有更大的敬重，是因为眼看他毕业后漫长的漂泊与坚持。被视为天之骄子，清华毕业生大多是出国、进名企，比拼着一个比一个更好的工作。曾是理科状元的严冬冬，却让所有人大跌眼镜——去山东泰安的某户外品牌商店做店长。朋友们觉得他疯了，可他有不一样的梦，"我对未来的梦想很简单：可以自由自在地去登山，自由自在地安排生活。"

理想与现实

虽被笑话"和登山八字不合"，但严冬冬的狂热在协会里是出了名的。为提升技术，他宿舍的床栏杆都垂满一条条路绳，各种打法的绳结，密集得像蜘蛛网。更出名的是，实力更强的队员们都在毕业时回归"正途"，冬冬却成了第一个要把登山坚持下去的队员。尝试过做户外店长、户外编辑……以户外为业的想法，短短几个月就破灭了，他得出结论：“上班这种事完全不适合我。”

为糊口，他开始发挥英语特长，接各种翻译。最初稿酬每千字仅30～50元，哪怕翻译一整本书，回报也才几千元。收入微薄零碎，一多半钱还被他买了登山装备。回忆最初漂泊，冬冬坦言一度在“饥饿线上挣扎”。毕业后，他还在清华食堂蹭饭吃，最节省时一个月饭卡只花了30多元。2005年秋，他甚至搬进清华14号楼楼顶，房租也省了。

那是登山队活动室，器械凌乱的角落里，一张防潮垫，一个头发乱如鸟巢的男孩，白天睡觉，晚上翻译、训练，一心痴迷着攀登。衣服上有破洞，眼镜腿断了，他就用透明胶随意粘着……但蜗居没持续多久，他就被管理人员赶了出去，又群租在清华西门外，在没暖气还漏风的小平房里，度过了瑟瑟发抖的冬天。

看着这近似流浪的生活，心怀理想者不禁要奉之为偶像，“他在做我们想做不敢做的事。”现实一些的同学则不免讥讽，当他是迷途青年，“别以为年轻有资本挥霍，等有一天，想回归正轨，同龄人已经事业有成，有房有车，他却可能什么都没有。”

“他比所有人都成熟，也比所有人都单纯。”何浪眼里，冬冬是学长，也像个小孩。“认定自己想要的，不在意他人眼光和世俗价值——这是他的成熟，也是他的单纯。”但随着时间推移，何浪也感觉到冬冬有些着急了，好几次听到他在电话里和父亲争吵闹翻。更让何浪惊讶的是，这个一向温和的男孩，和家人竟一度措辞激烈到“再逼我，就断绝关系”。

严冬冬出生在知识分子家庭，父亲是鞍钢集团技术领导。作为理科状元，他自然是家中骄傲。严爸爸的同事提到严冬冬，都会双眼放光：“老严头儿家那孩子，简直太棒了，将来肯定是块材料！”背负如斯期许，毕业却离经叛道，需承受的家庭压力可想而知。

更茫然的是，顶着巨大压力，想要的生活却毫无头绪。登山对技术、装备要求极高，毕业一年，他的装备尚需东拼西借，90%的活动还依附在清华登山队。2006年5月，冬冬总算第一次尝试独登雀儿山。才到5300米，望着绵延亮冰和裂缝，没有搭档，实在心里没底，他只能撤退。

“像这样搞下去，一年登不了几次山，要过多少年才能达到我梦想中那个境界？”雀儿山归来，冬冬陷入新一轮迷茫：想往自由的方向走，但连这个方向究竟怎样都认不清楚。而这样的生活还能维持多久？梦想和激情又能支撑多久？

最茫然时，计划传递上珠峰的奥运圣火，竟神奇点燃了命运转机的火焰。靠着清华团委一纸介绍信，2006年秋，他“混”进了这支正在招募学生队员的队伍，集训时间长达两年。“简直到了天堂，两年不用愁吃喝，可以安心训练了。”可真啃上这块天上掉下来的馅饼，冬冬很快又觉得不对劲。珠峰采用的是喜马拉雅式登山[2]，向导全程修路，只需跟着前行。而集训队对学生只有单调的体能训练，几乎没有技术培训。

当清华登山队在桃源仙谷教学攀冰时，珠峰火炬队却让学生背着迷彩军包一遍遍爬楼梯，走公路一走一整天……2006年冬，何浪和严冬冬在冰壁前短暂重逢时，感觉他路过的小眼神都充满哀怨。

“训练方法陈旧而不够科学，集训队里弥漫着功利性的竞争气氛，攀登中的关键决定完全要看领导的脸色……我觉得窒息，我想要的是真正的、自由的攀登，而不是这些东西！”严冬冬在回忆文章里这样写道。但紧接着，他欣喜地发现：“集训队里还有一个人跟我一样感到窒息——周鹏。”

“到底去还是不去？”进入珠峰火炬队，最初曾让中国农业大学在读的周鹏万分纠结。成长于湖北农村的他，第一次对登山有概念，是2002年看到北大山鹰社5人遇难的新闻。“一直想不通，都能上北大的人，为什么还去干登山这么危险的事情？”进入大学，带着好奇，周鹏进了农大登山社团，终于见识到什么才是“城里人”的登山，并爱上了那种“攀登时几乎忘掉整个世界的专注感”。

但两年封闭式集训，意味着脱离大学学业，未来职业都可能改变。“刚进城时，想着以后总算可以坐办公室，不用下地干活了。可真接触到城市浮华，却很不想走那种升职加薪的职场路。我还是更喜欢山野，想未来在登山领域做些事。”

带着抱负加入，现实一样让周鹏充满失落。直到2007年秋，他和严冬冬被集训队分到同一间宿舍，意想不到收获了彼此。冬冬最初给周鹏的印象也挺怪：说话从不留情面，总在别人长篇大论时，来一句“那又怎样”，然后续上一通“严氏理论”，爱抬杠到被称为“杠头”。他甚至不吃猪肉，常和朋友说，猪是懒惰的

2　登山有两大派系：喜马拉雅式登山和阿尔卑斯式登山。前者需反复适应、修路、建立多个营地、多人多工种支援，仰仗保障和团队。后者仅携带少量物资，在最短时间内完成冲顶，没有后勤补给，团队一般两三人，更多仰仗的是个人技术和能力。

动物，自己是异常勤奋的人，“完全容不下。”

但对攀登的热爱，还是让同龄的他们迅速热络起来。冬冬接到翻译《极限登山》的工作，顿时爱不释手。“这实在是一本让人翻起来就停不下的书”，每个夜晚，冬冬翻译得热血沸腾，每结束一章，第一个读者就是周鹏。

青春热血、求知渴望之下，两个年轻人就着书中内容，从技术到理念，再到精神，常常聊到天亮还毫无睡意，彼此欣慰着“终于有个能聊到一起去的人了”，对书、对人，都是相见恨晚。

现代登山自欧洲发源，迄今已发展200余年，但直到20世纪末，才在中国大众化。即便是冬冬和周鹏，那时对真正的“自由登山”也还认知朦胧。小队伍，两三人，自行背负装备，凭着搭档间的合作和个人技术挑战各种地形——《极限登山》呈现的阿尔卑斯式登山，闪着自由之光，犹如启蒙，终于为这两个茫然的青年打开了一扇窗。

尤其是获知珠峰登顶机会由领导决定，而非能力决定，两个年轻小伙儿备受打击：原来将近两年的“搬砖”，也许只是空欢喜一场……2008年4月底，枯守6500米前进营地，压抑于体制内登山的束缚，他们忍不住更加憧憬《极限登山》指出的另一条道路。

“别人不让我们爬，我们就自己搞。”理想与叛逆之下，这两人决定以后一起去登自己的山，不仰仗这些庞杂团队，全凭双方搭档，并一拍即合，“就叫‘自由之魂’！”

半个月后，严冬冬还是幸运地获得机会，成了第一个登顶珠峰的清华学生。一时间，高考后的更高赞誉蜂拥而来，他却觉得：“这两年我最大的收获不是登顶珠峰，而是收获了周鹏这个朋友，一辈子都可以信赖的登山搭档。”

24岁时，这个从生活到登山都一度不被看好的人，抵达了世界之巅。更重要的是，他认清了下山后的自由之路，并遇见了对的那个人。

光环与弱势

珠峰让严冬冬又一光环加身，但在朋友眼里，下山的他还是像个流浪汉——和朋友蜗居在月租400元的房子里，永远脏兮兮的登山衣，破洞用透明胶随意贴

▲ 严冬冬和周鹏，曾以“自由之魂”为名搭档登山

着，地上捡块糖直接就塞嘴里……当朋友忍不住问起父母态度，他沉默了一会儿，说：“他们现在不支持也不反对吧……”

“我上珠峰就像中了一次奖，活动完了就完了。我要有自己的登山活动，我的目标是‘14座’。”珠峰只是起点，严冬冬最初也曾梦想过登顶全球14座8000米级山峰，并在2009年夏，咬牙东拼西凑了很多钱，第一次参加商业队，前往海拔8027米的希夏邦马峰。出发前，他充满期待，把希峰当作朝“14座”迈出的第一步。归来后，他却异常失望，“这不是‘登山（mountaineering）’，而是‘登山旅游（mountain tourism）’，也就是说完全不是我想要的东西。”

那么，对珠峰火炬队、希峰商业队一再感到窒息，最终放弃“14座”的严冬冬，想要的“登山”究竟是什么呢？他要的是2008年冬，和周鹏第一次搭档速攀半脊峰的自由随性。13个小时39分钟，别人两三天才能完成的路，他们一天冲顶并下山，“比之前想象的还爽。”他要的是再不需要听任何人指挥，只要两个人彼此信赖并异口同声：“一天把它搞了怎么样？”他要的更是2009年秋，追随他的榜样——英国登山者布鲁斯，12天连登6座6000余米未名峰的酣畅。这是最让严冬冬大开眼界的一次，原来登山可以是两三人扎个大本营，就把周围山头都扫荡一遍……不依赖团队，没有外界补给，靠着登山者自身力量进行登山，这才是阿尔卑斯式登山的精髓。

带着越来越清晰的认识，2009年11月，严冬冬与周鹏第三次踏上幺妹峰的攀登之路。这座被视为神一般的山峰，初出茅庐的两个毛头小伙儿，一开始想都不敢想。一年前，他们意外跟上了一支队伍前往幺妹峰。虽只登到5600米，但两人惊喜地发现，原来只要敢尝试，并不是连机会都没有。

二次折戟之后，他们各背负不到8公斤背包，第三次采取了更纯粹的阿尔卑斯式登山，沿途不设一个营地，也没有哪怕一米的固定绳索，唯一能御寒的仅有一条睡袋。比登顶更凶险的下撤的夜晚，唯一能容身的，是海拔6130米山脊上刨出的小雪洞。两个血气方刚的男人，并排挤在雪洞里，硬坐一晚，只有对方为伴，只能和颤抖为伴。无比漫长的夜，无数次醒来都不是天亮……

总算熬到天亮，他们平安走下这座技术攀登的圣殿。在南壁留下的名为“自由之魂”的崭新路线，却如平地惊雷，意外引来世界登山界权威奖项——金冰镐奖的关注与提名，更让国内登山者备受鼓舞。登山前辈十一郎甚至感慨：“这次幺妹峰攀登，也许将成为划时代的标志。从周鹏、严冬冬他们这一代人开始，中国有了真正意义上的自由攀登。”

横空出世的这对双子星，终于迎来光明前景。但让人讶异的是，紧接着2010年一整年，两人并没趁热打铁，继续一起登山。周鹏开始异常忙碌。一度深受冬冬影响，他也选择毕业不走职场路，却同样遭遇迷茫。一个刚毕业的学生，如何既能自由登山，又生存于这个社会？他和冬冬依然在各自摸索。最终周鹏选择进入中国登山协会（以下简称“中登协”）做教练，尝试起边工作边登山的另一路径。

冬冬的亲密搭档，此后一年多，换成了女自由登山者李兰。幺妹峰的潮水赞誉，并没冲昏严冬冬头脑，那依然不是让他真正满意的自由攀登。“领攀，才是真正的攀登。”在年度总结里，严冬冬坦诚地反思自己，“登顶基本都是依赖别人。”尤其第二次登幺妹峰，基本全是周鹏在前面领攀，自己处在“全面心理弱势”。

真正的自由，不能依赖他人，更不是自欺欺人。哪怕头顶更大光环，明明可以借力搭档，冬冬还是把新一年最大的任务设定成“尽可能领攀”，甚至尝试单人独攀。他一心要建立不依赖别人的独立性，想要的自由，不仅是登山方式和成绩，更在于自己的心。

“在我眼里，他俩简直像一对技术宅男和功夫高手的组合。”有朋友回忆起他们攀冰的样子，周鹏的动作堪称行云流水，令人叫绝；冬冬却明显是个书生，动作迟缓，甚至双手都不太敢伸直，但胜在渊博超前的理论。

而在周鹏眼里，严冬冬甚至有些胆小，对登山始终恐惧。他总会做各种噩梦，落石、滑坠、镐尖穿进自己胸口……然后狂叫一声，好几次惊醒同睡的周鹏。一次进山前夜，冬冬突然的噩梦惊叫，甚至震醒了整个院子十几号人，吓得鸡飞狗跳。“但他越恐惧，越会和自己较劲。这是他特别强大的地方。”冬冬曾和周鹏回忆，大学参加集训，一个人落单在山野都害怕。但越这样，他越会有意识脱离队伍，选择独行甚至独攀，逼迫自己变得勇敢。“为了克服自己的各种弱点，他其实做过很多别人看不见的事。”

“第一眼，真看不出这是个登山很牛的人。”曾任清华登山队队长的赵兴政，至今记得与冬冬的初见。2009年还是新人的自己，正在校园岩壁上“磕”一条线，怎么也过不去。冬冬过来拍了拍他的腿肚子：“小肌肉群可以一夜恢复的，你今天使劲磕一磕，明天一定能过去。”

1.70米左右，微胖身材，架着圆眼镜，想不到就是传说中的“大牛”严冬冬。更想不到他的攀岩天赋，会和自己一样差。但越是弱，他越死磕。“对自己特别狠”的态度，还让他在清华登山队有了个著名外号——小变态。

“他有一种矛盾感，追求自由，也极端自律。”在赵兴政眼里，冬冬甚至有点儿压抑自己的本能，活得并不随性，甚至像个苦行僧：既不抽烟也不喝酒，甚至有5年单身计划，总说情感会麻痹神经……他怕一旦恋爱，就没法自由登山了。

这一群自由的年轻人

更让赵兴政印象深刻的是，当自己也狂热爱上登山，甚至想以此为业，冬冬却顿时严肃：“千万不要这样。爱好不要变成职业，那样会没有自由，就不能自己搞了。”

“我不会容许登山沦为赖以糊口的职业。”面对机会和劝说，严冬冬始终坚持着这一点，代价是刚毕业时，在饥饿线上挣扎；去哪儿都只能坐绿皮车硬座，睡觉就直接钻座位底下；幺妹峰归来虽获品牌赞助，经济依然处于“城市居民底层”……但，没有人能生存在真空里。最初暂时糊口的英语翻译，最终成了严冬冬的职业选择。不出去攀登时，他就通宵达旦翻译，甚至颠簸在车厢里，也能旁若无人，不间断翻译上万字。但收入依然微薄，稿酬虽涨到千字60～80元，哪怕一年翻译100万字，他的所获也不到10万元。

“我觉得这是选择这样一条路的人，所必将经历的过程。”多年摸索后，冬冬坦然接受了这个自由的代价。他一辈子都不想做房奴、车奴，哪怕大多数同学出了国，有人已成千万富翁。他反倒想起玩过的游戏里，自由职业者也叫“自由枪骑兵”，多么中听的名字。

像个崇尚自由的骑兵，他从此把“自由登山者、自由职业翻译”当作自己选择的身份，也终于找到了梦想和现实的平衡。而翻译《极限登山》的快感与收获，也让他瞄向了更多国外攀登书籍。紧接着，2009年《登山手册》、2010年《完全攀登指南》、2011年《国际登山技术手册》……坚持不从业的他，也希望通过翻译，对国内登山界做出实实在在的贡献。一本本译著，带着真正的专业与热爱，也着实打开一扇窗，让更多人看见了更自由的攀登，一如最初两个年轻人。

最初的两个年轻人，在一年各自成长之后，重新走到了一起。中登协的忙碌工作，让周鹏几乎再难有时间登山，最终还是辞职离开体制。他还是想自由自在去登山。等着他的是更多激动人心的攀登计划，以及黄金搭档严冬冬。

赵兴政至今怀念，2011年走出校园后，蹭住在周鹏和冬冬家里的那个夏天。北京密云，他俩合租的毛坯房里除了登山器械装备，其他什么都没有。冬冬床上甚至没有枕头被褥，在家也直接钻睡袋里睡。

每一天，3个男人直奔白河去攀岩。烈日下，岩壁上，他们一爬一整天。满身是汗，满手是粉，心满意足回家，他们又继续畅谈人生和理想，经常谈到深夜还眼睛放光。趁着青春正盛，这几个年轻人把物质生活需求降到最低，对攀登的热爱却释放到了最大。但有关自由，冬冬依然没有满足。在他眼里，面对山峰，想怎么爬就怎么爬，还只是最低层次的自由；更高的自由，应是面对人生时，想登山就去登，想不登就不登，无人能左右，自己能安排。“通过一点点提升自己的境界，去达到更高的自由，没有比这再爽的了！”

自由的磁石，也持续吸引着有相似追求的人。2011年秋，女摄影师李爽开始追随周鹏、冬冬的攀登。李爽原本做着设计师工作，喜欢雪山的纯净，却很不喜欢跟随商业队那种被伺候着登顶的体验。于是她尝试以拍摄的方式，去亲近雪山和那些真正在组织攀登的人，并在慕士塔格峰遇见了临时帮人带队的周鹏。周鹏让她知道，原来还有这样一种自由登山方式。越了解周鹏和冬冬，李爽也越感慨：人就应该这样生活。她忍不住好奇：“5到10年之后，这两个可贵的年轻人会变成什么样呢？为什么不从现在就开始记录？”

2011年10月，四川贡嘎深处，天还未亮，“自由之魂”又一次整装出发，迎向白茫茫冰雪，向上攀行。追逐着周鹏和严冬冬的，已不仅是山尖的阳光与风，还有山下来自李爽的镜头。

在周鹏记忆里，那是最意味悠长的一次攀登。他们终于第一次把曾经的梦想变成现实，像许多西方自由登山者那样，在贡嘎山区深处建一个大本营，然后一连开辟了勒多漫因、嘉子峰、小贡嘎3座山峰的3条新路线。“于我而言，这是一个开花的季节，之前对于攀登的所有积累全都绽放了。”

“我们把它叫作自由之舞，好不好？”登顶嘉子峰的风雪中，冬冬意犹未尽。他给线路起的名字，也成了李爽这段拍摄纪录的命名。在《自由之舞》里，多次出现这样的远景：一根绳索，在两个男人之间穿过；两个身影，一前一后，嵌在洁白冰壁，爬过阳光和阴影的界线……巍峨山体，两个生命的存在，那么渺小，又闪着微光，让李爽觉得是这样美。

更让人难忘的记录，是更多登山者抵达这片秘境时，山脚下的帐篷里，陌生的自由灵魂，偶然又必然地聚在一起，分享着不同的攀登体验，还有不同的人生和音乐。来自俄罗斯的登山者甚至抱着吉他，弹唱起远方的民谣。不知道他们在唱什么，但每个人的表情都很沉醉。回想起多年前那个画面，李爽说：“那就好像一种在路上自由自在的味道。”

暗冰裂缝的坠落

自由的味道如此甘美，但除了需付出漂泊的代价，有时还需面对沉重的死亡。

2011年贡嘎山域攀登，同时藏着严冬冬的一个夙愿——攀登勒多漫因北壁，以纪念陈家慧——那个登山遇难的年轻姑娘，有着格外灿烂的笑容。他们曾共同攀登这座山，最终风雪中遗憾下撤。以为还能并肩攀登，一年后，噩耗却传来。

2010年夏，当清华登山队登顶格拉丹东峰归来，大家正忙着欢庆，冬冬却失了魂般站在旅馆门口，谁也不搭理。发愣大半晌，他才和身边的赵兴政幽幽说了句："知道吗？陈家慧死了。"烈阳陡然暗了下来。

那一晚，赵兴政少有地见到严冬冬喝酒。热闹的登山庆功宴上，从不喝酒的冬冬竟倒了一满杯，什么也没说，闷头开喝。没多一会儿，两个大男孩一瓶多白酒下肚，醉得抱成了一团。"登山就是这样。也许哪天你在报纸上看见遇难新闻，仔细一看，那个人就是我。""你不要这样！"一听这论调，赵兴政简直想打他，但事后回想，那也是第一次感受到冬冬心里的沉重。他不止一次说过，活着就要像一朵花尽情绽放，活着是为了想要的极致体验。可登山真可能会死人。

3个月后，他们在云南玉龙雪山共同经历了真正的惊魂时刻。没有任何征兆，保护塞从岩缝脱了出来，最先掉下去的是严冬冬，紧接着是连在一根绳索上的赵兴政和李兰。完全来不及反应，3人急速滑下灰白岩壁，幸运地被一个小水台拦住，这才避免了从40米高处直接拍到地上……3个人叠罗汉般摔在一起，压在最下面的冬冬挤出的第一句话是："都活着吧？"之后的三四天里，撤回客栈的3个人陷入沉默，几乎都说不出话。这次意外，毁了他那年剩下的攀登计划。可当重新捧起《极限登山》，他还是感觉和当年一样热血沸腾，一样充满攀登欲望，想立刻回到那冰雪与岩石的垂直世界中去，在距离死亡一步之遥的地方，寻求那种无可替代的深刻体验。在冬冬看来，危险性也正是登山运动独一无二的魅力之一。就像提到美国登月计划时，肯尼迪总统说的："我们之所以会去做这件事，不是因为它容易，而恰恰是因为它很难。"

更大冲击，发生在2012年元旦。和周鹏、李爽一起在河北攀冰，接近冰瀑顶端时，冰锥竟滑落，严冬冬直接从20多米冰壁上半滑半滚到底，头部遭受撞击，当即昏了过去。昏沉3天后，他的意识才仿佛被重新激活。

再回到冰壁，周鹏明显感觉到冬冬所受的巨大心理冲击。总担心绳子会断、冰锥会掉，什么也不敢相信，甚至每爬几步，他就忍不住大叫，直言"这太恐怖了"。但他还是不依不饶地爬，哪怕每一次都爬得很糟，紧张、害怕、挣扎，却又大喊着，拼命想要克服本能的恐惧。

“他一直在和自己对抗。一方面很脆弱，甚至懊恼自己怎么这么弱；另一方面又超强大，强大到可以靠意志改变自己。”眼看着冬冬在冰壁上拼命死磕，周鹏感慨，“这种内心强大程度，真是超出了我和常人。”

几个月后，朋友在攀冰地再见到冬冬。他已恢复往日平静，坦言自己用了很长时间克服心理障碍，直到有一天能坦然接受自己随时会死。“这没什么，因为喜欢，所以选择去做；因为足够喜欢，所以愿意承担一直做下去可能会造成的后果。”

“我，严冬冬，现在清醒地宣布：我理解登山是一项本质上具有危险性的活动，可能导致严重受伤或死亡……”没多久，他甚至在博客上发表了一篇《免责宣言》，进一步表态。朋友问及原因，他回答得轻描淡写：“很简单，只是希望如果有一天我在登山时‘挂掉’，不会有人因此而给我的搭档施加压力。”仿佛一语成谶，这成了严冬冬的最后一篇博文。

“最后半年，总觉得冬冬有点儿不太对劲。为克服恐惧，他反而会做一些激进的事。”2012年7月，当他们走进神秘的西天山，面对一个异常凶险的冰川，周鹏明显感到危险，冬冬却执意要上去看看。“本来考虑，回去后，我们的搭档关系是不是该暂时冷静一下，避免更激进的倾向。”但一路绷紧神经的周鹏没想到的是，最有难度、风险的区域都安全走过了，在最不该发生意外的地方，意外却突然发生了。

那片永远留下严冬冬的西天山，原本寄托着他真正的“长征”雄心。相比多数人蜂拥热门山峰，他们更热衷这样从未有登山者涉足的山区。一年前从北侧首次深入，冬冬遗憾没搞定目标线路，“否则会是一次真正意义上的世界级攀登。”2012年他们换南侧进入，依然没能靠近目标却勒博斯峰，最后临时起意改登了另一座5900米的未名峰。成功登顶，直撤到4400米，冬冬想起在峰顶曾俯瞰到的一个小湖：“那一定是个鸟语花香的地方，我们今晚就去那小湖宿营吧。”

不远处，那个鸟语花香的小湖，最终没等到他们的到来。寂静莫测的山谷，周鹏走在最前面探路，李爽紧跟其后。正小心往前走着，忽然听到“咔嚓”一声，回头一看，走在最后的严冬冬竟掉了下去。这时是18时15分左右，7月9日，和两年前陈家慧遇难的日子，竟是同一天。

▲ 2008年奥运会火炬传递中，严冬冬成为第一个登顶珠峰的清华学生

"冬冬，他还有希望吗……" 4天后，面对严冬冬父亲克制着绝望的眼神，护送他去新疆的赵兴政，一时语塞。交往多年，他和冬冬竟几乎没谈过彼此的家人，或许潜意识都在回避这永远无法割舍又沉甸甸的爱……"叔叔，你看我所有登山装备都带了，我比任何人都想马上进山去救他啊！"那是他第一次，也是唯一一次看到，一夜白头的严爸爸再也忍不住地失声痛哭。后来哪怕面对周鹏交代全程，严树新都是一脸极度忍耐与平静，和严冬冬神似。而晒得黝黑的周鹏，整个人瘦了一圈，在赵兴政眼里，像是"一下子垮掉了"。

"怎么可能……"对于这个意外，周鹏至今仍感到太意外了。那条明显被雪覆盖的暗冰裂缝，走在最前面探路的他，甚至用雪杖戳出窟窿标记，提醒后面两人小心。以冬冬的经验，怎么可能……

那一天，周鹏甚至绳降到冰裂缝底部，一直救援到绳皮磨破，体力完全透支，再无计可施，也没能救回失去意识的冬冬。那一夜，剩下的两人露宿在冰裂缝旁，感到从不曾有过的残酷与无助。幽深冰缝，大雪纷飞，时间一分一秒流逝，一个28岁的年轻生命，无可挽回地逝去了。

太阳照常升起，阳光洒在一个个面对石碑沉默的人背上。面朝雪山的石碑上，新刻下两排红字：自由登山者严冬冬，与天山共存。由于事发地难以接近，他们最终只能放弃救援，让冬冬的遗体永远留在了天山怀里。

“这个登山哪，我要是年轻时有这个经历，可能也会爱上这项运动吧……”站在石碑附近的小山上，严树新望着儿子长眠的山川，努力微笑又沉默。在严爸爸提议下，周鹏特地陪他登上附近一座高500余米的小山。他用这样一种方式，深情送别了儿子，也给出了一个父亲最大的理解与宽容。

而山谷外的世界，轰炸式的报道正如潮水涌向四面八方。理科状元、奥运火炬手、第一个登顶珠峰的清华学生……又一年高考刚结束，人们热议着这个众多光环环绕的年轻人，或惋惜才华，或赞赏勇气，或指责轻率不值得，却没有多少人真正理解他短暂的一生苦苦追求的自由，究竟是什么东西。

“冬冬寄托着我们当年的梦想。”尘世中忙碌的同窗朋友，纷纷停下来，不止一个这样反思，“我们是让他代替自己，去实现自己不可能实现的追求。”但严冬冬生前纪念陈家慧时，自己却曾这样写道：“‘死在山上是最好归宿’这种没心没肺的话，在现实面前显得如此荒唐和脆弱。”他接受了这个可能性，并不意味着不珍惜生命。恰是太热爱生命，他才会在所有人走向俗世时，独自选择登山——这件他觉得“更接近生命本质的事”。

“如果当初知道未来会是这样，估计会高兴得跳起来。”出事前两个月，他曾如此感恩此刻拥有的自由生活，并始终希望可以多一些时间，去感受更多生命极致体验。只是遗憾，他没有了更多时间。2002年7月踏上第一次攀登，2012年7月坠落暗冰裂缝，一个人的热爱与青春，从雪山上开始，也在雪山上结束，正好10年。

铭记自由

“他就这么留在山里，我却再也找不到他了……”料理完严冬冬后事，赵兴政南下四川雀儿山从事高山向导工作。一直视冬冬为榜样的他，在23岁那年，成了清华登山队第二个脱离正轨的学生。只是面对茫茫雪山，再看不见冬冬那一袭红色冲锋衣，还有那一个在前头领攀的身影。他只能和同行的何浪一起，一遍遍回忆点点滴滴，有关他们曾经的导师、搭档和兄弟，这个对他们人生影响最大的人。

“将你铭记，唯有继续攀登。”下山之后，从没做过翻译的何浪，接过严冬冬没翻译完的《登山进阶》，开始了长达半年的翻译，最后把全部稿酬转交给了冬冬父母。

赵兴政则把“remember 严冬冬”的小字文在了左臂内侧，因为这里离心最近。同年秋天，他在云南白马雪山自己开辟了一条新路线，命名为“Regards for freedom”——致敬自由。

而一年之前，严冬冬在开辟新线路“纪念陈家慧”时，曾这样说过：“就像海明威《战地钟声》里的话，没有人是孤岛，每个人都是整体的一部分。作为攀登的人更是这样，彼此之间如果没有这个心意相连，那就什么都没有了……”

丧钟鸣响，记住他的人，以各自方式继续前行。风暴也长久持续在一些人内心，其中遭受打击最沉重的莫过周鹏。“为什么要去登山？”“我们怎么会爱上这样的运动？”“付出这么大代价，真的值得吗？”拖着沉痛和疲惫，回到北京密云，周鹏一度有些怀疑人生。空荡荡的屋子里，再也不会响起冬冬的夜半笑声。唯有梦里、视频里，时常又出现两人一起爬山的样子，还有他最后坠落在冰缝里的样子。

不断有人问他、采访他，冬冬究竟是如何离开这个世界的。每重复一遍，对于周鹏，都像拿刀割肉一样。许多人都在等待他写事故报告，但严爸爸极不希望儿子的离去被公开分析、各种评说。他答应了老人的这个愿望，把细节吞进肚子，也背负上了一些人的误解与指责。

“周鹏习惯永远冲在最前面承担，那段日子压力比我大得多。”眼看周鹏低落，唯一的共同亲历者李爽，只能陪他一遍遍回忆，同时忍不住自我怀疑过，“生个娃，两个最好，然后死心塌地过个生活？忍不住反复问自己，这样的人生我能过好吗？”

“一年了，你怎么样？我还在这条路上缓慢前行。如果有如果，我们又多了好几条路线，你又有百十万字进账了。我们不能选择自己的出生，亦很难决定如何离去，但我们选择了自己喜欢的方式去度过生与死之间的距离，夫复何求！”2013年7月9日，周鹏在微博上留下这段话，又踏上西藏未登峰的远征。是在雪山上，他们从热血少年成长为男人。也是在雪山上，他们经历了死亡的残酷和无助。是时候继续勇往直前，雪山却又一次给予重击。

和李爽、赵兴政共同攀登拉轨岗日峰时，意想不到的雪崩来了，3个人像被卷进滚筒洗衣机，翻滚滑坠近200米……“那时候真觉得一切都完了，还好都没受伤。但如果出事，他们的父母怎么办？”这种可能的后果与沉重，忍不住笼罩在周鹏心头，让他真正放缓了脚步。此后多年，周鹏很少再碰雪山，而是专注在冰壁、大岩壁，这些对技术要求更高，但风险更可控。不少人对他扼腕叹息：不再触及冰雪临界点，要错过多少名气与成绩？周鹏却坚持着：“我想爬就爬，不想爬就不爬。不想被绑架，也没人能给我压力。”他只愿用心享受攀登，而“活着才是最重要的事”。

今天的周鹏像个半隐居的高手，依然住在密云。但不再是那个生活中只有登山的大男孩，他有了一个幸福的家，一个自己搭的小院，院里还留着冬冬的自行车和一起露营过的帐篷。小院的女主人是李爽，曾扶持共度的艰难时光，让他们一度成为伴侣。

“30岁之前，我生活的核心就是攀登。现在尝试做一些改变，把攀登变得少一些，让生活更多一些。”2015年底，周鹏开设“享攀”学习班，传授攀冰、攀岩课程。岩壁上那些或生涩、或死磕的学生，总会让他又想起冬冬，想起冬冬曾说的话：“周鹏，我们在一起总会创造奇迹。”

再回想那个全是登山器械的老房子，两个放下一切去登山的男人，一无所有，只有理想的“自由之魂”，周鹏不禁有些感慨：“那真是永远有着青春味道的日子。”

“你今天使劲磕一磕，明天一定能过去。”清华大学小岩壁下，望着奋力攀爬的少年，赵兴政脱口而出这句话时，仿佛时光倒流，又回到初识严冬冬的那一天。那一天，阳光灿烂，透过树叶照在冬冬的眼镜上，他也是这样鼓励才大二的自己。

曾是小兄弟的赵兴政，现在已经比当时的冬冬还大一岁了，也创办了自己的高山探险公司。终于以雪山为家，他却很难再有时间去自由攀登了。“年近而立，切身体会到男人肩上有多沉重，也越发敬佩那时的他。28岁了，还能那么纯粹地追求自由。”

时光远去，但冬冬没有走远。今天的阳光正照在岩壁角

落里，一块白色大理石雕出的面容上。那是遇难4个月后，冬冬满28岁生日那天，清华登山队为他在校园里设立的纪念处。

10年之前，当冬冬从这里眺望未来，曾说：“将来，当生活积攒了足够重量，或许终会将它拖回地面。在那之前，就让‘少年之心’自由飞翔，领略这个世界的美和奇异吧！”

10年之后，光阴不动声色，改变着一个个人。不变的是定格在纪念碑上永远28岁的脸，长眠在天山深处的那一颗少年之心。还有来来往往的学生，不变的青春，不变的向往自由，不变的爱如少年。

▼ 天山石碑

荒野谈

存少年之心，怀自由之魂

“6年了，我终于和你同岁了。如果你还在，会在做什么呢？又翻译了哪几本书？搞定了几座未登峰？还在坚持你的自由吗？”

时间冲淡记忆，但还有人在念念不忘。6周年忌日，严冬冬纪念网站，仅有的5条新留言中，一位刚满28岁的年轻人这样感慨。在时光的洪流中，拼命记住他，更想要记住的，是那一种对于自由的真正执着。

人人都向往自由，爱我所爱，行我所行。

但多数人仅是喊个口号，埋头继续苟且，身不由己江湖漂。

深入冬冬的故事，最感慨的莫过于，如此短暂的人生，却有如此追求自由的行动力。

名校毕业，前程似锦，却自愿选择漂泊。

护送奥运圣火登上珠峰，下山却放弃“14座”，走向不为人知的山峰。

头顶幺妹峰光环，却坦言能力不够，拼命死磕自己的弱项，甚至甘愿清贫，不愿以热爱为业，固守着内心纯粹……追求的自由，并不仅是面对山峰，更在于内心，还有漫漫人生。

这样的自由很昂贵，想得到，必须配得上。

是多年苦学的英语，让他得以平衡理想和现实。

更是自律、死磕，才让这个书生底子的人，硬生生成长为攀登先锋。

并非想象中天赋异禀，朋友印象最深的，几乎都是冬冬在岩壁上有多笨拙。

可敬的并不是天生强者，而是天生脆弱，却能和自己对抗，硬生生逼出另一个更强大的自我。

这样的自由也不轻松，更要承受的是代价。

脱离正轨，代价是漂泊，不被理解的孤独。

放弃名利，代价是清贫，物欲被降到最低。

冲出舒适区，代价更可能是危险，甚至生命……

投去艳羡的目光时，更要看到这一份份沉甸甸的代价，才是一个追求自由者真正走过的路。

冬冬永远长眠，但自由之魂依然醒着。

我们都还活着，一颗少年心又是否早已沉睡？

重温这一段冰封雪山的记忆，愿更多人记住他曾来过，更如一位冬冬的朋友所言："我不会活得像他们一样，但他们会是我生命的参照系，让我找到自己的坐标。"

诚然，我们总有这样那样的借口，也许永远无法如此活着。但这个毕生追求自由的人，这一群曾"无问西东"在路上的少年，就像参照系，每个人都能从中照见曾经年少的自己，还有今天的自己。

和自由的距离，是更近了，还是更远了？

心中不死的向往，又是什么？

要跟他保持连接的方法也很简单
就是记住，remember，就这样简单
不需要做任何形式的东西
或者至少不需要刻意去做
但是你心里记住这个人
他的影响就不会那么容易散掉

——严冬冬《纪念陈家慧》

无尽攀岩，加油布达拉

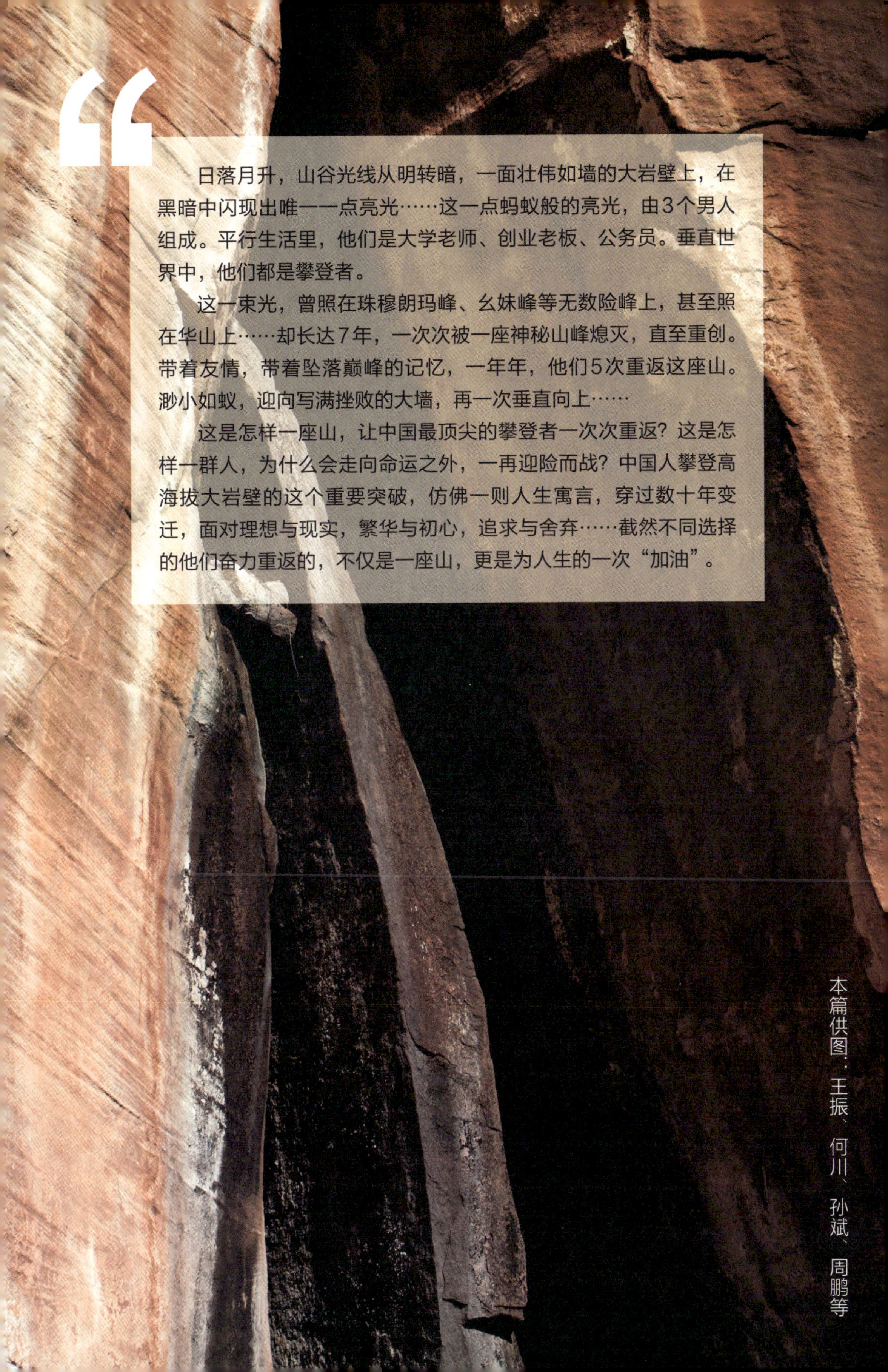

“

日落月升，山谷光线从明转暗，一面壮伟如墙的大岩壁上，在黑暗中闪现出唯一一点亮光……这一点蚂蚁般的亮光，由3个男人组成。平行生活里，他们是大学老师、创业老板、公务员。垂直世界中，他们都是攀登者。

这一束光，曾照在珠穆朗玛峰、幺妹峰等无数险峰上，甚至照在华山上……却长达7年，一次次被一座神秘山峰熄灭，直至重创。带着友情，带着坠落巅峰的记忆，一年年，他们5次重返这座山。渺小如蚁，迎向写满挫败的大墙，再一次垂直向上……

这是怎样一座山，让中国最顶尖的攀登者一次次重返？这是怎样一群人，为什么会走向命运之外，一再迎险而战？中国人攀登高海拔大岩壁的这个重要突破，仿佛一则人生寓言，穿过数十年变迁，面对理想与现实，繁华与初心，追求与舍弃……截然不同选择的他们奋力重返的，不仅是一座山，更是为人生的一次“加油”。

本篇供图：王振、何川、孙斌、周鹏等

命运之外

“终于又回来了。”目光越过洁白冰川，往上望，浓云压顶，一整座青灰色岩壁陡直如墙，伸入云中。拨开云雾，未来七八天，在川西深山中，山下3个人、3条命又要拴在一起，迎向这一面名叫布达拉的大墙，也许能登顶，也许还是不能。

一晃7年，第五次重来，已过40岁的何川还是心里没底。不知第几遍整理装备，大到吊帐，小到锁扣……犹如抚拭兵器，这个拥有博士学位的男子身形瘦削，一脸书卷气，唯独一双大手如钳，正渴望重新钳住一道道岩石裂缝，攀缘向上，奔赴他的战场。心中的战场，就是眼前这一块巨大岩壁，垂直近90度，高差近700米。3年前，他是从这块大岩壁上爬着回来的，最后一个人侧躺在冰川上，拖着一条断腿，匍匐在雪中，全靠双手刨行。头顶是哗啦啦的落石，危机四伏中，每拼命挪出一米，这条命才离生机更近一步。

四川布达拉峰上，曾经的这一起事故让何川左脚踝摔得粉碎。此前9个月，他才拆下17根钢钉、3块钢板，医生的诊断一直沉甸甸压在心上：“以后就别想攀岩了，肯定要跛行的……”

顶着压力，何川走过漫长复健，终于健步如飞，又一次走到这座山面前。他想起3年前的最后一幕：再也爬不动的自己像个粽子一样被绑在担架上，整个人飞起来似的，被一群背夫火速抢救出山。湛蓝的天空下，一层层山脊如流水退潮，他努力撑起身子，回望远去的山川，心头默念：我一定会回来的。

但沿着十几年的攀登岁月继续往回望，望向路的最初，这个攀登者远没有这么笃定。站在2004年的冬日寒风里，望向京郊的白河群山，彼时25岁的何川，还不知该不该再回到这片伤心的山野。自北京市区向北100多公里，一条白河，两岸花岗岩壁如巨兽林立，是他和中国民间攀岩爱好者最早的乐园。重爬上许多新手起步的“Beginner（初学者）”线路，还年轻的何川怔对着一块巴掌大的铜牌，双眉紧蹙，一阵悲凉。被挂在山上的纪念牌上刻着：“王茁（1973—2004），Dancing on the ceiling（舞上天花板）”。带他爱上攀登的老师死了，他不想死。

退回生活的“壳”里，他是北京理工大学的老师，成天穿着白大褂，调试着仪器，泡在光学实验室里。从重庆考来，毕业之际，这个农村来的年轻人留校任教，选择了最“稳妥”的路。远离花花世界，待在象牙塔里，所有人不紧不慢，他也像躺在生活的洪流里，一切按部就班，直到2003年去河北游玩时，他遇见了年长半轮的王茁，并被王茁带到了白河。

原来，这世上还有这样有趣的事：紧贴岩壁，全凭四肢力量，一点点垂直向上。一个个岩点，犹如大自然暗藏的机关，等着人去发现去克服，这让他好像一下子回到儿时山野。原来，这城市有这么一小群人，周末结伴，坐地铁、换公交、拼车辗转去白河，白日攀岩，夜里聚在农家小院，就着篝火、啤酒，嬉皮士般地畅谈……习惯数理公式的何川傻笑着跟着狂欢，第一次迷上这书本外的世界，却不知正见证攀岩在中国民间最初的模样。一到周末，他就满心期待，如赴约会。这一场“热恋”才开始，却陡然被王茁的遇难打断。

他怎么可能会死？那个身材壮硕的老大哥背包总挂满装备，丁零当啷，骄傲得像挂着全部财产；那个热情翻译国外资料，热情传授经验给大家的人；那个带他入门，像精神导师般存在的人，忽然就消失在四川骆驼峰的雪崩中……

“我一直很怕死。一想到死，就什么都不存在了，就发自内心恐惧。”王茁遇难，撕开攀登另一面的残酷。信仰瞬间坍塌，将近一年时间何川再没去攀岩，他躲回宿舍、食堂、实验室三点一线的校园，像只鸵鸟把头埋进沙里。高墙之外，那个垂直世界，他逃避再碰再想，又忍不住常想：“人终有一死，究竟怎样是悲剧？怎样不算？”

“还要不要继续攀登？”何川迷茫的2005年，另一个年轻人也在自问。摇摇晃晃，醉醺醺，一夜夜摸进灯红酒绿的酒吧，孙斌想不起多久没去登山了，尽管他的工作就是登山。

“你北大毕业的，怎么会登山？”无数次面对这个提问，扬着一张青年才俊的脸，孙斌略有些尴尬，总会想起1996年秋天，紧捂着北京大学化学系录取通知书，走出人潮汹涌的北京站，最初的自己还不知道这世上有登山这一行。从浙江深山走出来，孙斌4岁满山放牛，15岁挑起300斤重担，18岁高考改变命运……背着军绿棉被，扛着红白编织袋，这个穷孩子走出火车站，像民工第一次进城一样。眼前的繁华都市，立交桥伸展开的全新世界，近乎魔幻般地在眼前旋转，他一头扎进了茫然。

一入学，眼看同学们都在报名GRE（“留学研究生入学考试”的英文缩写）、讨论出国，这男孩还从没坐过飞机，没用过电脑，对一切不知所措。唯一自傲的

何川

孙斌

王振

成绩，在高手如云的北大，转眼垫底，想成为化学家的梦想也成了幻想。仿佛鲤鱼越过龙门，金灿灿的龙门里，却是自卑的深潭。直到大二路过三角地，北大山鹰社的招新照片如一束追光照向了他。洁白冰川，裂缝密布，一个登山者渺小如蚁，又像一团火焰燃在雪中……“这太酷了，我也能吗？”一时冲动，报名加入，这个19岁男孩想不到，迎向雪山后自己的人生会如河流转向。

青春最茫然之际，北大山鹰社解救了他。好像瞬间被点燃般，攀登迅速占据了孙斌全部的时间。未名湖畔，一个身影攀在赤红攀岩墙上，一遍遍从早到晚。青春燃烧中，他沉迷的不只是运动，更像一下发现了自己最擅长的事，“那时，我太需要有个东西能撑起自信。因为自己什么都没有。”

入社仅一个月，孙斌就像只敏捷的猴子，一把爬上了同学们爬不上的岩壁。一年后，他成为北大攀岩队队长。又一年后，全国攀岩锦标赛他位列速度赛亚军。

再一年后，他在全国攀冰锦标赛斩获冠军……身后的一阵阵喝彩、赞美声中，这个渴望被认可的山里娃，越爬越高越带劲，开心得像找到自己在这世上的“位置”。只是青春短暂，当毕业来临，他仿佛一脚从梦境跌回现实，走出象牙塔，外面的繁华都市，自己的位置又在哪儿呢？

毕业近乎恐慌，中国登山协会成了救命稻草。当中国登山协会抛来就业意向，孙斌没有太多犹豫。登山不为人知的2000年，目送系里80%的同学出国，自己领着700元工资，他自我安慰至少还能做喜欢的事，但难安慰家人。每次回乡，亲戚讥笑他入了歪门邪道，妈妈一脸失望，反复轻叹：“好不容易把你供进北大，结果干这行……”

一年年忍受着不理解，往返在山野与都市之间，眼看着同学们一个个薪水优渥、买车买房，自己一身风尘，存款还不到1万。孙斌有时也忍不住怀疑自己，尤其2005年，在西藏启孜峰带队途中，一名队员高原反应猝死，给了他最沉重的一击。

对讲机嘈杂的呼救声中，一个人连跑带滑，飞也似的赶到现场。他一遍遍做着人工呼吸，按压队员心脏，拼尽全力也挽不回一条生命……一个激灵，从回忆的噩梦中惊醒，孙斌一骨碌背上包，冲出门，迎面一阵冷风猛一下把他吹醒。黑夜寂寂，这是凌晨的北京，不是山里。这样的梦游，在2005年事故后，反复困扰着孙斌。更困扰的是事故归来，他被安排留守办公室，半年没再进山。眼看同事们飞来飞去，他一个人坐着冷板凳，一天天无所事事，只能泡酒吧买醉，终于忍不住想改行。“可离开登山，我该干什么，能干什么呢？”

新的序曲

穿过各自迷茫，3年后，这两个男人的足迹，首次交会在了纪录片《龙之涎》。2008年春，在北京一家影院的掌声雷动中，孙斌、何川和拍摄主创一道鞠躬。灯光打在年轻的脸上，两人都换作更自信的模样。在首映的纪录片里，川西深山中，冰涎垂挂的高难度冰壁上，他们挥舞着冰镐，首次留下了中国人在四川双桥沟的攀冰影像。“那时攀冰在中国才起步，放眼京城，年龄、实力相近的攀登者也就他们几个人。”导演李嘉独具慧眼，把这两人拉到了一起，希望记下那个年代的一群年轻人在很认真地干一件事，哪怕极小众。

事故一年后，何川走过死亡阴影，又回到白河。他想明白了，如果车祸等意外是悲剧，一辈子随大流，或许也算悲剧，因为没有活出自我……接过王茁遗书里托付的“白河攀岩基金”，何川开始更投入地攀登。不变的白河群山中，再一次爬上王茁生前最后开辟的线路，他给它起名叫“绝唱”。死亡不是终点，新的序曲刚刚响起。

新的机遇，也正在推动孙斌。纪录片镜头里，30岁的他清秀俊朗，滔滔不绝地讲解着，所有人包括何川一脸认真地听着。镜头外，北京奥运会如火如荼，他正负责人类首次在珠峰顶峰传递奥运圣火的活动。挨过最颓废的2005年，北京奥组委一纸人才借调，凭着北京大学学历、中国登山协会履历，孙斌被时代选中了。

一如18岁刚来北京，孙斌第一次去奥组委工作，又一次眼花缭乱。人来人往的同事全是金发碧眼，开会全程英文，往来全是世界顶级媒体……一举跳出攀登圈，他忽然又闯进一个新世界。弄潮在这宏大的历史事件里，同行无不羡慕，更有人愿意出钱助他创业。意气风发的30岁，孙斌难免飘飘然，但一想到曾经最想做个优秀的登山教练，心里又隐隐矛盾：“这样的改变，究竟是好是坏呢？”

《龙之涎》拍完那夜，篝火熊熊，烤羊飘香，眼看大家又唱又跳，仰脸大笑着，全场笑声最响。可狂欢散尽，他在日记里默默写道：“自己忽然想哭。”毕业至今，他的攀登总是带着政治任务，背后掣肘无数。“难得这一次，简单自由，感觉整个世界都是亮的。”左右逢源之中，未来该向左走还是向右走？他也渴望简单，转念想起一个印象至深的寓言：两个人都梦想在沙滩晒太阳，渔夫选择悠闲度日，早早躺在沙滩上；富翁却一生劳作，临到老了，才来到沙滩上……“看似结局相同，但那个富翁历尽繁华，这一生体验能一样吗？”

向往的目光追随着《龙之涎》，在电视上，第一次看见孙斌、何川的攀爬身影时，摄影师王振的足迹还没走出过山东。安稳生活中，他捧着“金饭碗”，供职于青岛工商局，还不知这些偶像级的攀登者，其实和自己一样，在相似的年月走过相似的迷茫。

早在1999年，偶然瞥见的杂志里一组外国攀岩者的照片，也曾把王振引向命运之外。近乎垂直的岩壁上，一个身影犹如红色蜘蛛人正徒手向上……一颗好奇的心瞬间被提了起来，立马拨打电话追问杂志社：“上哪儿可以学成这样？”热情如火，但没想到一年后，自己就摔成重伤。2000年夏，王振独攀海边悬崖，紧抠的岩石碎了，他从20多米高处摔下来，大腿骨粉碎性骨折。躺在医院里，动弹不得之际，他也懊恼：“为什么要攀岩？自己是不是太闲了？”

“还要不要继续？”他正心生犹豫，又一个火种飘来。2008年借口拍儿子，王振买了第一台单反相机。当镜头对准青岛新涌现的攀岩爱好者，神奇的新火花“啪”地一闪。山与海的恢宏里，那么渺小的攀登者，却如照片中最闪亮的光点……怎么能拍得更好呢？他开始越来越痴迷于摄影，一件件添置烧钱器材。这位摄影师像着了魔般，一度办了7张信用卡，逾期57次。

王振的镜头里，第一次出现孙斌是在2011年冬。京郊攀冰场，一群人簇拥着听讲，孙斌正被里三层外三层围在最中心，不时传出一阵阵响亮的笑声。王振以为这是遥不可及的前辈，没想到一踏上归程车，孙斌先聊起新买的房地产股票，这让王振顿时亲近：“原来大神也是普通人。”

多年忍受着世俗的衡量标尺，此时的孙斌头顶光环，开起公司，也成了别人眼里的成功人士。可风光背后，他隐隐感觉自己脱下一个桎梏，又跳进了另一个牢笼。

奥运会结束，孙斌离开中登协，以为迎向了更自由的人生，可创业梦让他24小时忙碌。现实比想象残酷，主题式旅游正在兴起，第一单玉珠峰攀登的项目净赚100万元的欣喜才过，一转眼，就再难接到探险类客户。又一转眼，投资人撤资，合伙人分道扬镳。再一转眼，第二次尝试亏损，第二拨团队散伙……2011年夏，面对儿子出生的啼哭，升级做爸爸的他眉头紧蹙，又喜又愁。此时公司账上只剩2000元，工资都发不出了。

“这条路究竟对不对？”一夜夜失眠，孙斌又开始梦游。半夜一个激灵，他一把拎起包，做梦赶去开会。又一次被风吹醒，他忍不住颓然自问：“这真是你想要的吗？你的初心呢？”或许，正养家供房的自己，一时还翻不过现实的高墙，超脱不了得失心、名利心，但每年至少要做一件自己真正想做的事吧？

“每年干一件很酷的事，才能不断给我肯定，离开中登协的选择是正确的。”2012年夏，当一起拍过纪录片的何川寻上门来，摊开他的大岩壁计划，希望彼此搭档，孙斌眼前一亮。大岩壁，英文称作“Big wall（大墙）”。相比20～30米每段或多段短途攀岩，大岩壁拥有每段至少数百米的超长线路，耸直如墙，诞生了众多欧美传奇，中国却很少有人碰过。

“这可是攀登皇冠上的一颗宝石啊！”虽为事业焦头烂额，孙斌的攀登欲望一下重燃了，兴奋得像要去挖宝藏，却不知未来7年，会和一座叫布达拉的大墙反复纠缠。山上山下，历尽悲欢。

缘起布达拉

“这座山有这么难吗？”2015年夏，王振望向满山浓雾，一面形似布达拉宫的巨岩若隐若现，心头涌起疑云。当他加入拍摄时，对这座海拔5240米山峰还一无所知，何川和孙斌却已经连续第三年重来。“实在想不通，这两大高手怎么会耗这么久？直到自己上去，才发觉它远比珠峰还难。”

目光最初投向布达拉峰，何川带着相似的好奇。四川双桥沟内，这座神秘山峰，此前仅日本登山家山野井泰史登顶过北壁。山野井在一次雪崩中失掉5指和右脚脚趾，伤后两次在这里尝试，最终给这条线路起名叫“加油”。

当孙斌焦虑于创业，何川也正跌入新的迷茫。2009年秋，他从一条高难度攀登线路上冲坠，捧着受伤的手指，3个月没法再爬，沮丧着：自己的身体是不是快到“天花板”了？身材瘦小，书生气质，何川从不觉得自己有身体天赋。相比孙斌的职业化，攀岩只是他的业余爱好，不觉却投入全部心思，这么多年没评职称、没买房子。当热恋退去，年届30岁的他也有过犹豫：这条路，还值得走下去吗？

“或许还没到极限，或许还能再往前走一点儿？”总渴望再上一层楼，何川把目光转向了更具综合考验的大岩壁。想起最初王茁启蒙他的川口塔峰群（Trango Towers），那片巴基斯坦的峰林如塔，还没有中国人跻身这座攀岩圣殿。他想起曾合作《龙之涎》的孙斌，高海拔经验丰富，是他所有搭档里最强大、最互补的。

看似热血的计划之外，局势却是一夜突变。2013年6月，恐怖分子的枪声划破雪山夜色，正在巴基斯坦登山的杨春风等中国登山者遇难……和悲剧擦肩而过，布达拉峰成了他们的意外“备选”。看似完美的组合，却不料会火星四射。谁都没想到，第一次走向布达拉，从两个人的争吵开始。2013年夏，一路跋涉，才到孙斌选定的山脚营地，环顾满山碎石，何川眉毛拧成一团：“不行，这里有落石风险……”“不可能有落石！”扯着嗓门，比画着手臂，孙斌一遍遍计算坡度，试着说服大家。可搭档出奇的固执，宁可一个人来回徒步10个小时，连续两晚，何川偏要下山过夜，“安全问题没得妥协，我很怕死。”

第三晚，好不容易睡一块儿，又一轮争执开始了。“你太保守了。”“你太乐观了。”帐篷里，孙斌嗓门越来越大，何川抿嘴含笑，一冷一热间，一样固执己见。最尴尬的是随队摄影张允平被夹在中间，左看右看，觉得两人似乎都有道理。“归根到底是对风险接受程度不同，孙斌能接受一定风险，小何总说不愿损失哪怕一根手指。”

▲ 布达拉峰上，支起的垂直吊帐

以往活动一向由孙斌主导，哪怕同行是名人富翁。一位男明星回忆孙斌带队，说他在山上就像个将军，说一不二。可到了布达拉峰，自己的专业竟被如此挑战，孙斌第一次对搭档无可奈何。顶着头灯，他转向暗夜，愤愤甩下一句：“即使明天你上，我也不上了……”但又一天天亮，孙斌的火暴脾气转眼就好了，笑眯眯地给何川做着保护措施。“大岩壁在国内是全新领域，他的领攀能力，我还是服气的。”

从业多年，这是孙斌也深感陌生的一次攀登。他第一次摸上布达拉峰北壁，仿佛整座大山直压下来，迎面一阵不寒而栗。尽管两年前，孙斌刚登顶众人仰望的幺妹峰，可幺妹峰等金字塔山体再陡也有缓坡。大岩壁却是直上直下，像挂在墙上一般。如果说，爬幺妹峰只是用针扎一会儿他的神经，大岩壁则是一直扎，从头到尾，令人极度紧张。

抬头望，巨石压顶；往下看，无尽深渊。最上面领攀的何川压力更大。呈仰角的大岩壁犹如巨型迷宫，交错的裂缝中哪里能放置保护塞？保护够结实吗？会不会瞬间崩落……每个选择都危机四伏，每一步他都非常犹豫。

超出想象的艰难中，当晚9点还无处落脚，他们只能硬挖出一条雪台，将就坐下3个屁股。挂着安全带，3个大男人紧靠在一起，苦中作乐，硬熬到天亮。看着大家眼神都不坚决了，孙斌心知："今年没戏了。"悻悻下山，不时回望爬了1/3的大岩壁，孙斌笑着安慰何川："只要还回来，这次就不算失败。"但在山上痛苦不堪时，他们都暗自想过："我为什么要来这里？也许下次再也不来了。"

"我们也不是变态、自虐狂。"那为什么要走出舒适区，走向这样的极限探险？在这年攀登报告里，孙斌反思着写道："任何对自己有意义的路线，都必须经历苦难。如果太顺利舒适，意味着你该尝试更有挑战的了。"

只有不断承受苦难，才能不断成长。接受这样价值观的他们，2014年又回到了布达拉峰。第一晚10点，两人才攀爬出200米，刚在岩壁上搭起吊帐，对讲机里一个坏消息传来：就在同一片山区，他们的朋友伍鹏在婆缪峰坠崖失踪。

没有犹豫，第二天天亮，这两人紧急下山。"布达拉对我很重要，但现在有更紧急的事……"飞奔去救援的路上，何川又想起了王茁，想起最初的白河岁月，那时伍鹏就常一起同攀。白河岩壁上，仿佛发现一个个新宝藏，大家乐此不疲地攀爬着，像一群猴子回到花果山。而现在，又一个人消失了。

冷雨纷纷，打湿回忆，打湿救援山路，何川一路领攀在湿滑的岩壁上，艰难转过一道沟槽时，他怔住了。十几年老友，曾相约一起去爬川口塔峰的老搭档，脸朝下埋在雪中。

一找到人，忽然就落下很大很大的雪。拖着老友的遗体，在大雪中艰难回撤，直到地势再没法用绳下降，他们只能把伍鹏永远留在了山里。第二天，海拔4850米处，所有人一声不吭，默默埋葬时，忽然又下起一阵很大很大的雪。两场大雪，仿佛永别，让何川至今难忘。

"那一次，我不够勇敢。"登山多年，历经生死，孙斌以为自己什么也不怕了。可找到伍鹏那刻，他一下别过脸去，再没敢看。直到遗体入袋，许多事是何川默默在做。也是这一次，让他对何川肃然起敬。大雪纷飞，眼看何川拖着遗体，双腿浸在沟槽里直发抖，一个人咬着牙默默开路，孙斌对这个搭档有了新的认识，"万一哪天我'挂'了，也会有朋友这样对我吗？"

早在2012年的一次攀登中，一块落石砸中孙斌的肋骨，剧痛持续整晚，当几乎喘不上气时，他第一次怕极了。“一想到马上要死，如果这辈子什么都没干，就太遗憾了。”死里逃生之后，他顿时有了更多创业动力。2012年春，拿下几家品牌每年近100万元的赞助，孙斌梦想多年的“巅峰户外运动学校”成立，商业登山公司“爱巅峰”也得以续命。残酷创业路，至此终见曙光。

再一次，孙斌的人生走向巅峰。登山学校是理想，他视为“大我”，受益于公益培训，从此许多户外爱好者尊称他为“孙校长”。公司是现实，他当作“小我”，瞄准企业家登山热，主打“7+2”，每年营收突破千万，远超同行数倍。再回到北大未名湖畔，当年的自卑少年已像个精神抖擞的总教头，带着团队在长跑训练。队伍里，2015年新入职的张宝龙望向老板的眼神，带着几丝崇拜。第一次见面，这个新人就决定加入孙斌的公司，“太满足我对一个攀登者的幻想了。”

紧接着，宝龙追随孙斌去非洲走带队，让他大开眼界的，除了孙斌的专业水准，还有高山上的奢华。海拔4700米营地，格子桌布铺开，顶级红酒摆上，眼看老板陪着客户打牌，谈笑间，一输一两万元，宝龙心里有些不对劲了，“攀登圈就像武林，我心里，孙斌是有机会成为宗师的。但要成为宗师，好像不该太入世了。”

“我就是要喝最好的酒，去最美的地方，干最激动人心的事……这样才能死而无憾。”享受着大好人生，孙斌原本精悍的身材，不觉胖了两圈。觥筹交错间，他又常想到那个渔夫和富翁的故事，“只有历尽繁华，才可能真正看淡。所以，我要先经历。”

死了都要爱

10年前，王茁的死曾让何川远离攀岩。如今，面对又一好友遇难，何川平静了许多。仅一年后，他就以独攀华山的身影，近乎生猛地撞进大众视线。自古华山天下险，眼看竟有人能如壁虎直上直下，一时间无数人称奇。这个沉浸在大岩壁梦里的人，却说他只是对布达拉峰没信心，才想到华山来“练练手”而已。

什么是大岩壁？中国人还一头雾水，2015年的何川一样在摸索学习。它太大，大到你必须搭起吊帐，在大墙上生存多日，包括吃喝拉撒每一件事。而坚持更“干净”攀登，他全程没打一个膨胀螺栓，所有保护点全靠机械塞。机械塞，这个现代攀岩装备，收拢时如拳头，弹开时如一朵铁花，借此卡住岩缝，穿过绳索，保护生命。一路放，一路收，不留痕迹，也意味着更大风险。

巍巍华山，自己仿佛一只蚂蚁爬上巨人的肌体，一次次仰望着白褐色岩壁，一条条裂缝延展向上，交织成一座巨型迷宫，哪里卡得住保护塞？哪里可能随时炸雷？“我最怕的是，机械塞会不会从岩缝里突然脱落？”每一步，何川都充满迟疑，连睡觉都在怀疑。凌晨2点，他一个激灵爬起来，在吊帐上的岩缝中又多放上几个保护塞才松了一口气。

黑夜魅影里，距何川30多米外，还有个人正睡在空中，像个孤魂野鬼。从华山顶悬挂下一把三角椅，就是随行摄影师王振的全部活动空间。沿着华山绝壁，当何川向上攀爬，他一个人凌空拍着，从烈日到星夜，一夜夜硬坐着睡。

犹如真正的空中飞人，上不着天，下不着地。王振一天天忍着腰痛腿麻，忍了5天没上厕所的糗事，事后让他被人戏称为“神兽”。但深夜惊醒，电闪雷鸣之际，这只“神兽”也怕，怕绳子断，怕同心锁砸下来……偶尔后悔，自己本该待在工商局喝茶，干吗不惜请假，来受这个罪？

“这是中国人第一次大岩壁独攀。如果不是热爱，我们谁也坚持不下来。”痴迷摄影，王振不惜受罪，是想记录人与自然，记录这些渺小与伟大的瞬间。痴迷攀岩，整整8天7夜，穿过垂直世界，终于站在华山顶，脚下倒转回平地，何川轻飘飘地走路，就像踩着棉花。如做梦般，他想起过去一年，伍鹏遇难带来的新思考：“人，究竟要怎么活着？”仿佛找到新答案，回望奋力爬上来的新线路，何川给它起了个特别的名字——“死了都要爱”。

华山下山，带着更大的自信，何川第三次重回布达拉峰，大墙却依然神秘。连日的雨雪又开始消磨他的信心，尽管媒体刚封他是“中国大岩壁第一人”，重庆农村的父母看见新闻，第一次发觉，不知出门要什么的儿子出了名。

凄风苦雨中，困在小小帐篷里，王振晃动的镜头里，何川一天天打电话问天气，又转身叹气。孙斌不时接电话谈生意，转头大睡，他太累了。“加入才发现，老板就是公司最大的销售、最忙的向导。”宝龙眼里的孙斌拼得不要命，5月在欧洲，6月在北美洲，7月在非洲……连着几月难见一面。一会儿，他在为巅峰学校新一期公益培训致辞；一转眼，已飞去南北极带队。一会儿，他带人登顶七大洲最高峰；又一转眼，已在客户酒会上举杯。一会儿，他接受采访，说要做中国登山的号角手；又一转眼，已忙着公司开会，洽谈千万大单；再一会儿，他还想去幼儿园接儿子……

目不暇接地忙碌着，看似风光，但孙斌满心焦虑。每当和人解释登山的魅力，他常引用马斯洛需求原理：生存、安全、社交、尊重、自我实现。以此反观自身，他发觉自己好像什么都想要。创业更逼得人像八爪鱼，所有项目都得摁住，所有机会都想抓住……老板亲力亲为，却似乎是管理大忌。曾在巅峰公司工作的元老们，和孙斌渐行渐远之际，都很怀念公司初创时圆明园的一个小破院里，两棵核桃树下，3间毛坯房中，巅峰公司最初就是在这里从“毛坯”一点点变成行业标杆的。哪怕没有暖气，大家冻得瑟瑟发抖，索性穿上7000米登山专用羽绒服，白天热火朝天讨论，晚上勾肩搭背喝酒，俨然“兄弟连”。但孙斌更像个个人英雄，很少在这帮兄弟之中。“你很久没和大家喝酒了。”眼看疏远，宝龙忍不住暗示过老板，他半天就回复个“嗯”字。什么都想要的忙碌中，孙斌无心他顾，还

▲ 何川在华山绝壁上

想不到有一天后院起火，将让他更感孤独。

几乎是忙里偷闲，2015年重逢在布达拉峰，分享着何川的华山独攀，孙斌忍不住羡慕。他一年170天都在山里，但好像只有在布达拉峰，才有片刻只属于自己。

帐篷里，听孙斌聊起事业，蒸蒸日上，每一年数字翻倍……何川也挺羡慕，"同时忙这么多事，他的生命能量比我强大。"看似淡泊，他的心底也难免对比。每个男孩都被灌输要事业有成、衣锦还乡，要做成功人士……何川也不例外。但什么才是成功？

眼看同事们大多结婚生子，一个个忙着买学区房、评职称……有着博士学位，但这些尘世幸福，何川全都没有。面对飙涨的房价，他甚至逆向而行，从北京"退"到了白河。距京城上百公里的小村庄，村里就十几户人，2008年他租了个小院，租期50年，这辈子不准备买房子。看似洒脱，最初住过来时，在黑灯瞎火、手机信号都没有的荒凉中，何川也有点儿怀疑：这样会不会迟早和社会脱节了？

但至少，他还有攀岩。"有钱有势是成功，一辈子做好自己喜欢的事，或许是另一种成功？"华山独攀到顶，朝向一层层山峦，他大喊一声，感到一种前所未有的突破。以前何川也常想，是否还值得继续，爬完"死了都要爱"，他终于认定攀登就是自己的自我实现之路。

绝壁坠落

第三次回到布达拉峰，山下苦等10日，不停的雨水阻断了又一年的攀登，但没有浇熄何川的新热情。一个更大计划正在他心里酝酿：布达拉峰在附近的女王峰、野人峰，3峰山脊相连，距离仅4公里，明年不如来个3峰连登——"这样多厉害，结果发觉，自己太天真了。"

2016年夏，当何川雄心勃勃再来，才爬上第一座女王峰，刀削般山脊，刀片般碎石，走一步，"哗啦啦"一片落石……进退两难间，他被狠狠吓住了。尽管人们总惊叹："光看照片都脚跟发麻，难道你不会怕吗？"

照片里的这个攀登者当然也怕，只是尽力克制自己，只是深知一旦压不住恐惧，人会崩溃，反而更没法继续了。每年好几次，将醒未醒，似梦非梦，他感觉自己像走在摩天高楼楼顶的最外沿，脚下是让人眩晕的深渊，唯一能紧抓的，只有身后的栏杆。心跳如鼓，他正一步步挪着，刹那间，栏杆断了……急坠中惊醒，一身冷汗，何川觉得这是长期压在心底的恐惧被本能释放。

走在女王峰的破碎山坡，这种致命恐惧又一次升起了。更要命的是，上百米没一处适合做保护，就像抓着一个已摇摇晃晃的“栏杆”，随时可能会断……他的安全底线是感到危险马上下撤。但那一次，前路危险，回头路更险，进不敢，退也不能。

“太危险了。感觉价值观被颠覆，以后我再也不爬了……”“太好了！我就等你这句话呢。”两天后，再重逢何川，眼看他一身狼狈，鼻红唇肿，满眼血丝，山下苦等的女朋友小六哭得稀里哗啦。两年前，搜寻伍鹏时，这个东北姑娘也在当地。那时素不相识，凛凛寒夜，何川蹲在旅馆窗外，和一个女孩聊了3小时电话，还没聊完，扰得正睡窗里的小六直翻白眼：“这男的也太磨叽了。”

那时没想到，这磨叽男人，有一天会让自己牵肠挂肚，一路追随。“我也不愿被人管着。换位想想，也该给他自由。”一听何川不爬了，小六高兴坏了。第二天试探问道：“那我把装备都送人了？”“那不行。”“好吧，你又反悔了。”

迎向险峻高崖，他一直克制着自己，但2016年夏，再没压住的恐惧，让何川还没走到布达拉峰就提前崩溃了。“明年还去吗？”一想到一年年挫败，他开始有些幽怨：为了一座山，怎么会耗这么久？却不知，还有更漫长的考验即将到来。

带着志在必得的决心，2017年夏第四次重来，一切准备就绪，就等合适天气出发了，谁也没想到，何川竟转身下山。箭在弦上，可陪同而来的小六病了，一声比一声嘶哑的咳嗽声中，他只能先护送她回成都……“何老师怎么会这样？”目送远去的背影，王振有些诧异，甚至担心：这样高难度攀登，需要绝对专注，亲密关系不会破坏专注度吗？

“攀登重要，情感也很重要，我觉得不冲突。”送回女朋友，重新上山，何川相信恐惧很快就会倒逼他完全专注，心无杂念。当双手再一次伸进岩缝，抬头望，布达拉峰像一面大墙压下来，又一次攀登开始了。

“他是很需要陪伴的人，只是不说。”仅3天后，忍着咳嗽，小六又心急火燎地往回赶。万一有什么事，没人会比自己更不计后果去救他，她得守在离他最近的地方。拖着虚弱的身子，小六正准备第二天进山，午夜电话铃响，手机那头的慌乱求援声，让她心头一凉，“何川摔了，攀登中止。”

距离峰顶只剩200米了。穿过比华山更密集的难点，更湿滑的岩壁，更高的海拔，以及更深的恐怖……一路领攀的何川一步一犹豫着，一次次伸出满是伤痕的手，超过2000次摸向裂缝，小心放置了近500个保护塞，却疏忽了一回。

持续紧张了3天，他一时惰性，少放了一个塞子。就在这里，“啪”的一声，上方岩石崩了，保护塞脱落，何川瞬间冲坠七八米，如钟摆“啷”一下撞向斜坡。怕了无数次的事，终于发生了。他左脚断了。

“这可怎么办？”大墙之上，每个人都命悬一线，脚废了，他要怎么回去？此时此处，距公路高1500米，还要下350米高的垂直岩壁，过200多米宽的冰川、100米的陡峭沟槽，还有碎石坡、河槽、灌木丛……但还好，他还有搭档接应，捧着剧痛的左脚，被王振小心翼翼用绳子护送回下方吊帐。孙斌动作麻利，割开靴子，紧急处置着，何川这才多了点儿活着下山的信心，“早听说他是中国最优秀的登山向导，这回真验证了……”

第二天天一亮，近乎逃命一般，孙斌引路，王振断后，左脚完全不能碰岩壁的何川，靠着绳索才逃下陡直绝壁，眼前又横出一道长长的冰川，只能靠自己横切通过……这一回，孙斌也傻了。落石不断中，他只能在上方用绳子拉着，让何川拖着伤腿，侧躺在冰雪中，狗刨似的一点点往前挪。两人正奋力接近终点，“哗啦”一声，一块落石眼睁睁滑下来，何川像被钉在冰川上，完全跑不动，只能本能抱住脑袋，“这次只能认命了……”

只差一两米，落石滑过，老天放过了这条命。当晚10点，眼看何川像个破麻袋被抬下车，前晚在电话里哭岔了气的小六，一连蹦出3句脏话。狠狠骂完，两个人相视苦笑，如劫后重生。

重生的路，远比想象中难。四川骨科医院，人来人往的急诊室过道里，何川怎么躺着都痛，小六平生第一次伺候病人，追着护士飞来跑去，手忙脚乱。熬了两天，总算逮到医生，他试探着问：“我将来还能攀岩吗？”“还想攀岩？你以后能走路就不错了，肯定要跛行。”何川一下心凉了半截。

“居然脚腕全碎，踝骨骨折最严重的那种？”一天天困在病床上，不死心地查资料，一想到再也不能攀岩，走路也会一瘸一拐，他不敢再想……手术做完，麻药劲儿未消退，迷迷糊糊中，一直不结婚的他拉住女朋友的手：“我要真成瘸子了，你会离开我吗？”“那可说不准。”虽然拌着嘴，小六却一阵心酸，“他这辈子嘴硬，打死说不出这种话。这大概是他最脆弱的时候。”

一起从布达拉峰逃下山的“兄弟连”，北京再聚首时已是两个月后。拄着拐杖，刚出院的何川一瘸一拐来的。回忆当日狼狈，3个人哈哈大笑着，何川眼睛亮晶晶的，露出少有的豪放：“明年咱们还要再战布达拉啊。”“好啊。”孙斌热烈响应着，心底明白不可能这么快，但他相信何川的意志力，一定会有这一天的。

“真会有这一天吗？”当他再回到白河，回到寂静村庄，再不能攀岩的日子里，何川怔怔望着陌生的左脚，看似愈合，皮肉里还插着17根钢钉、3块钢板……不时想起医生的诊断，他不禁如鲠在喉。

“不能让自己闲下来。”忽如死水般的生活让他害怕，感觉生命像停滞了一样。2018年春节，拖着走不动的左脚，何川踏上了太行山寻冰之旅。“再难也要有追求。就算不能攀岩，攀登带给自己的精神力量，不能丢。”

巅峰断腕

当何川在谷底重新爬起，孙斌还在走向“巅峰”，看似意气风发。2018年公司年会，京郊一片柿子林里，他举着酒瓶，喊着豪言壮语：“今年咱们争取做到营收3000万元。”开心收下6万元年终奖，宝龙和同事一样期待着更好的未来，“大家都想着一起做成‘中国最牛的探险公司’，可谁也没想到7个月后，怎么说散就散了？”

一边高歌猛进，看似所向披靡，但这个经营者实际焦头烂额：旧业务在下滑，新方向不明朗，一年几百万元固定成本……孙斌曾梦想40岁就退休，各种事却压得他进退不得。这一年，眼看40岁了，他只能安抚失眠的自己：“再干个5年，有个结果。”结果，是谁也没想到的结果。

再一次重逢，在2018年夏，印度尼西亚查亚峰下，孙斌即将领队攀登，王振应邀随队拍摄，两人难得住在同一个房间，气氛却是异常沉默。一整晚，王振忙着在微信群和人对骂，孙斌埋头打游戏，好像游戏就是全世界。而外面的世界，许多人正在网上围观他和前合伙人的经济纠纷，每个登山群都议论纷纷。唯独孙斌一声不吭，打游戏打到昏昏睡去。看似事不关己，其实那晚刚下飞机，他就被卷入了“风暴”。眼看着屏幕上的辱骂涌来，炎炎夏日，他冷得一阵发抖。享受过无数赞美，转眼满是看热闹的奚落，从业近20年，那一晚是他的至暗时刻。

一个月后，孙斌登山归来，转身奔波在杭州火车站，老家父亲查出癌症，同时还身陷官司，他发现自己买不了机票、高铁票了。“爸爸，我们为什么不坐飞机？”孩子稚嫩的声音响在耳边，正不知如何回答，检票闸门开了。人头攒动中，他拉起6岁的儿子，攥着25小时的硬座票，赶忙往站台跑，身后孩子拼命喘着，口袋里妻子的电话拼命响着……一片凌乱中，折腾到深夜，补上卧铺，哄睡儿子，给妻子回完电话，一种深深的无力感陡然笼罩。他独自望向窗外不断倒退的暗夜。22年前，自己就是坐着这绿皮火车，第一次进京，胸口捂着仅有的4000元学杂费。兜兜转转40岁，穿过无限风光，自以为在为登山业摇旗呐喊，怎么却是这么个结果？“图什么呢？就觉得挺悲哀的。”车轮滚滚，车厢幽暗，垂下头，他默默把脸埋在手中。

再一次双手掩面，一周后，8月30日，长长的公司会议桌前，孙斌沉着一张脸，一字一顿地宣布巅峰团队解散。“我可能真的不擅长管理团队。”说完，他仰天叹了口气，别过脸去，所有人沉默。错愕、失望、惋惜、不信任，一时各种情绪中，宝龙不太敢相信：一向强势的孙斌，怎么可能一下这么弱？

“这也太突然了。”消息传出，整个登山圈难以置信，这支行业第一的团队就这么散了？“之前就一直犹豫想退出，只是没有一个强大理由。”2018年夏的舆论风波最终让他心灰意懒。他常和朋友回忆原生家庭的贫苦，有人说：所以有性格缺陷。他总和员工描绘光明的未来，有人说：千万别信，这是老板在画饼。最后解散团队，他觉得痛如断腕，依然有人说：这是在演戏……

“情也好，利也罢，人和人之间太复杂。我实在搞不定，索性远离吧。”避开人心高墙，不再负担团队，自己看似自由了。可回望10年创业，无数心血，他又不能不纠结：“这样真的对吗？”直到公司解散第13天凌晨，他才打破沉默，发了一条朋友圈，自言自语写道：“人生只有3大矛盾：与环境的矛盾，与人的矛盾，与自己的矛盾。从现在开始，尝试面对第三个矛盾……”配图是一个蓑衣刀客，山岩上，独立风中。

又一年春，尼泊尔珠峰大本营，苦等多日，终于等来孙斌，宝龙和登山客户们长舒一口气，“有他坐镇，大家顿时多了点儿安全感，就像一下有了主心骨。”尽管他不再是老板，成了自由向导，甚至拄起了双拐，冰川上每挪一步，痛得龇牙咧嘴。仅一周前，孙斌滑雪遭遇意外，他的膝盖韧带摔断，几乎是硬撑着来珠峰带队。雪山下，他给何川发去照片，照片上一样打着石膏的残腿，苦中作乐道："这回，咱俩都残废了。""那挺好。我们可以一起做复健了。"

此前，当孙斌身陷风波，有人悄悄劝过何川，最好"疏远一点儿"。可何川不以为然，他一直记得从布达拉峰上受伤下撤，眼看落石滚下来，自己动不了，搭档没有跑。"命拴在一条绳上，我们就是一个战壕的战友。"

一晃两三年过去，那个一起爬过的战壕，还沉沉压在心上。面对枯燥的复健，多数人几个月就放弃了，可何川还在坚持，每天至少4个小时，反复练深蹲、拉伸、上勾……小六一直陪着，心底不想让他再回布达拉峰，但深知阻挡不了。"看他每天衣服湿透，累得狗似的，只要还有一口气，这事就完不了。"

即便2020年一场疫情，让世界暂停，白河小院里，何川的复健还在继续。满院花开，几根短木悬挂如梅花桩，一侧自制的攀岩墙上，何川专注爬着，宝龙在墙下学着。这一年，珠峰活动也被叫停，寻来白河暂住，宝龙第一次见识到何川的投入，仿佛一个醉心武学的高手，白天攀岩，晚上复健，脚一刻没闲过……而带他入行的孙斌，综合能力更强，更立足社会，却似乎一直被社会分心了。

千里之外，浙江乡下，孙斌正一天天忙着熬药，每天5服中药，一熬10个小时。2020年春节，刚送走因食道癌过世的父亲，他又在照顾脑癌晚期的母亲，蹲在床前，他轻唤道："妈，你知道我是谁吗？"妈妈眼神陌生，竟把儿子叫成邻居的名字，孙斌一阵悲凉："我妈都不认得我了……"离乡24年，第一次他在老家一待6个月。

生命如急刹车般，疫情、父母的病让他一下停在了故乡。从前，奔波是主题。创业结束这两年，孙斌觉得主题成了"养伤"。疫情停滞中，他也迷茫，甚至偶尔恐慌，午夜梦醒，怀疑自己会不会泯然众人了？

一天天给妈妈熬药，"重返布达拉"成了他最好的药。当何川脚踝拆钉，终于能重启时，孙斌一下子又找回打鸡血的状态。"就像对信心的重建，只有爬过这面墙，我才有信心再往前走，必须干下去。"

2020年7月，老朋友的酒杯又碰在一起。为了复健，何川3年滴酒不沾，为了来白河一起集训的孙斌，为了即将启程重返布达拉，他破例干了一杯。7年前，他们第一次走向布达拉，这对激烈争吵的搭档，穿过岁月与各自负伤，已如患难家人。心里那座山，最初只是一个技术目标。一年年失败，甚至重创，如今却成了他们重返巅峰状态的动力。

再想起远方那面大墙，15年前曾完成首登的山野井泰史，在失掉5指和右脚脚趾后，登上北壁，给线路起的名字叫“加油”。孙斌终于明白了这两个字，“因为我们也需要。”

渺小的光

山路曲折，又一次驶向四川双桥沟，孙斌头抵车窗，对着玻璃努力练习微笑。4天前，他妈妈去世了。他从沟里赶回浙江老家，现在又咬牙回来。一群人正等着，第五次攀登布达拉马上要出发了。

所有人从没见孙斌这么慌过。4天前，接到老家电话，孙斌恍惚得连自己的鞋子都找不到，趿拉着王振的鞋，转身就跑了。谁也没想到，他会这么快回来，更没想到，才坐下，孙斌就第一个笑了。心怀感伤，可他不想影响大家，尤其人生重要一关翻过，归来的他对登山心愿更重了，“我要把这座山当作对父母的纪念。”

再望向云雾中的布达拉峰，目光聚焦在曾坠落的地方，何川一样在做心理建设。还是这座山，自己一晃41岁，真恢复到从前的极限状态了吗？这3年，布达拉峰一直是他复健的动力，也像一个心理包袱。“这个心结真能解开吗？不攻克最后的难点，我不敢说……”

拍摄到何川神情紧张，一遍又一遍检查装备，王振也有说不出的心结。3年前冲坠时，是他在拉绳保护。出事后，王振一次次暗自怀疑，会不会是自己的保护没做好呢？“可何川从没有这么说过，或责怪过我。或许，这也是一种保护。”

为了3年前的坠落，为了这值得一辈子的哥们儿，多背十几斤摄影器材的王振也来了。但他没想到，出发时，何川还要他全程作保护。王振接过绳子，像接过无言的信任。“他还敢，我有什么不敢呢。”

“最难的还是心理关。”何川伸出手，深吸一口气。穿过3年时光，他再一次摸进岩缝。仰望一次次受挫的这面大墙，一股巨大的压迫感中，自己是不是真恢复了？还敢不敢发挥？对自我的验证与重返开始了。

山不变，像镜子映着现在与从前。才爬到第二段，一阵冰雹打落，浑身湿透的何川想起7年前，也是这个位置，冰雹融水像瀑布流下来……那是他们第一次被压垮，怕湿滑，怕落石，怕自己扛不住，就灰溜溜地下了山。但这一次，他有耐心，知道一切都会过去的。

再往上，他又看见那个窄窄的台阶。7年前他和孙斌就坐在那儿，硬熬一夜后，两人在激烈争吵中下山。这一次还是他领攀，身后还是老搭档，负责运输180斤驮包，孙斌拖包拖到手臂痉挛，却永远扬着一张最默契的笑脸。

再往上，第四段还挂着山野井泰史的绳索。这条15年前的花白绳子，每一次都让何川纠结好久：敢不敢用？这一次，他还是纠结。每一步，还是会一遍遍怀疑绳子会不会断，保护塞会不会又突然崩落……不变的紧张与恐惧中，一米米向上推进，第三天，终于接近3年前坠落的地方了。当年石片崩掉的痕迹，新鲜得像刚发生一样。摸着这一方落石，巴掌大、约1厘米厚，何川百感交集："经过3年努力，终于又回到这个起点。"

眼看何川在上方小心爬着，王振紧握着保护绳，仰头扎着马步，心快提到嗓子眼……直到听见一声清脆的扣绳入锁声，他通过了。王振松了口气，"就感觉心里一个结，总算解开了。"

穿过旧回忆，也一路迎战着新考验。最惊悚的一次，何川才睡进悬空吊帐，一个锁扣猛地豁开，内帐差点儿脱落，吓得他拉起搭档，赶忙往岩壁上躲。孙斌的衣物防水袋直落深渊，眨眼间，羽绒服、冲锋衣全没了……最煎熬的一晚，帐外下大雨，帐里下小雨，湿得没处睡。狭窄空间里，3人硬拗出各种体式，最后近乎跪着熬过一夜。天亮再出发，何川一拉衣服拉链，手指一阵锥心的痛。一路上千次手掏岩缝，一寸寸摸索中，他的10指指头全都破了。但攀登一开始，他就感觉不到痛了。

"就看你的信念到底有多强。"王振一路都在发抖，才上山，携带的10个水壶竟破了7个，14升水全渗进他的睡袋……岩壁上吊了6夜，他裹着湿睡袋，每一两个小时冻醒一次，抖一会儿，睡一会儿，感觉心脏都快抖出病了。

又一次午夜冻醒，大风如鬼魅，沿着绝壁呼呼往上吹，吹得吊帐摇摇晃晃，仿佛飘在无尽深渊。王振哆哆嗦嗦着摸出一块椰枣糕，渴望多一点儿热量，渴望金色朝阳能早一刻照进山谷。2000多米外，山谷另一边，王振的助手王培嘉正在彻夜拍摄，历时两昼夜拍出的照片里：日落月升，光线明暗循环，斗转星移下，布达拉峰高耸如墙，墙上攀爬的这群人，在黑暗中闪着唯一一点亮光……"渺小得像蚂蚁，却在发光，一点点向上，直到翻上大墙。"有关人与自然，有关探险精神，王振觉得他想表达的都在里面了。

2000多公里外，这张照片作为背景，定格在上海直播间的屏幕上。在赞助商斥资百万宣传下，上百万人正在线围观这一场大岩壁攀登。“没想到会吸引这么多人。”何川好友老聂被邀请作为嘉宾时，一度不太看好这场活动，毕竟攀岩在中国太小众了。潮水般的提问，却让他看到未来的星星之火。再回忆起2017年何川的受伤，老聂忽然感到一种巧合：3年前他们负伤下撤的日子和今年的冲顶时刻，竟是同一天。

同一个日子，8月24日。3年前正惊魂下撤，又经过3年死磕，何川终于接近最后的难点。“加油！”仰望着搭档的背影，孙斌一遍遍默念。这一路，他一直保持微笑，努力大笑，心底其实最为煎熬，总怕又一个闪失，第五次败北。

山下，举着望远镜一遍遍眺望，小六苦等5天后，终于听见对讲机里传来孙斌激动的声音：“大本营，大本营，我们登顶了……”山上，王振努力压住翻涌的泪水，稳稳举起的镜头里，孙斌正缓缓爬上最后一块岩石，何川张开双臂，两个男人在山顶紧紧相拥，“终于一起上来了，这么多年！”

无尽攀岩

山顶相拥的照片，定格在一面白墙上。一阵阵欢呼声中，下山归来的3个男人又一次相拥，正在白河9月的夜。上百人特地从北京城里赶来，或坐，或站，挤满简陋的饭店，多数人是冲着“大岩壁”来的。在国内，这样的攀登才刚开始。

翻过大墙，何川又回到了白河——他的第二故乡。在他心里，这世上，去哪儿都是“去”，只有白河是“回”。回到这里，他有小院，有岩友，有一起开辟的无数线路，见证白河变成中国攀岩胜地，他也从青年攀成了中年……穿过17年的追求，这是攀岩为他辟出的另一个平行世界。

眼看平时不喝酒的何川面色泛红，举着酒杯，挨座敬酒，笑着招呼岩友……相识多年，这是孙斌第一次见他这么放得开。翻过心中大墙，仿佛卸下心中巨石，何川一下轻松了。但回顾一路艰辛，他莫名有些失落：“好像很难再找到这么全心投入的事了，下个目标又在哪儿呢？”

又一年春节，另一个人回到他的故乡，伫立在父母墓前。布达拉峰下山时，孙斌曾在朋友圈里写道：“我如此努力，是对你们最好的怀念。”带着怀念回到浙北村庄，群山环绕中，他第一次感觉“家”没了。

宿醉醒来，空对着3层小楼，他特地翻新的祖宅冷冰冰的静，只剩自己一个人。想起父亲一辈子为生计忙碌的背影，娶个吵不完的妻子，生俩被打怕的儿子，转眼走完和许多人相似的人生，死时眼里深深的不满足……从小他就怕过这样的一生。想起母亲曾对他无奈叹息："家后门全是山，你为什么还要去登山呢？"

▼ 重回布达拉峰脚下

▲ 孙斌的日常，曾忙碌在世界各地带队

推开后门，青山依旧，孙斌想起那个4岁就在山沟放牛的孩子，走进最高学府，走向更远的高山，一度渴望被认可、被赞美、被尊重，渴望证明：我存在，我强大，我是这样一个我……也想起最意气风发时，遥远的阿根廷——一个向导的劝慰："Bin, don't forget you are a climber. Work less, climb more."

"你看，我做到了。"结束创业，重返布达拉峰时，孙斌特地给那位阿根廷向导发去照片。他终于"Work less, climb more"，但心知，自己还远远不够，尽管做了那么多事。"养伤"这3年，他像有另一个自我飘在高处，一再追问太多小聪明的自己："那么多事，你真的足够投入？而非被分心、被蒙蔽？什么才是你最想要的？"

回望来路，他还常想起刚入行时参加的一个国际救援大会。当一位白发老人颤巍巍站起，全场起立鼓掌，每个人上前献上一枝玫瑰，致敬他为美国救援事业所付出的一切……一晃20年，从23岁到43岁，这依然是他最想成为的人。

"要认清自己最想要的，做到极致。"穿过繁华纷争，多了几根白发，孙斌希望能"克服自己"，也去做些更极致的事。走过故乡山路，他盼望下一站能去阳朔，因为何川正在那里，又一次全力以赴，爬上新的大墙。

听见岩壁上一声惊呼，小六顿时像弹簧弹起，迅速收绳，半仰着身子，用自己90斤的体重全力拉住绳子另一头的何川。约30米高的"中国攀岩"线路上，记不得第几十次脱落，何川一脸沮丧，正缓缓下降。

从布达拉下山，3个人再聚在阳朔攀岩节，眼看大家转眼走了，何川却留了下来。就为了一条攀岩线路，如痴如醉，爬了快40次，还没爬上去。桂林山水甲天下，阳朔山水甲桂林。但在攀岩者眼里，它更是老牌攀岩胜地。青螺峰峦，独特的喀斯特地貌，历经数十年民间爱好者开发，散布着近千条运动攀线路，横跨5.6级到5.14级别难度。其中，5.14级作为最被仰望的难度徽章，"中国攀岩"是走向它的一步。"中国攀，我之前死磕100多次才爬上去。"岩壁下，另一位岩友边看边聊起曾相似的痛苦，仿佛乌云压顶，总是就差那么一点点……"就是最后那一点点，往往需要十倍百倍努力。"

浮生一日，阳朔白山，黄褐石灰岩壁上，东西分布着十几条线，除了何川，还有十几个人正上爬下落。寂静山谷中不时迸发出一声声呐喊……从上海来相会的我，莫名想起来时地铁的人山人海，都市里的脚步匆忙，截然不同的活法，各自为了什么？

“我以前不敢爬，但总希望能跟上他的脚步。”一天天为何川做好保护措施，小六也开始爬“墙”。6年前，这个东北姑娘妆容精致，蹬着高跟鞋出入地产公司。现在，她穿着T字背心，四肢紧贴岩壁，时而紧张发抖，时而尖叫着向上……岩壁下，拉住保护绳的人换成何川。

又一天爬到黄昏，白山绿野畔，当何川骑来一辆小摩托，小六跨上后座，随身小音箱飘来一阵歌声：“人生短短几个秋，不醉不罢休……”隐隐歌声中，我们各自骑着车，一起骑过麦田，骑过街市，融进漓江春夜，一路望着两人交叠的背影，身后红色车灯一闪一闪中，我忽然想起刚听见的老歌名叫《爱江山更爱美人》。

“哈哈哈，这完全是随机播放……”夜里，同住在小六朋友家，当我再提起这首歌，这姑娘惊讶得直拍大腿，一阵仰天大笑，转头低声轻叹：“他最爱的是他自己，我能做的也是做好我自己。”

这一晚，正巧是何川生日。灯光熄灭，4根蜡烛点燃，望着小六扭着秧歌，唱起生日歌，何川被烛光映红了脸，眼里跟着一闪一闪。42岁了，他还没想结婚生子。“人生总要有取舍。除了攀登，其他我做不到的不做，得不到的不想。”

又一年吹灭生日蜡烛，何川忽然想起布达拉山下曾遇见的一位日本老人，70多岁还不远万里来到中国攀岩。“一想到他还在爬，那我还有30多年……”倒计时般计算着生命长度，他依然怕老怕死。谁也突不破的生死大墙里，他只愿每一天都快乐。“我的快乐来自攀登，所以我要无尽攀岩。”

无尽难关，也还在路上。浮生又一日，迎着中国攀，何川开始又一轮死磕。岩壁下，又一次拉紧绳索，小六和我感叹：“从没见过他这么无所不用其极。”每一晚，她眼睁睁看着何川焦虑到梦中冒汗。一醒来，又听见他蹦出新办法：缠胶带、磨厚茧、吃止痛药、戒糖戒酒，甚至半夜打着手电去爬……还不行，凌晨5点再试试。

一次次逼近极限，一次次脱落，越挫越败，直爬到元宵那天，眼看他第一把就掉了下来，小六都不抱希望，摇摇头，索性去爬自己的线了。但这一次，才挂在岩壁上，她忽然听见一声熟悉的呐喊，连忙转身一看，十几米外，同一面墙上，何川终于突破最后难点。

山谷里，所有人停了下来，一起仰头为何川喊起“加油”。一双满是老茧的手，紧扣刀尖般的岩点，紧贴着岩壁的身形，如壁虎，如飞鹞，最后奋力一跃……当绳索终于扣进“中国攀岩”的顶端，他忍不住高喊了一声，站在新的高处望向远方，新的大墙又隐在群山之中。

荒野谈

给自己的“加油”

“我真是把自己最好的全拿出来了，差一丁点儿都不行。”爬完中国攀，何川伸出一双伤痕累累的手，这样和我感叹。相似的话，重返布达拉时，他说过。独攀华山时，他也说过……

没有天赋异禀，只是一次次全力以赴。谈不上有钱有闲，只是一直在做人生减法。舍下常人欲望，付出超常投入，换来一个个成长突破中，这个大学老师翻过高墙，走进另一个不一样的世界。

跨过40岁门槛，王振也在破墙而出。走出待了20年的体制，辞职专注摄影时，他在自拍视频里自勉：“人被赋予做选择的尊严，为什么不看看全力以赴的结果？”

穿过繁华与纷争，“Work less, climb more.”响在孙斌耳畔，在事业起落转折后，也试着回归初心，想要走向更极致的未来。

命运最初，他们是大学博士、北大学子、公务员。我曾好奇，这3个本该拥有更舒适生活的人，何以走向命运之外？却发现追求之初，他们一样受过命运暴击，怕风险，怕死亡，怕自己会不会走错了路……摇摆于理想与现实，在相似岁月里，走过相似迷茫，走着每个人成长的必经之路。

带着各自的追求，他们会聚在布达拉这一座山。借由他们的先行探索，揭开高海拔大岩壁的神秘面纱，眼看他们一年年走向这座山，山也一年年见证着人的蜕变：看他们一步步跨过搭档分歧、好友遇难、内心恐惧、身心重创；看他们一次次被困在现实高墙，面对繁华与初心，或进，或退，或增，或减，人生走向分野，一个个从青年攀成了中年……

带着友情与记忆，最后他们试图重返的已不仅是一座山，而是各自的巅峰状态，仿佛对信心的重建，一种给自己的“加油”。

“只要还会回来，这一次就不算失败。”早在第一次下山时，孙斌的话就无意预示了追求的旷日持久。7年5次重来背后，是一次次和失败死磕。千百种人生，无论在垂直世界中向上，还是在平行生活里突围，当新的失败挡住去路，新的攀登也将开始。

人生处处高墙，想翻越，真正地为自己“加油”，是拿出你最好的，差一丁点儿，都不行。

▼ 布达拉峰的壮丽风光

再见快乐，雪山上的少年魂

刀刃般的山脊，被晨光镀了金的雪山，几个男孩如朝阳初升，雪豹般敏捷地攀爬着，从传奇幺妹峰，到法国霞慕尼，再到野性喀喇昆仑……这样的画面，来自中国最出色的新一代攀登者，有人会联想到自由、热血，有人会揶揄是有钱、任性。但，真实的人生远非如此。

友情、理想、自我实现，攀登给了他们最大的快乐，如临梦幻高山。

贫穷、风险、无法承受的死亡，攀登也给过他们最深的重创，一度梦碎雪山……

漫漫青春路上，为什么这些年轻人会选择走向高山？这样的人生代价将有多高昂？

从梦幻到梦碎，从重塑到再见，这是一群少年火花闪闪又苦苦挣扎的青春，几近幻灭又重燃的成长。生与死，稳定与动荡，自由与不自由，每种人生都有另一面答案。

本篇供图：阿左、陈春石

残酷青春

就差200多米，意味着安全的碎石坡近了。冬日残阳照在雪坡，一个人正手脚并用，一步一深陷，在近1米深的雪中奋力下降，他听见头顶“轰”的一声闷响，心跟着“咯噔”一下。

来不及惊恐，上一刻平滑如镜的雪面，下一刻已隆起层层雪浪。仿佛一张雪白大网猛然扑来，冲得整个人瞬间失重。天旋地转的白色，糊住眼和嘴，他像一颗失控的弹珠，在不断撞击中翻滚而下……直到“砰”一下不知撞在哪里，这颗“弹珠”终于停住。浑身颤抖，胯部一阵阵剧痛，也许骨折了，他只庆幸自己还活着，紧跟着涌起新的害怕：搭档呢？另一个人还活着吗？

“昊昕……”喷出满嘴的雪，挣扎着爬起，他扯着嗓子喊起来，回声阵阵，一声比一声慌张。直到死寂山谷，幻觉般飘来另一个人的呼声，“阿左，你在哪里……”

遥遥听见同伴的呼唤，两个人都还活着，各自的眼泪夺眶而出。这是2016年1月的大雪塘，从成都遥望，西岭雪山的最高峰上，阿左和昊昕第一次搭档登山。登顶下撤中，雪崩来了。雪浪中滚落200多米，什么都抓不住的那一瞬，除了怕死，闪过阿左心头的是“对不起家人”，虽然自己已没剩几个家人。

那个阿左生命中最重要的家人，此前几个月刚匆匆送别。那是另一片白色世界，推开沉重的门，迎面扑来刺鼻的消毒水味，站在重症监护室的病床前，他像块木头一样杵着。父亲那张脸苍白得像揉皱的纸，近乎回光返照般地问：“你……还在干登山吗？”长达10余年，父亲不知道他是怎么长大的，他也不知道父亲怎么生活，父子之间，既熟悉又陌生，最近也最远。到最后，还没来得及说上几句话，父亲永远闭上了眼。

“有必要说上几句吗？”时间再往前推3年，25岁的阿左对登山也一无所知。租金快到期的成都小屋里，他怔怔对着一串应聘号码，脚旁是收拾好的行囊，一张稚气未脱的脸上写满犹豫：下一步是继续流浪，还是停下来工作赚钱呢？

一次次拿起电话又放下，终于拨通号码时，阿左紧了紧嗓子，声音有点儿颤。电话另一头是个美国人，而自己没读过大学，几乎不会英语，完全不知道该说什么，更不知这一通电话将改变自己的人生。混沌中撕开一道光，近乎偶然，这个底层青年跟上了中国自由攀登的进程。

更大的人生扭转自少年始。四川乐山，淅淅沥沥的夜雨打湿一张娃娃脸，他蜷缩着，睡在公园长椅上，脸上分不清是雨是泪。父母给了他“黄思源”这个名字，但没有给他一个完整的家。父母离异，这个男孩不知该去哪儿，15岁第一次离家出走，他仿佛断了线的气球，从乡下徒步漂到城里。可面对眼前这个偌大的世界，一个少年能去哪儿呢?

贫穷、孤独、无助、叛逆中，挣扎到18岁，“阿左”成了他给自己的名字。这名字源于儿时受伤的左手，也隐含不为人知的残缺。穿过残缺成长，他进了乐山一家半导体工厂。接过第一份工资，只是900元钞票，这男孩开心地反复数了好几遍，“至少再不用硬着头皮找谁讨生活费，感觉自己自由了。”但这份自由背后是更漫长的不自由。流水生产线的车间工位上，他原地转圈，手速不变，“咔嚓”一下，装上属于自己的那个零部件，下一个，下一个……一天天循环反复，在中国无数的工厂里，无数人这样活着，可他感觉越活越像机器人。

“太压抑了，就像被装在一个笼子里。”那时，阿左能到的最远的地方，只是省会成都。借宿在年少玩伴的大学宿舍，走在青青校园，迎面是一张张阳光的脸，同龄的自己却不属于这里。失落的青春，究竟该去哪儿?

改变人生的火种，就藏在书里。乐山市图书馆，一排排书架间，如果不是偶然翻到凯鲁亚克的《在路上》，一心谋生的阿左正准备养土鸡，去试试养殖业，而非不可思议的流浪与攀登路。

“哇，这才是生活！”推开无趣的成功学，他一下掉进50年前《在路上》横穿美国的旅程里，像是突然发现自己的“圣经”。辽阔大地，恣意青春，一样贫穷，但这些疯狂的人如此疯狂地活着……书里的自由人生，犹如引线燃起火花，噼里啪啦，在心底无声炸裂。“你真的想去养土鸡吗?”从小到大，他被生活的大山压着，一直习惯于想“自己能做什么”，可问问自己的心：“真正想做的又是什么?”

地震震碎四川的2008年，一颗年轻的心也在重建。翻烂一本本在路上的故事，2008年秋，这男孩有样学样，背上小山似的背包，穿着山寨耐克、迷彩裤，从打工者变成嬉皮士一般。怀揣仅有的2000元钱，办完辞职、退房手续，他最后在出租屋的墙上画了一个切·格瓦拉的头像，转身出发了。

这是有些另类的青春。不满20岁，同龄人多在求学，这个年轻人沿着黄河徒步。几乎没有目的和计划，没钱了便就地做一两周短工，搬砖铲沙什么都干。走累了，路边搭个帐篷就是家。

2008年的中国大地上，这样的漫游还很稀有。沿途路人看着荒诞，这男孩顶着鸟窝头，一张脸清秀又邋遢，形同流浪者。独处郊野时，他偶尔也会迷茫，但一翻开随身带的《在路上》等书籍，一想到自己正在经历书中的人生，心头一团小火又被点燃了。

没有人清楚他在做什么，一路上，阿左只偶尔给爷爷打过电话。他依旧像个断了线的气球，一飘就是两三年。梦想漂流，就捡两个轮胎绑成筏子去漂黄河。梦想大海，就应聘船员去出海捕鱼……漂在黑夜海上，摇晃的底舱里，头顶滴滴答答地漏水，脚边窸窸窣窣地爬过老鼠，这男孩摸黑写着热烈的日记："疲乏困倦算得了什么，没有光，我依然能动笔。""一切完全出于自己的热情，对未来的幻想……"

对未来充满幻想，但阿左从没有幻想过登山，那时中国刚兴起的"珠峰热"让登山看起来像有钱人的游戏。偶尔看登山新闻，照片里高不可攀的险峰，他的第一反应是："好像要很多钱？"对于一个穷小子，雪山太遥远了，一种找不到任何途径到达的远，直到2013年拨通那个应聘电话，他遇见了美国人Jon Otto。

一口流利的中文传来，阿左有些惊喜，这个老外俨然是个"中国通"，还有个中文名字叫曾山。曾山金发碧眼，但在中国生活了20多年，接通电话的他也很惊喜：这个中国小伙的经历"还挺美国"。曾山1990年留学北京大学，至今攀登了众多险峰。眼看中国民间登山从无到有，也遗憾着发生的一起起无知事故，他想爬的新高峰是在成都创立"领攀登山学校"，把阿尔卑斯式登山技术传给更多人。但这想法在中国太超前，他正发愁招不到人。

一无所知来应聘，阿左听得一愣一愣的，完全不知道曾山想做的"中国最领先的攀登培训"要干什么，更不知这也将改变自己的人生。仿佛武侠小说里无名小子误打误撞，忽遇名师，这个男孩穿过流浪长路，一切才刚开始。

两种人生

长头发，帅小伙，戴着耳钉，低垂着眼，一开始攀登却像眼里燃起火焰——在四川双桥沟，香港来的何锐强第一次遇见阿左，还想不到这个有点儿酷的年轻助教，有一天会和他共同穿过生死，彼此命运相连。

“天哪，这些冰瀑布居然是可以爬的？”2015年元旦，这个香港青年第一次接触到攀冰，新奇一如最初的阿左。原来，这世上除了珠峰，除了花钱买服务的商业登山，真正让登山者推崇的是自由攀登。而自由的前提，是你要自己掌握技术。

洁白的冰瀑上，讲解着阿尔卑斯式攀登技术的阿左，正从最初的“小白”惊人蜕变。入行短短一年半，他跟随曾山，刚凭着四川皇冠峰首登一起斩获年度最佳攀登的奖项，当时他才年仅26岁。

懵懵懂懂摸进登山行业，阿左感觉像做梦一样，没想到有一天自己会上杂志，名字还能被写进山峰历史里。送快递、搬砖、刷盘子……沉重的生活里他干过无数行当，但从没有哪一行带来这么大的成就感，起初只是为了满足虚荣心，同时发觉自己还挺擅长。“或许，这就是我的路。”大半年待在山里，干着最艰苦的活儿，只有两三千元工资，这只曾到处飘的“气球”像是发现了自己的价值，开始与山为伍。

相聚在领攀登山学校的年轻人

流浪多年，阿左终于看见了光，他眼里“薪水超级高”的何锐强却还满心迷茫。回到香港，他是个忙碌的网络工程师，一天天出入豪华办公楼，看似光鲜，但他也觉得自己像个没有灵魂的机器人：耳边响不停的电话、开不完的会议，时常加班到凌晨，才摘下眼镜疲惫躺下，睁眼醒来是更忙碌的一天……每天都是工作，每天就是为了赚钱。

唯一让他快乐的是年假旅行。远离都市，深入山野，一路听风声水声树声鸟声，这些大自然的声音让何锐强留恋。可一回到香港，满眼是密集的高楼，车声机器声电话声又迅速把他拉回现实，直到他也遇见了攀登——川西深山，垂直冰壁，挥着冰镐，向下恐惧着，向上紧张着，整个世界仿佛只听得见自己的呼吸，呼、吸、呼、吸——这来自身体的声音，前所未有的专注，让他一下子找到了自己。

“感觉这家伙也好疯狂。”迎来送走一批批学员，阿左感到意外的是，课程结束一周后才回香港的锐强又折回来了，不惜请假，就因为“还没爬够”。颧骨尖尖，身材瘦小，看着弱不禁风，可一上冰壁，这个人就像突然燃烧起来，挥舞着冰镐一爬一个月，被阿左戏称是“攀登成瘾晚期少年”。

又一次回到香港，换回西装，一脸斯文，拎着公文包，融进上班人潮里，望着眼前的繁华，锐强忽然有些陌生感。和数百万人一样，出生拥挤在这里，他也曾一心想存钱买车、买房、买医疗保险，为养老做保障……但这样的“生”，好像只为更好地“死”。“生活呢？我们到底为什么而活？”

又一天天不停的电话、会议，仿佛被套上无形枷锁，他不时想念攀登时的自由，甚至羡慕阿左20岁流浪挥霍的青春，而自己30岁了，人生黄金期，是拿着四五万月薪，过着不喜欢的生活，还是逃离都市，投奔山野？

“想走出去，是要舍弃很多东西的。”一次次飞机往返，何锐强一会儿赶到内地疯狂攀登，一会儿又飞回香港卖命上班……两个世界，两种人生，像个钟摆在两地摆荡，他到底该舍弃什么，选择什么。最难说服的，是自己的心。

各自世界里，一个人在苦苦压抑，另一个人正风风火火。吹着口哨，阿左骑车一溜烟拐进成都某小区，回到简陋的办公室。一见曾山和几个登山前辈又围着地图热烈探讨，像江湖豪杰聚义，像明天就要去战斗，他就跟着兴奋起来，忘了快付不起房租的可怜薪水。

干过许多行，见过太多被生活碾轧的脸，直到在登山这一行，阿左像是看到了最初《在路上》里点燃他的那种疯狂的人。“这些人经济都不宽裕，但一进入攀登，一个个生命充满火花，感觉在燃烧一样。”他向往成为这样的人，但深知自己还远远不够，哪怕拿奖，也只是因为跟在师父身后。真正自主的自由攀登从哪里开始呢？一颗心渴望成长，却难遇同伴。2016年元旦，阿左正兴致勃勃地计划着个人攀登，约好的搭档临时爽约了：“家人觉得太危险，还是别去了。”孤掌难鸣之际，又一个影响人生的人出现了。

同一天去看电影《星球大战》，在成都同一家肯德基吃饭，没有早一步晚一步，阿左偶然看见了昊昕——他教过的领攀学员。昊昕看着沉稳，但听说也很疯狂，丢下名校文凭，他曾在西藏漂了多年。“原来你也在这里呀。”靠窗的餐桌上，阿左即兴翻出想去爬的大雪塘三峰照片，每次路过巴郎山垭口，回望云海时吸引住他目光的一个小尖顶……没想到一看照片，昊昕推了推黑框眼镜，眼镜后面的那双眼睛亮了，他一拍桌子：“走，我们出发吧！”

“说出发就出发，说去哪儿就去哪儿，我最喜欢这样的人。”仿佛遇见同类，两个有些疯的大男孩，只用了十几分钟就决定同行，一周后进山。难忘最初的一拍即合，但出事后回想，阿左一阵后怕：“那次是幸运，或许也是命运。登山不能只有激情，我再不会轻易和人这样搭档了。”

翻滚200多米，近百层楼的高度……一周后，登顶大雪塘三峰的兴奋刚过，下撤中突来的雪崩，两个人被雪浪冲下的刹那，阿左以为“一切全完了”。浑身颤抖着，再看见昊昕一步步走下来，他的泪止不住地落下来。顾不上懊悔这一次的计划不足，天色将晚，危机四伏，他们还得赶紧下撤。

髋骨可能骨折了，阿左浑身都在痛，向下却是一步一滑的碎石坡……还好昊昕没受伤，一路搀扶着他，活像乌龟挪步，挪到天黑仍走不出深山。挣扎到海拔4500米处，这两人只能找一块大石头挡风，套上睡袋，勉强硬坐着，在漫漫长夜中煎熬着。

夜深了，雪来了，阿左浑身又冷又痛，一遍遍听见李昊昕叮咛“千万不要躺下”，一次次看搭档起身帮他掸落睡袋上的积雪……一直在孤苦中成长，从没有被人这么体贴照顾过，阿左心底一阵暖流，紧抿嘴唇，不知道怎么说，最后蹦出一句：“万一哪天我挂了，我妈可交给你了。”“肯定没问题。”

冷雪纷飞，与世隔绝的山野里，两个年轻人相互靠着，聊青春，聊流浪，聊残缺的成长，阿左忽然发觉两个人的身世那么像……但谁也想不到，最初的一句玩笑仿佛谶言，有一天会是万里奔赴的承诺。

友与情

人生第一次接近死亡，瞬间涌上阿左心头的是家人。捡回一条命，终于走出大雪塘，手机跳出的第一条信息却是：奶奶突然去世。小时候，别的孩子有事找爸妈，他只有爷爷奶奶，而这些最后的亲人也在一个个离去。2017年夏，阿左又一次进山，即将出发时，电话竟然传来爷爷心脏病发的消息。当他火速赶回乐山乡下，老人已经走了。仿佛一根根线被挣断，回望空荡荡的老宅，再也没有人站在门前目送他，一遍遍挥手再见……“就感觉，这世上再没有可回去的地方了。”

越走越孤独的人生路，还好有爱情与友情。失了魂般，再回到成都，阿左没想到，远在深圳工作的女朋友小树突然出现，紧紧抱住了他。两年前，带着向往，外企工作的小树报名了领攀培训。课程一结束，她对这个男孩的好奇开始了。大学时，这个清秀的姑娘就着迷过《荒野生存》里的流浪，但只敢想想，没想到真有人去做了……“如果他是一个气球，那希望我也是气球，从此一起飘吧。”

另一个一起走向未来的人，是吴昕。同攀大雪塘之前，他们不过点头之交，没想到一场雪崩，让二人成了生死患难之交。在山里，对方是唯一可托付的搭档。下了山，这两人也越走越近，天天一起攀岩跑步，开始玩命训练。

最初年少轻狂，阿左很少训练，自以为准备充分，以为不怕死。可当滔天雪浪扑来那一刻，他发觉自己好怕死，原来还有太多不足……为了长久爬下去、活下去，阿左伤后剪去长发，像换了个面貌，真正开始认真了。

刚接触自主攀登，吴昕更是热情高涨。名校毕业，做着户外领队，这一样是个冲出正轨的人。更有些同病相怜的是他们一样在单亲家庭长大，但相比阿左眼里抹不去的忧郁，吴昕更像个大哥哥，带给朋友的总是欢笑。爱上攀岩后，吴昕即兴把一个好友微信群改名成“灵魂觉醒”，阿左看着心领神会，“难得我俩，很多感触不需要多说，彼此就懂了。”

穿过各自长路，相似的灵魂相遇，碰撞出火花的不只是攀登。“不如我们一起做个影像工作室，就拍我们这群人……”2017年夏，办完爷爷后事，阿左离开了领攀登山学校。一如年少，他害怕不断重复的生活。正巧昊昕也一样，他不想再做户外领队了，怕迟早消磨完对荒野的热情。带着新的迷茫，两人不约而同地想到都喜欢的摄影。

活到28岁，阿左最大的一笔消费是买了一台佳能相机，他一咬牙，花掉一整年的奖金。他一次次带队，蹲守山崖，镜头聚焦着登山者。最初让他难忘的瞬间，是忽见一人张开手臂，像个“人”形十字架立于山尖……摁动快门，定格此刻，阿左像又发现一个新世界，他渴望去记录更多人与自然的闪光点。

“相信我们一定能干出点儿漂亮的事。”又一次和昊昕一拍即合，他们给新事业起名“梦幻高山”。攀登4年，突飞猛进之中，阿左时常感觉在做梦，而最梦幻的一次，是在差点儿送命的大雪塘。冲顶前夜，他们双脚悬空，坐在悬崖苦等天明时，脚下是一片绯红云海，正前方是众所向往的幺妹峰。第一缕晨曦来了，峻峭山尖一点点镀上金光，仿佛一根金色蜡烛燃起，缓缓点亮双眼，两个人忍不住同声赞叹：“哇，太美了……”

“哇，太酷了……”几个月后，在2017年11月的寒夜，一张幺妹峰的即时照片旋风般传遍登山群，许多人捧着手机赞叹。照片上，满天繁星下，幺妹峰如一座金字塔坐在夜空，一个小光点正嵌在山尖暗影上，闪烁如星。雪山上闪烁的“星星”，正是阿左和昊昕。只差100多米，他们即将向幺妹峰冲顶，却不知二人营地的光亮，正巧被山下一个摄影师拍到，立时沸腾了攀登圈，大家都在问：“山上的人是谁？”

大众追捧珠峰，专业登山者却痴迷幺妹峰。在四川四姑娘山区，这座最夺目的雪峰山尖锐厉，海拔不高，却是技术攀登的典范。2004年，中国人首登幺妹峰的6人队伍里，曾山也在其中。在他眼里，幺妹峰是阿尔卑斯式登山在中国被关注的开始，这座山从此成了一个“试炼场”。阿左、昊昕之前，共有12个中国人5次登顶。活着下山的，一夜封神，2014年下撤中遇难的柳志雄与胡家平却永远留在了山里。

仿佛遥不可及，一提幺妹峰，阿左最初吓得摇头，不自信，不敢想。直到2016年11月，“领攀”老同事古古成功登顶幺妹峰，归来再聚时连连鼓励他道：“以你的实力，真可以去试试。”有点儿被唤起的念头，在昊昕那里被进一步点燃。阿左最喜欢这个搭档的地方是，自己的疯狂想法连自己都怀疑时，他总会热烈回

山顶人影，曾打动阿左的一瞬

应："我也一样想啊！那就一起干吧……"但这一次，不敢只有热情。整整3个月，他们沉浸在无数张特写照片里：从山脚深雪、冰裂缝、冰岩混合带、冰壁，直到山顶刃脊……每一段都充满挑战，每一段都得心中有数。曾遭遇的雪崩，让阿左不再只顾"我想做什么"，开始会想"我不能做什么"：不能往这儿爬，不能往那儿去……"想长久活着，必须知道自己的界限在哪儿。"

"两颗星"终于被看见的那夜，远在深圳工作的小树，已经连续几晚睡不着。"到哪儿了？有消息了吗……"不知第几遍和古古打听进展，得到的回应总是："你要相信他。"作为恋人，她不能不担心，但也知道这座山对于一个攀登者的意义。既支持又矛盾，既相信又害怕，这女孩只能一遍遍祈祷，并连夜买了机票，至少赶到山下等着也好。

登顶之日，即将是小树生日。彻夜难眠之际，姑娘不知道自己的照片，正被阿左捂在羽绒服内袋里，一起爬过此生最难的路。历时4天，从幺妹峰南壁翻上西南山脊，顶着气罐破损的压力，一天没吃没喝的两个人在狂风中一下下挥舞着冰镐……直到吴昕欢呼着以"大"字形倒在峰顶雪地上，阿左踉跄着摸向胸口，掏出女朋友照片，对着镜头边喘边笑："生日快乐，宝贝，我们一起登顶了。"

自由背后

仿佛横空出世，幺妹峰让阿左和吴昕一夜闯进公众视线。一下山，他们开始被登山者喊"大神"，被业界评为"年度最佳攀登成就"。一片掌声中，两人上台领奖，年轻的面容泛光，但阿左眼神有点儿闪躲，他还是不太自信，并且快要没法靠攀登活下去了。幺妹峰顶，他特地拿出女朋友照片的柔情，另一面是他对感情的自卑与歉疚，"除了这点儿惊喜，自己似乎什么也给不了她……"

老小区，清水房，空荡荡的房间堆满装备，唯一的家电是一台洗衣机，单人床上甚至没有被褥，就凌乱地铺着睡袋……2016年加入"领攀"的刘峻甫第一次到阿左家做客，就像看到自己未来的生活。"这就是许多自由攀登者的家了。"而刘峻甫自己，实习期工资只有800元，连房子都租不起。

讽刺的是，一说登山，他们总被讥讽"太有钱了"。但自由攀登更仰仗自身技术，除去装备，幺妹峰攀登两人仅花了3000多元。真正地全身心投入，代价有多高昂？小刘父母一直催他回老家做体育老师，阿左朋友总是喊他改行卖房子，攀登圈也有人邀他开公司、做明星领队……但他们一个个放弃了更好走的人生路。

登上传奇山峰，下山还有一座座现实大山。为了全身心训练，他和昊昕半年没有收入，影像工作室还没有一单活儿。下一步，该往哪儿走？“想什么想，不想了，咱们继续攀登去……”才从幺妹峰下山，这两人就直奔云南攀岩。至少一进山，整个人非常专注，什么烦恼都不想了。“好像挺热血，但好像……也是一种逃避。”

自由的背后，可能无路可走，但仍有人想走自己的路。2018年初，当阿左又一次搬家，一起平摊三居室2900元房租的5个人，除了“领攀”前同事刘兴，还加入了香港辞职来的何锐强、上海辞职来的晶晶夫妇。摇摆两年后，何锐强终于辞去工作，投奔成都，带上全部攀登装备，拖着沉重的行李箱，也拖着家人的极力反对。他知道这样不理性，但不想再为别人而活了。“就当给自己半年假期，全心去做一回喜欢的事吧……”

半年转眼过去，又半年，再半年……说着蹩脚的普通话，吃着吃不惯的辣食，压抑着单身的孤独，这个香港人独自漂在成都，却越来越不想走了。再没有响不停的电话、开不完的会议，他凭着所学技能，一次次攀爬在四姑娘山区，耳边只有风声呼吸声，活在自然里，活在自己的世界里……不仅是攀登，这样自由自在的生活，让他感觉更真实地活着。

虽没有职场压力，但现实压力来了。曾经，吃穿用度全买高档货，离开香港，只能靠兼职带队维生，他除了一日三餐，几乎什么也不买了，只住着最便宜的上下铺。而令他欣慰的是，一起合租的都是相似的人。离开上海外企，晶晶到四川登山公司工作，收入不及从前的1/3。她和丈夫默契地不买房、不生子，“为了精神自由，我们情愿在物质上做‘躺平族’。”

可“躺平”也无法脱离现实。半年又半年过去，眼看积蓄花空，他是该继续这种自由拮据的生活，还是回香港赚钱？两个世界，两种人生，内心天平摇摆着……又一次，这个年轻人走到了选择的路口。

现实沉重，但新的追求正飞向阿尔卑斯群山，抵达童话般的法国小镇，洁白冰川的环绕中，穿过各国登山者队伍，几个中国面孔的大男孩笑得比阳光灿烂，一身行装，正结伴上山……

2018年9月，在“世界户外天堂”霞慕尼，偶遇阿左、昊昕、锐强一行人的户外纪录片导演陈春石，感觉迎面一股子朝气、干劲与青春感。尤其阿左扬着一张娃娃脸，没有一点儿辛酸痕迹，陈春石还以为这是个养尊处优的留学生。

一面为生活发愁，一面不改攀登热情。幺妹峰下山时，阿左和昊昕两人虽然穷得叮当响，却又做起新梦：将来有钱了，一定要去霞慕尼看看。1786年，两个法国人首登勃朗峰，山脚下的霞慕尼成为现代登山发源地。梦想向国际顶尖登山者看齐，他们渴望去这个地方。正努力攒钱时，一个惊喜从天而降——曾在攀冰中相识的香港登山者吴茄檪，发来一家户外品牌的邀请——可以随他同往霞慕尼进行一个月的拍摄。

“哇，这是真的吗？”马上就能飞去梦想之地，干最喜欢的事，还不用愁钱。第一次出国，阿左兴奋得以为在做梦。在户外圈崭露头角，他和昊昕这一年正不断接到新的拍摄业务。“就感觉一切都在往上走，一切充满希望。”

另一个重燃希望的，是不知是否要继续攀登的人。摇摆在又一个选择路口，锐强也向往霞慕尼：那个攀登胜地，能给自己一个继续的理由吗？更让他惊喜的是遇见同在香港的吴茄檪。这个“90后”男孩笑起来露出一对兔牙，看着稚气，却实力惊人。从小求学英国，他18岁就在欧洲登山，近10年爬遍霞慕尼，一直在网上热忱分享着阿尔卑斯式登山文化，被誉为“香港登山一哥”。

独闯异乡，孤独了那么久，终于遇见同类，一贯沉默的锐强一见这位同乡，顿时变得健谈起来。粤语夹杂着英文，两个香港青年有聊不完的话题，从故乡到攀登到未来……

“这真是个让所有人惊喜的男孩。”犬牙般峰脊，一身红衣穿行于白雪褐石间，茄檪如雪豹般敏捷的身形，让陈春石眼前一亮，“这是我见过技术最全面的中国新一代攀登者，最有希望跨入世界顶尖行列，他才27岁。”

镜头里，阿左和昊昕一前一后的身影，更让陈春石有些失神，不时就想起已故朋友严冬冬。2012年，在新疆西天山，年仅28岁的严冬冬坠落冰裂缝遇难，“自由之魂”折翼。“国内登山界青黄不接这么久，终于涌现出又一对闪亮的年轻搭档，一如当年的周鹏和严冬冬，太期待他们的未来了。”

仿佛太阳刚刚出山，眼前是望不尽的蔚蓝。穿过不同身世，这几个年轻人会聚在一起，当金色晨曦照进霞慕尼小镇，他们整装待发，一起走向群山……年纪最小的茄楳，一副带头大哥的派头，走在最前面，一路介绍这片他最熟悉的“地盘”。捧着相机，阿左兴奋得像只猴子，在岩石上上蹿下跳，抓拍着每一处风景、每一个兄弟，每张脸上都洋溢着笑容，每个镜头都像有光。

他们一天天尽情爬着，尽兴归来后还有丰盛聚餐。异国他乡，男孩们租住别墅里，才下雪山，又进厨房，撸起袖子自制四川火锅。喝着啤酒，一派热气腾腾中，吴昕和阿左俨然一对活宝，相互打趣着：“我吃火锅，你吃火锅底料……”

多年后，每个人记忆里最快乐的都是这段时光。仿佛被阳光镀了金的天堂，有热爱，有憧憬，有美景，有美食，还有一群好兄弟……他们以为一切刚刚开始，可这快乐却将一去不复返。

宿命旅程

“这一切是真的吗？”从幺妹峰到霞慕尼，梦想成真的快乐，依然不太自信的阿左，总感觉有些梦幻。年少流离时，他怎么也想不到这样的攀登生活，“熬了这么久，像是终于看见光。”而下一个梦，是和吴昕一起做好“梦幻高山”。霞慕尼归来，这两人干劲更足了。2018年11月凌晨，阿左正兴高采烈地剪着片子，配上充满理想的旁白：“我们试图讲述是什么造就了我们这群人，一群爱山的人……”一个电话打断了美梦。

“这……是真的吗？”犹如五雷轰顶，电话那头，曾山的声音显出从不曾有过的沙哑，阿左一时呆在原地：“领攀”前同事刘兴正在攀登日乌且峰，可能遇难……

登山入行5年，阿左搬了8次家，每一次都和刘兴住一起。每人各几百元房租，只要能睡觉、洗澡，有个洗衣机就行。但物质需求这样低的人，却舍得买近万元一副的冰镐，收入全用在装备上，如此热爱，生命怎会留在了高山？

收到消息，阿左火速进山，在四川贡嘎山区，刘峻甫等“领攀”老同事全赶来了。没有路的石头冰雪中，苦苦搜寻3天，在日乌且峰近6000米处，阿左终于见到刘兴最后一面。危崖上，朝着那具熟悉的坠落的身躯，他忍不住边爬边哭，被曾山苦苦拉住：“阿左，你要冷静，这里还很危险……”

登山多年，听闻过不少事故，这是第一次面临身边的人离去。一时间，阿左几乎没法控制自己。下山后，默默看着刘兴父母收拾遗物，他从没见过有人伤心成这样，不禁想：如果换成自己呢？小树又一次从深圳赶来，她也忍不住想，又不敢多想。

心里像缺了角的，还有一起生活的锐强。一起合租一间房，刘兴就睡在他的上铺……“这样下去还值得吗？我还想从攀登中拿到什么？”凛凛冬夜，躺在床上，望着空荡荡的上铺，一阵阵悲凉后，他还是想留下来，哪怕要忍受贫穷，甚至风险。

不到100平方米的三居室，一进门就是攀岩指力板，客厅摆着一排鲜艳的头盔，角落堆满装备……从前一到夜晚，几个人在客厅里或训练，或围坐一桌，一起吃饭喝酒，畅谈各自进山的收获，时常聊到凌晨一两点还不散。望着室友的热烈探讨，火花四射中，锐强红着一张脸，最腼腆沉默，心底却跟着被感染。“大家各有压力，但坐到一起，话题全是共同热爱的山。越有挑战，眼里越像有一团火一样……”

另一个点燃他的，是茄檪。一样热爱攀登，都渴望搭档，在霞慕尼共处时，

2018年，昊昕和茄檪在霞慕尼的攀登中

这两人就商量着明年要搭档去爬一座山。"真希望霞慕尼的快乐，还能延续下去。"走出室友遇难的悲伤，他们又望向新一年的高山。但没有人知道，新一年将引他们走向何方。

一如霞慕尼的朝气，2019年4月大家重逢在成都，陈春石又一次被这群年轻人的干劲所感染。餐桌前，茄檪和锐强热火朝天地研究着新的攀登计划，尽管搜遍全网，只找得到一张山峰航拍图。就在中巴边境，荒莽的喀喇昆仑山脉，雪山起伏如海中，一个尖形金字塔遗世孤立般从群峰涌出，仰指苍穹……手指着照片，茄檪一脸兴奋地介绍着："太漂亮了，这就是我和锐强想去爬的山，海拔6410米，应该是未登峰。"

看似一时兴起，背后雄心正指向喀喇昆仑。当大众还在仰望喜马拉雅时，世界顶尖攀登者正走向喀喇昆仑山脉，带来一条条新开辟线路，以及近年屡获国际权威的金冰镐奖。"国内还没什么人去过，那我们第一批去喀喇昆仑探索未登峰吧！"霞慕尼归来，当茄檪兴奋提议，锐强像是一下被打开新视野，虽然这男孩年纪最小，却已经在追求更高成就了。

最初，这只是两个香港青年的梦。同年5月底，陈春石无意间看见昊昕朋友圈更新："在谷歌地图看到这座山，我们就决定来了……"他有些诧异："他怎么也去了？"就在年初，陈春石曾想约他拍摄赚钱，昊昕最顾虑"时间"，外出超过一周都难。2019年开始，为了照顾患阿尔茨海默病的母亲，34岁的他很难再出远门了。

"或许是太爱喀喇昆仑，或许是它能给自己最后的疯狂。"想起曾一起徒步喀喇昆仑的经历，陈春石忽然有些理解昊昕。早在2014年夏天，他们就第一次徒步深入过那片山域，一路狂野高山，如野兽林立，让每个人赞叹又难忘。此后几年，李昊昕曾在此地多次带队，洒满青春记忆。眼看朋友要去喀喇昆仑登山，他似乎不能不动心。

昊昕的主动加入，让团队如虎添翼。眼看从两个人变成了3个人，茄檪更有信心了，还没出发，就已经想好了随行纪录片的名字——《喀喇昆仑山脉奥德赛：三位登山者的旅途》。谁料3个人的旅途，最后归来只有1人。

朝着喀喇昆仑，眼看同伴一个个摩拳擦掌，阿左却没有心动。这一年，他和昊昕相约的目标是拼事业，特地报了北京拍摄进修班，学费都交了。这年5月末，两个人本该去北京上课，结果阿左临时接了新的拍摄活儿，昊昕选择踏上新的旅途。成都街头，再回想最后挥手的背影，热烈如挥舞着梦的火炬，阿左满心唏嘘：“好像冥冥中被一步步安排好，最后，一切都变了……”

梦碎高山

一切陡然改变，在3个人出发第23天后。山路蜿蜒，一辆小汽车冲破夜色，颠簸在巴基斯坦的烂路上，阿左红着眼望向窗外，想不到自己也会奔向喀喇昆仑。2019年6月16日深夜，一通异国电话把他震醒：攀登中的茄椺和昊昕持续失联中……这个遥远的以为和自己无关的地方，一瞬间，成了性命攸关的存在。

“他们到底怎么了？”喧哗的会场里，正在外地参加活动的阿左，只能躲在一角，不停地打电话接电话。焦虑、祈祷、各种推测中，他的心不停摇摆，直到接到最沉重的电话：直升机刚完成第三次搜索，在一处明显雪崩的痕迹中，发现睡袋和散落的营地物品，推测两人遭遇了雪崩……默默消化着这个结果，面对着欢声笑语的餐桌，阿左一阵发愣，绷紧两三天的情绪再也绷不住了。当着所有人的面，他再也拿不住筷子，一个人伏案痛哭了起来。

连夜赶回成都，凌晨1点，合租小家里所有人拖着阴影在等他，后事工作组当晚成立。又3天后，阿左、小树等人满眼凝重地飞抵巴基斯坦首都，又马不停蹄地驱车24小时前往目的地。异国暮色中，阿左再见到独自苦熬了一周的锐强，他胡子拉碴，脸比天色还黑，整个人都瘦脱相了。混混沌沌中，仿佛终于抓住一个支撑，两个男人紧紧拥抱，依然难以相信这一切是真的。

所有人都难以置信。6月26日，一则“带昊昕回家”的募捐公告，出现在许多户外爱好者的朋友圈。公告中这样写道：“我们有个心愿，就是帮助遇难同伴的亲人，把他们带回祖国，带回家乡……”一时间，无数人惋惜，继幺妹峰之后，这颗“星”以陨落的姿态再一次滑过大家视线。专业人士遗憾，中国阿尔卑斯式登山损失两位新秀，远征式探险蒙上更深阴影。更多人后知后觉，有这样两个年轻人，还没来得及认识就匆匆走了。同时，也少不了每次事故“是否浪费社会资源”的唇枪舌剑……

“高山梦幻，梦幻高山，过去玩笑式的话，现在变成了一种承诺……”同天下午，阿左在朋友圈第一次发声。从小，他最怕被亲戚接济，可面对直升机搜救已产生的6万美元费用，继续搜寻的高昂成本……不得不求助更多人时，阿左做好挨骂的准备，“只要能帮到他们的家人，有任何负面影响我统统接受。”结果出乎所有人预料。在极小众的攀登圈，一天之内，1540笔捐款潮水般汇来，共计94万余元。晶晶等朋友忙着统计每一笔捐款，满眼血丝，几天没怎么睡了。募捐截止的公告中，他们承诺：除了搜寻，所有余款“将用作吴昕妈妈的后期赡养费用”。

“这么齐心协力的异国搜寻，在中国民间前所未见过。”感动于来自陌生人的善意，陈春石更感慨这件事背后，是“带吴昕回家”工作组朋友们的推动，一切全凭友情。

燃烧着友情，解决了资金问题，持续降雪却挡住前路。面对新的雪崩风险，所有人只能暂时撤离，并计划在全年雪量最少的7月底重返。“但下一次搜索，是否能保证找到？让搜寻队再一次承担风险，是否值得……”放下工作，陪着男朋友奔赴巴基斯坦，小树在“前方工作汇报”里的自问，也是许多人心底的疑问。

“值得吗？”再回到成都，阿左紧闭着房门，也忍不住问自己，更想问消失的搭档，“你到底怎么想的……”网上那些“这是登山者最好归宿”的宽慰，他看着都是扯淡。“活着才最重要。只有活着，我们才能继续去做更多的事啊！”

雪山茫茫，结果难料，但一个月后，他们决意再赴巴基斯坦，为了朋友家人的心愿，为了保险所需死亡证明，又或者，是为了给自己和所有人一个交代，必须找到他们……

开阔河谷、雄奇雪山依次排开，喀喇昆仑一派原始世界风光，除了风声，好像什么都不曾发生，又好像听得见两个月前他们初来时的欢呼。这欢呼声回荡在脑海中，重叠着眼前风景，让经历了一切的锐强，不得不又一次被回忆牢牢抓住。

沿着同一条路，第一次走进喀喇昆仑的时候，他们是3个人。仿佛到了一个梦寐以求的地方，望向川口塔等一座座传奇雄峰，茄檪一阵阵欢呼，念着回去要在网上分享自拍；昊昕声音朗朗，如数家珍般介绍着一路风景，好像每座山都是他的老朋友。

穿过雪山深谷徒步4天后，心心念念的小尖顶终于浮现云端，3个大男孩一蹦3尺高，像找到宝藏般欢乐。何锐强格外沉醉，他觉得这就是自由攀登的魅力："仅仅从地图上发现一个点，全凭自己一步步努力，最后山就在那里了，就像梦想

▼ 法国霞慕尼，阿左与昊昕搭档登山中

成真……”

但，梦想尚未成真。更未知的攀登刚刚开始，终于摸上梦了许久的雪山，如攀上巨人肩头，两个难点大大超出预期：冰不够厚，保护点难找；一面垂直近80℃的大冰坡，在海拔5500米处高不见顶，挡住了前路……原计划两天的攀登，眼看要拖成3天，就快没食物的3人，在第二天中午选择下撤。一心想着择日再上，一个小意外却仿佛命运伏笔，一下冲乱计划：下撤中，遇上一场小流雪，茄檪的冰镐被冲走了……

3个人只剩两副冰镐，这意味着：第二次重攀，有一个人不能上了。精心筹备，万里而来，雪山就在眼前，谁舍得就这么放弃了？“你俩上吧，我就留在这里。”回到山下营地，茄檪拧着眉头，故作洒脱地笑着。帐篷里，3个人陷入沉默。

“这真是个痛苦的决定。茄檪实力最强，登顶机会最大，山还是他选的，他不上就太可惜了。昊昕最熟悉当地，一路辛苦张罗，攀登愿望最强，他不上也很可惜……”犹豫了一个多小时，锐强拎起自己的冰镐，硬塞给了茄檪。梦想、友情与大局之间，他做了一个自我牺牲的选择，但不知这个选择将意味着什么。

两天后，几束头灯擦亮夜色，目送着队友启程，锐强涌起一阵羡慕，好希望自己还能一起出发。“必须要登顶安全回来啊。”“肯定没问题。”带着队友的冰镐，茄檪和他相视而笑，最后碰了碰拳。6月14日凌晨2点，茄檪和昊昕两个人上路，头灯如星，黑夜中就此远去。

当阳光照进山谷，旋转着长焦镜头，一次次望向洁白山体，山上是两个蚂蚁般的小黑点……锐强独自留守营地，最初很有信心：上一次已经爬过2/3，只要爬上那面大冰坡，再往上一点儿，就登顶在望了。第二天中午最后一次通话时，他们已经翻过曾受困的冰坡。视线里，锐强再望不见人影，但对讲机里，这两人的声音充满干劲：“速度还可以，一切都没问题……”当夜，山中寂寂，纷纷扬扬下了十几厘米的雪。之后，通话再无回音，他们再没有归来。

吾谁与归

“就像从前我们一起攀登，一起下山，是时候回家了，兄弟。”再一次进山前，何锐强在个人社交媒体“脸书”上留下这段独白。徒步路上，他走得最慢，一路高原反应呕吐不止，晚了一天才到大本营。作为唯一幸存的人，曾在山下苦等一周，这座山，这个梦寐以求的地方，转眼成了他本能抗拒的地方。

时隔两个月，当这座山也涌进阿左一行人的视线，所有人停下了脚步，气氛顿时不一样了。“感觉离他们越来越近了。”望着山沉默，阿左从手机里翻出一首老歌，“想象一下抛开天堂，一切就那么简单，只要你敢于尝试……”来自约翰·列侬的《想象》，这是昊昕最喜欢的歌。

歌声飘扬，曾唱响在两人攀登幺妹峰的视频结尾，回响在一起为梦幻高山奋斗的办公室……每次听见这首歌，阿左总觉得歌里满含一种对未来的希望。可当歌声回荡在这片高山，他觉得“梦碎了”。

回忆搭档，阿左最难忘一幕是2016年1月，两人同攀大雪塘时，突如其来的雪崩后，自己拼命呼喊着，生怕搭档出事，直到听到回应的呼声，看着昊昕从雪坡一步步走下来，他像是一下找回了希望……

但这一次，再没有希望。眼前是2019年8月，海拔5200米处的白茫茫雪坡上，雪崩堆积区比四五个足球场还大。顶着落石风险，几个人一字排开，手持金属探杆，地毯式搜索了两天后，终于在冰雪中找到久别的朋友。

再一次，螺旋桨开始旋转，搭载遗体的直升机准备起飞，即将飞离这片山谷前，阿左最后拍下每个人的告别。有人抬头，无语望天；有人握拳捶了捶心，一字一顿：“再见了兄弟，再见。”而当镜头转向自己，阿左别过脸去，“我一点儿都不喜欢这地方”。像只泄了气的气球，他低头揉眼，声音开始哽咽：“我一点儿都不喜欢……”“这个冰川，这座山，我感觉我不会想再来了。”深深回望了最后一眼，山下苦等的锐强，终于可以带着兄弟回家了。仿佛也给自己画上一个句号，他失神自语道：“It’s over.”

一切结束了，一切还将长久回响。3个月后，在川西深山里，达多曼因卫峰脚下，风雪如海浪翻滚，噼噼啪啪拍打着帐篷。“明天还上山吗？”帐篷里的阿左和刘峻甫，各自陷入沉默。

这本是阿左和昊昕约好的一次攀登。当只剩阿左一个人，曾同往巴基斯坦搜寻的刘峻甫一口答应了同攀。他渴望能“替昊昕完成”，却感觉大家都没有信心了。进山前最后一顿晚餐时，阿左举着筷子发呆，冷不丁冒出一句：“吃好点儿，这可能是我们最后一次了。”

“这一次出发，和以往任何一次都不一样。”仿佛心口压着一块巨石，风雪围困中，阿左忍不住就去想那些刚离去的朋友，他们也曾这样出发……“我们会不会也回不去了？”一夜难眠，第二天一早，望向大墙般的雪壁，流雪如瀑布轰然滑下，他们果断放弃了这次攀登。

逃开一时恐惧，逃不开事故后的自问：“是否还值得继续？”再回到“领攀”办公室，刘峻甫一抬头就望见白墙上的冰镐，那是刘兴留下的遗物。最初入行，这男孩也向往登山的炫酷，可一次次残酷之后，这条路要怎么继续走？

沉寂到这一年的最后一夜，阿左在微信公众号上默默发了一张图片。雪白晶莹的冰川下，正走来两个墨点般渺小的身影，图片上写着一行字：“Why we choose?”喀喇昆仑归来，和吴昕一起租借的摄影工作室，他再没有回去，“那时梦想着一起讲述这群人，一群爱山的人……结果，这群人都快没了。”

“我们为什么攀登？为什么选择这种生活？”深深迷茫中，他不时想起人类启动登月计划时，美国总统约翰·肯尼迪所说的：“我们为什么选择登月？不是因为它轻而易举，而是因为它困难重重。”

沉寂更久的，是喀喇昆仑之旅的影像。一声嘹亮的欢呼回荡在白茫茫的山谷，两个年轻人正一前一后走向高山……逝去朋友的身影，在2020年10月随着短片《吾谁与归》重现。距离事故又一年多过去了。

“Hello darkness, my old friend.”在朋友圈分享这段短片时，阿左写下一句《寂静之声》的歌词。随着几个朋友离去，生活中，他越来越沉默，渐渐成了一个睡觉不关灯的人。“我也不知道怕什么，就想回避黑暗。”

黑暗的2019年过去，迎面是更暗的2020年，一场疫情冲击着世界，压在每个人头上都是一座山。半年没收入的压力下，这个拿了3次“年度最佳攀登成就”的年轻人，一度想改行了，“感觉跑外卖都更真实点儿，至少没那么漂……”

女朋友的劝阻，拉回阿左摇摇欲坠的信心，“你不要辜负了自己的积累和天赋……”跟着亲历那些悲剧，小树也害怕，隐隐希望男朋友少登些山，但希望他的人生选择是忠于内心，而不是因为她，或是被生活所迫。

上一个夏天，阿左奔忙在异国雪域，努力带兄弟回家。2020年夏，疫情停摆中，他翻出雪藏一年的视频，决定直面这段记忆。炎炎夏日，他沉浸在影像里，一帧帧剪辑着，他尽量避开那些伤心片段，选出最开心的场景。“只希望大家记住他们的快乐就好”，可望着昊昕和茄檪美梦成真般对着镜头的欢呼：“嘿，我们越来越近了，离想爬的那座山。来吧……”隔着屏幕，隔着时光，他们笑得越快乐，已知结局的阿左就越想哭。

默默看着男朋友时而红着眼，时而说梦见他们回来了，小树觉得埋头剪片的阿左和任何时候都不一样，他就像守着一个秘密，把视频藏着掖着，甚至不让她看。“原来，有一些友情是爱情也无法取代的。”眼看男朋友一天天低落，小树很怀念他们刚从霞慕尼归来时的状态。两个男孩像被一束光照亮，每天一起忙着拍摄、训练，忙到深夜，阿左索性住在昊昕家，一副“谁也别拦着我学习”的冲劲，还一起报了北京的拍摄进修班……再然后，一切都变了。

“再没有这样志同道合的人，一个人该怎么走？”最后给短片起名时，小树脑海里浮起一句古诗文：“微斯人，吾谁与归？”阿左也被这句话瞬间触动，“吾谁与归……这4个字，好像囊括了所有说不出的情感与追求。”

“想念你们。”当最后这4个字浮出，短片定格在霞慕尼山间，攀登中的昊昕和茄檪正并肩坐着，面朝朝阳，笑容灿烂……昔日室友晶晶流着泪看完，想到阿左正发愁收入，却全心投入两三个月做片子，哪怕带不来一点儿收益。“这是发自真心的怀念。”

另一个她希望好起来的人，是锐强。这个唯一活着回来的人，在室友眼里就像包进一层层壳里，变得更沉默了。事故归来后，锐强空荡荡的朋友圈只转发了一首歌*How to save a life*，只写了一句“无助是有罪的”。他不知道心理学有个现象叫“幸存者内疚”，很长一段时间，无论开心不开心，他总会想起笑容有些孩子气的茄檪，仿佛一种无法言说的命运笼罩，“那时如果我不让出冰镐……”

再见快乐

当他们的笑声再一次响起，一幕幕记忆在短片重现，触动最深的莫过于锐强。看完短片的那晚，他在个人“脸书”上写了一句：“命运让我们走到一起，走上同一条路……”

一年前，在巴基斯坦的绝望苦熬中，阿左的万里而来让锐强像一眼看见亲人。归来后，只剩阿左的“梦幻高山”，锐强成了新成员。“你为什么到这里来？”早在幺妹峰攀登的夜，两人一起挤在帐篷里，阿左这样问过搭档。那时昊昕一脸

▲ 四川达多曼因卫峰西壁，红线为2020年完成的“再见快乐”窜线，阿左希望以此纪念那些再也不见的人

沉醉，笑着蹦出4个单词：“View（眼界）、Challege（挑战）、Have fun（快乐）和Dream（梦想）。”

穿过生死，继续攀登生活，锐强也给了自己4个理由：“Explore（探索）、Experience（体验）、Enjoy（热爱）和Contribute（贡献）。”从前，他只当攀登是个人的事，事故后，却希望能像茄楪那样致力做个“推动者”，让别人更了解什么是登山，不只是照片上很帅很酷的样子……

《吾谁与归》发布3天后，阿左和何锐强再一次出发。他们在法国霞慕尼游历时，当地上千条线路的便捷曾深深触动阿左。川西雪山环绕，可以高效训练的山峰信息却极少，他一直希望开辟更多线路分享给更多人。可搭档遇难后的一年多时间，他和锐强再没有进行过任何有难度的阿尔卑斯式登山了。

再一次摊开地图，一起热烈探讨起路线，晶晶有些感慨："大家很久没有聚在一起这样讨论山了。"再一次走向川西深山，望向选定的5500多米未登峰，阿左感觉和山陌生了。仿佛中间隔了一层磨砂玻璃，线路风险是否可控？自己能否全身而退……他心里有些打鼓，一切需要重新尝试才知道。

"我们都需要重新找回对登山的信心。"这也是阿左和锐强第一次搭档。山难归来，锐强曾发誓再不去挑战高难度线路了。可他还是渴望回到雪山，回到泛着蓝光的冰壁上，挥着冰镐，一下，一下，只听得见自己的呼吸，呼、吸、呼、吸——一如最初，在来自自然与身体的声音中，重新找回他自己。

一天后，一根绳索相连，轻装快速冲顶，这对新搭档伸出手碰拳，终于再一次站在山顶。望向依然辽阔的天地，何锐强感觉"自己又回来了"。喘着粗气，在累得肺仿佛在燃烧的快意中，阿左也总算找回一种久违的感觉，仿佛沉睡的心再一次醒来，"攀登还没有离开我。"他们终于重新上路。下山后，何锐强给这条新线路起名"重塑"。而重塑只是开始，仅10天后，当金色夕阳穿透浓云，点燃达多曼因卫峰西壁，他们抵达另一座山下——去年，事故阴影中，阿左对这座山的恐惧与放弃，正等着他再一次去翻越。

贡嘎山区西侧的一面平整岩壁，面向夕阳，沉浸在酒红色的晚霞中……几年前，在朋友照片上无意看见这一面闪亮大墙，阿左就被吸引了。如果没有山难，在2019年秋天，他和昊昕原计划一起来爬这座6297米未登峰。

2020年秋，穿过生死，一起走向这座山的搭档换成锐强，还有另一个女性攀登者杨小华。2009年就开始爬的杨小华见证了阿尔卑斯式登山在中国10余年的发展，却从未碰到一个匹配的女搭档。旁观这群男孩曾走过的彷徨，她常想起曾经的自己……“只能自己一步步走出来，这是一个攀登者成熟的过程。”

再次面对曾放弃的雪山，阿左不再像去年那么悲观了，他仍然会恐惧，但更重要的是全神贯注于眼前的路。紧随其后，杨小华也明显感到一种谨慎，在经过一段段疑有风险的路段时，从前会心存侥幸地快速通过，现在他们停下来，或绕路，或打更多保护……更欣慰的是这两个男孩重新振作，不再重提往事，而是把伤痛抛在身后，直面冰雪与岩的世界。此时此刻，大家正在完成当下唯一的一件事：攀登，向上。

山脚下，正有一人举着相机，朝着皑皑冰雪，用镜头捕捉着绝壁上的3个小黑点……这是他们的朋友李科，热心来做后勤。相识多年，他第一次目睹这样的自由攀登。最初，他觉得这些登山的人“太爽了”。真正走近，他不再羡慕，发觉这帮人生活太难了。亲眼看见雪山上人的渺小，他还是不太理解，不敢靠近这让人不寒而栗的高山，“在一个个朋友离去后，他们怎么还敢上呢？”

无论理解不理解，山下眺望的朋友希望见证“他们真正归来”。一路向上，直到第三天上午，山上3个人终于登上这座未了的山。几乎没遇到任何阻碍，因为准备充分，他们一路发挥稳定。或许对于攀登者，没有故事才是最好的事。

上个夏天，结束上个悲伤故事，阿左转发《搜救完成日志》时，只写了4个字：再见快乐。一年多后，他用这4个字来命名刚爬完的新线路。站在新的山顶，回望来路，过去5年，每年他都有一个至亲挚友离去，从爸爸、奶奶、爷爷、刘兴到李昊昕……有些人还没来得及告别，没能见上哪怕最后一面。

“说再见有时真的很难，甚至都没有机会。”再一次出山前，最后回望夕阳下的西壁，犹如一面金灿灿的纪念碑，自己爬过的新的路……心头映着“再见快乐”4个字，阿左希望用攀登的方式纪念那些再也不见的人。

重新上路

再一次见到阿左，他正在四川双桥沟攀冰，导演陈春石有些恍如隔世。3年前，在霞慕尼的阳光里，期待着阿左和李昊昕的未来，陈春石一心想拍他俩的纪录片，转眼主角只剩一人。和兄弟们一起意气风发的日子，转眼远去。陈春石镜头里，阿左低垂着眉眼，很少挤出笑容，并且有些“英雄难过生活关”。正值2021年春节，一直不愿带队为生的阿左破例开起了攀冰培训班，一人一天1000元。

疫情笼罩的2020年，他在雪山上爬过的“再见快乐”，又一次被业界评为“年度最佳攀登”。可走下高山，这个新生代中最出色的攀登者，在生活的重压下，也不得不勉强自己，做些不太喜欢的事了。可真正想做的，又是什么？重启“梦幻高山”时，阿左和锐强曾理想十足：想寻山开线，想做山峰资料库、科普短视频、事故报告分析……每个想法都有行业意义，都带着逝者遗愿。可一辈子追求理想的曾山忍不住提醒两个徒弟：“这些能赚钱吗？理想离不开现实。”曾山一直遗憾，相比西方高福利，中国民间攀登者大多贫穷，处境更难。眼看锐强花光积蓄，还在一天天没日没夜研究山峰资料，阿左真想把他骂醒，转而想到自己更没有保障。“这是自由登山者最矛盾之处。为了安全，为了成长，必须一天天苦练技术，可训练这么占据精力，还怎么更好地生活呢？”

登上再多山峰，下山后依然是现实的高山。2021年初，为了省点儿租金，女朋友抱着大箱子跟着自己搬去更小的房子，阿左心底一阵歉疚。33岁了，眼看同龄人结婚生子、有房有车，他也想给女友更稳定的生活。可这是否意味着要舍下一部分理想，多去赚点儿钱了？

为生活所困，但攀登热情未改。带完培训班，阿左依然挂在冰壁上，开始一个人训练。冰壁下一声声喊着“加油”，陈春石恍惚又看到阿左和昊昕一上一下的背影。独自向上攀爬着，阿左不时想起老搭档，内心依然深深孤独。

曾经，他以为找个新搭档不难，一年年过去，却发觉太难了。一次次追忆中，阿左恍然明白：让他们紧紧相连的，不只是攀登，还有共同事业，还有两个人点燃彼此、相互推动、一起往前走的热情。

出身贫寒，阿左一直不太自信，不相信自己能做成什么。直到昊昕出现，像是一道光，一度照亮了他。孤独时，他总会想起昊昕眼神发亮：“我也这样想啊！”犹豫时，会想念搭档的热烈回应：“我们一起干吧！”他至今记得5年前，两人在肯德基偶遇时一起坐过的位置。再路过那家肯德基，隔着玻璃，他一次次张望，却再遇不见这样的人了。

再一次和我回忆起雪藏往事，阿左正困守在成都家中。彼时的千里之外，甘肃黄河石林一场史无前例的越野跑灾难，刚卷走21个人的生命。铺天盖地的是遇难者报道，阿左默默看着，一阵叹息：“总是这样，人死了才会有关注。”

两年前的夏天，悲剧突如其来，媒体反复骚扰、断章取义时，一向温和的阿左像被踩到痛处，曾和记者大吵一架。仿佛一种情绪宣泄，他想不通：“为什么当我们登上山峰取得成绩时，从来没有报道？一旦出事了，媒体才像秃鹫一样一拥而上，才有人怜悯这些人活着时多么不易……”

逝者已矣，一个个活着的人还走在漫长的路上。又到黄昏，敲门声响起，去年搭档攀登“再见快乐”的锐强、杨小华在一阵阵笑语声中蹦进来。进门书柜旁，贴着一张白纸，上面写着3个人每天的训练成绩。仿佛到了学生宿舍，尽管大家都年过30岁，各有各的压力。

又一天“家庭训练”开始，不到10平方米的小客厅，只有挪开茶几才能勉强摆开一台黑色划船机。最瘦小沉默的锐强，一开练就像换了个人。他赤裸上身，紧握手柄，一次次奋力拉伸向前，眼里果真像蹿起一团火，目不斜视，一呼一吸中完全专注在自己的世界里……

几人一口气训练到晚上10点。在依旧热火朝天的小家里，阿左和我被挤到角落里，继续回忆着往事，感慨大家也只剩下攀登热情，最大的变化是更穷更迷茫了。尽管他的登山视频留言区总有人嘲讽：“你们有钱人才能这么玩，穷人都散了吧。”

最近几年，从好友遇难到疫情停摆，再到越野跑事故波及户外各领域，眼看各地登山活动暂停，阿左指望赚点儿钱的拍摄工作一个个被取消……一次次重新振作，一次次当头一棒，这不断“撞墙”的生活，让他开始习惯：人生常态或许就是迷茫。

“感觉自己就像荒野里的小木屋，别人看着羡慕，来点儿风雨，可能就垮了。”从小没有家，现在的阿左最渴望有个稳定的家，最怕生大病。“可你当年向往《瓦尔登湖》里的生活，不就是住在一间小木屋里。”走到书架前，我即兴抽出《瓦尔登湖》。这本书最初陪他上路，翻开泛黄扉页，忽跳出一行10年前少年的字：“是什么给了孩子那么大的勇气，去碰触那易碎的倒影，去幻想摘得梦境中的果实……正是一颗纯真的心。”

近10年，在成都搬了10次家的阿左始终留着这本书。捡起书里落下的一页纸，努力辨认潦草字迹，竟是10年前在黑暗的底舱中写的船员日记……仿佛一下被拉回年少时光，阿左有些恍惚：“为什么那时一无所有，却无忧无虑，现在反倒一天天焦虑，难道这就是岁月？”

岁月弹指老，在还没老去之前，在无山可登的迷茫封锁中，阿左想和搭档再一次上路。就在这个夏天，租一辆车，或热血，或逃避，把一切抛在身后，沿着川藏线继续他们的寻山之旅，寻找理想山峰，寻找曾经在路上的快乐。而在他记忆深处，路上最快乐的一刻是第一次去霞慕尼。穿过黑夜，飞机钻出厚厚云层，向下俯冲着，即将降落。机舱里，一阵阵轻声赞叹中，他和昊昕头碰着头，抵着机窗，一起兴奋地望向窗外。一轮红日正穿破云层如波涛翻滚，一层层漫过阿尔卑斯山脉，皑皑雪山被染成一片玫瑰色……机窗上，倒映着两双眼睛，那么年轻，正闪闪发光。那时，那一群男孩的新旅程就快开始了。

川西山谷中，纪念刘兴立下的石碑。碑文写着：在广袤的空间和无限的时间中，能与你共享同一颗行星和同一段时光，是我的荣幸

荒野谈

自由不自由

游走天地，饱览山河，无论理解不理解，那些走向远方的身影，在中国当下是看似生活更自由的人。这些人里攀上一座座雪山的自由攀登者，因为其难度与震撼程度，犹如自由精神的一面旗帜，格外被人仰望。

可当山下的人投来羡慕的目光，诉说着也想辞职、想躺平，何锐强自己辞去了高薪工作，却连连相劝：“千万不要模仿。”在他眼里，大家只看到自由、快乐的一面，大多看不到贫穷、痛苦，甚至残酷、虚无的另一面。

人人向往自由。路的最初，无论是工厂流水线上的阿左，繁华写字楼里的何锐强，从北漂到藏漂的李昊昕，还是留学归来的吴茄棵，他们都曾被自由的火花点燃，在一腔年轻的热血中，冲出了命定轨道。

自由一度让他们品尝到甘美：天辽地阔的自然，志同道合的伙伴，闪烁如星的攀登，另一种精彩人生……

自由也让他们一点点承受代价：入不敷出的贫穷，动荡不安的未来，而临界点可能是谁都无法面对的死亡……

回忆往事，阿左最快乐的一刻，是飞机即将降落在登山天堂的时刻：日出染红群山，一切满含希望。最心碎的记忆，则是另一架飞机起飞，带着两个兄弟的遗体回家，窗外一片白茫茫。

飞机这一起一落、一去一回间，相距不到一年。这群男孩的青春快乐如此短暂。而更真实漫长的人生路，是一次次新的打击，一次次重振，终于重塑、再见；是下了山后，依然要面对难以翻越的现实高山。

但，褪去金光，历经最残酷的另一面后，锐强还是没有回香港。眼看他如今生活困窘，我不禁问：“你为自由而来，现在却这不能买，那没钱去……这究竟是自由还是不自由？”

沉思片刻，这个大男孩的神情犹如僧侣，一脸虔诚地说：“物质快乐是短暂的。在我心里，精神自由高于物质自由。”

以自由之名，这个幸存的人，继续苦行在他选择的路上。但看似自由的攀登者，一样要取舍，要背负许多不自由。两种人生，摇摆之间，他只能提醒自己：“你不能什么都想要。”

目光穿过这群年轻人的自由之路，再回到各自的人生路，我们最想要的又是什么？

荒野小木屋、雪山激情、远方精彩……向往的人生，不一定是看起来的模样。无论选择哪一种人生，我们都需要面对名为生活的高山，以及如何不负此生去活着。

倘若真正的英雄主义是看清生活真相，依然热爱它，在投奔所爱之前，你是否会先掀开看清这另一面的答案？

任时光流逝

　　　　一代代生命渴望相似

人生有尽，长路无尽

　　　　朝着遥远地平线

愿我们的道路有群星闪耀

后记

荒凉之境，滚烫人生

变局之年，当一重重尘网围困，你会如何找回内心的自由？

午夜时分，遥想远方，一道道星河，正照在莽莽大荒……许多年前，守着一个婴儿入睡，一个女人曾一夜夜伏案疾书，在文字里遥望星空，像是守着内心小火，直到被另一束光照亮——那是星空下，一个个深入荒野的生命。一点点来自“人”的光亮，亮在荒原、雪山、幽谷、极地……微渺如蚁，又闪烁如星，日渐壮大，在今天的中国大地上。

人，是大自然里最闪光的灵魂。黑暗里擦亮一根火柴般，一个受困的旅人，忽然渴望写下同类的故事。尤其发现，近40年那么多荒野追寻，熠熠发光，却未曾被真正呈现过，这个梦就此点燃。一梦7年的文字里，记录着一段段自由之路，同时寄托着一个困守者对远方的爱，对爱的不舍放弃，以及对生命的思索。

每一个故事，都是一段心灵之旅。非虚构写作，绝非闭门造车，而是记录真实的世界。唯有真正抵达他人内心，才可能触及人物之魂。难关在此，魅力也在此。7年来，走近一个个曾在路上闪耀的灵魂，我有幸看见一群人灿如千阳的笑容，迎难而上的汗水；看见一颗颗内心深处的眼泪，不为人知的彷徨与伤痛；更看见一样平凡的生命，如何挣扎着挣脱束缚，在永恒自然中，刹那间怒放。

这是一个个怒放的生命。千里孤绝的旷野，高不可攀的山巅，犹如生命禁区之地，当人的身影升起，一种人性的力与美如太阳升起，让人或赞叹孤勇，或嘲讽疯狂，但很少有人知道，他们走过怎样的远路，为什么要如此深入荒野。

走近一个个远方行者，首先让我动容的是信念。坚持40多年高强度训练，夏伯渝渴望登顶珠峰的眼睛闪闪发光。驾着独木舟环行于中国海岸线，闪米特每天挥桨六七万次。望向"中国攀岩"最高点，何川痴迷如梦中人，无所不用其极，反复坠落上百次……每一个奇迹般的闪光，都像一盏擎起的灯。灯下不被看见的，是超出常人的执着，一次次的全力以赴。

但剥离光环，褪去幻想，更深交往中，他们让我感叹的是各自代价。最早踏上长路，刘雨田多年忍受被人当"疯子"的孤独。一生出入山野，王铁男背后是一个女人提心吊胆的守候。严冬冬放弃名校前程，为自由攀登而节衣缩食。阿左等年轻攀登者的青春，看似自由欢乐，却同时残酷动荡。还有如流星划过的余纯顺、杨春风……如你如我，一样曾有过无数次的挣扎与茫然。

而这，才是更真实的人生。远方不只有诗意，还有残酷动荡，自由的代价往往更加高昂。值得吗？为什么？一遍遍追问，一双双百感交集的眼眸，或年轻，或苍老，隔着不同年代，我看见一种相似闪光，那是对生命深深的爱。因为爱，最怕生命虚度。

每当起伏在都市人潮里，我总想起书中一位年轻人走在繁华街市，回望曾一心只想买房、买车、买养老保险的路，他感觉这样的"生"，好像只为更好地"死"。"生活呢？我们到底为什么而活？"

相似追问如花火，一样闪过我们每个人心上，或转瞬熄灭，或各自找寻。而他们是脚步最极致的一群人，因缘际会中，一代代的脚步踏入茫茫荒野。荒凉荒野，看似一无所有，却给了他们最热烈的生命体验与领悟。在这里，山河恢宏壮丽，从眼睛到心灵的目不暇接中，一个人得见天地之美。在这里，没有世俗喧嚣，挣脱出社会浮华，纯净自然中，一颗心得见更真实的自己。行走大地上，风霜洗礼中，一个人得以迸发出的激情与意志，宛若生命火焰，让人惊叹，更照亮了他们自己。

仿佛打开另一个世界。荒凉之境，以辽阔天地，接纳了这些滚烫的灵魂。

但内心的生命渴望，对意义的苦寻，注定了荒野不是终点。走出去，是为了更好地归来。回到茫茫人海，以更真实的自我，度过自己认为更有意义的一生。

“领会攀登的意义，面对生活。”写下这句话的杨春风，最初关闭中医诊所，一年年登山带队，看似以山为家，但内心依然迷茫。直到认清“带动更多人登山，就是自己最大价值体现”，他才终于找到了此生方向，真正燃起自己，开始执着向上。

最难走通的路，更在心灵深处。内心如果没有方向，看似自由的跋涉，终如另一种放逐。16岁开始登山徒步，褪去新奇后，温旭一度迷失探险意义。直到坠入冰湖的瞬间，找到“气候行动”的使命感，他走向最寒冷的南极。属于自己的滚烫人生，这才真正开始了。

故事里，他们走过各自荒野，或找到人生信仰，或继续迷茫。故事外，有幸写下这些文字，与一段段人生深深共情中，我也在不断成长，重识着荒野与人生蕴意。犹如翻越一座座山丘，望向天地更深更广处，我想探寻展现的，日渐不只是荒野之境，而是不同时代、命运中，一个个生命为了更热烈地活着，所需穿过的人生之境。

茫茫人生，好似荒野，面对无数未知岔路，这一生该怎样走过，才不负此生呢？无论什么时代，这是我们需面对的共同困惑。而真正的在路上，不一定指向远方，更是一个人走在自我追求的路上。无论走向何处，朝着一方理想，一样艰辛跋涉过，人与人之间，也才可能真正建立理解，在心灵深处彼此照亮。

直面光明与阴影，坦诚伤痛与代价，感谢文中每一个人曾打开心门，在某一时刻，分享给我的生命精华和内心真实。他们以大自然为共同精神家园，深深探寻过荒野，也被荒野一一重塑。漫漫长路上，这一代代人走过的得失悲喜，穿过时光会聚，不觉交织成中国在路上的百态人生。

如乘风破浪，过去40多年，中国走过世界其他地方几百年的路。走向荒野的路，一样在野蛮生长，从最初的家国热血、英雄主义，到回归内心、自我探索，又卷入争议、步入喧嚣……如群星闪耀，如风起云涌，有幸追寻记录下这些瞬间，是我人生中最珍贵的一段旅程。感谢出版社编辑共同打磨，在旅程的终点，犹如传递火焰，我愿能将4代人闪耀与逝去的故事，将这本书交付于你的手中。

我知道，你一定和我一样，或走在茫茫人海，目光越过拥挤街市，憧憬过远方的辽阔；或活在他人期许里，怀疑着眼前浮华，却不知什么才是值得追求的……直至有一天，意识到生命如此短暂，一颗心再无法安于苟且，又被尘网重重束缚。

渴望燃烧，渴望不一样地活着，故事中的他们，映着我们心底隐隐发烫的那一团小火。借着一簇簇生命之火，步入荒野，步入内心深处，重识行走在大地上的一代代人，也会重识我们自身。每个人心中都有一条自己的路，远方星辰照耀下，愿我们都成为在路上的人。